Karlheinz Ortmann

Soziale Arbeit als Beratung

Vandenhoeck & Ruprecht

Mit 5 Abbildungen und 4 Tabellen

Bibliografische Information der Deutschen Nationalbibliothek:
Die Deutsche Nationalbibliothek verzeichnet diese Publikation in der
Deutschen Nationalbibliografie; detaillierte bibliografische Daten sind
im Internet über http://dnb.de abrufbar.

© 2018, Vandenhoeck & Ruprecht GmbH & Co. KG, Theaterstraße 13, D-37073 Göttingen
Alle Rechte vorbehalten. Das Werk und seine Teile sind urheberrechtlich
geschützt. Jede Verwertung in anderen als den gesetzlich zugelassenen Fällen
bedarf der vorherigen schriftlichen Einwilligung des Verlages.

Umschlagabbildung: © djama – Adobe Stock

Satz: SchwabScantechnik, Göttingen
Druck und Bindung: ⊕ Hubert & Co. BuchPartner, Göttingen
Printed in the EU

Vandenhoeck & Ruprecht Verlage | www.vandenhoeck-ruprecht-verlage.com

ISBN 978-3-525-61624-6

Inhalt

Vorwort 7

1 Soziale Probleme 8
   1.1 Gesellschaft 9
   1.2 Gemeinschaft 18
   1.3 Mensch 22
   1.4 Problemgefüge 27
   1.5 Ressourcengefüge 31

2 Soziale Arbeit als Disziplin und Profession 33

3 Beratung 37
   3.1 Komponenten 41
   3.2 Rollen 54
   3.3 Orte 57
   3.4 Formationen 71
   3.5 Rahmungen 77

4 Kompetenzen 85
   4.1 Haltungen 85
   4.2 Wissen 91
   4.3 Können 93

5 Mit Komplexität und Durcheinander umgehen 95
   5.1 Fundiertes Handeln 97
   5.2 Experimentelles Handeln 100
   5.3 Praxeologische Folgerungen 103

6 Beratung strukturieren 105
   6.1 Beratung vorbereiten 106
   6.2 Beratung anfangen 107
   6.3 Probleme und Lösungswege verhandeln 109
   6.4 Probleme bearbeiten und Lösungen finden 111
   6.5 Beratung beenden 112

7 Ressourcen und Probleme erkennen 115
7.1 Offenes Gespräch 118
7.2 Fokussiertes Gespräch 119
7.3 Koordinatensystem 120
7.4 Netzwerkkarte 121
7.5 Inklusionschart 123
7.6 Biografischer Zeitbalken 126

8 Handlungsfähig sein 129
8.1 Haltungen finden 129
8.2 Echt bleiben 130
8.3 Fertigkeiten nutzen und Techniken (zurückhaltend) einsetzen 132
8.4 Mit schwierigen Situationen umgehen 155
8.5 Mit Don'ts umgehen 158

9 Qualität entwickeln 162
9.1 Standards beachten 162
9.2 Praxis reflektieren 164
9.3 Partizipation ermöglichen 166
9.4 Supervision in Anspruch nehmen 168
9.5 Fälle besprechen 169

10 Auf die eigene Gesundheit achten 171

11 Keep cool 174

Literatur 175

Vorwort

Dieses Buch ist in erster Linie für Studierende der Sozialen Arbeit und Berufsanfänger*innen gedacht, die sich für ihre Tätigkeit in sozialarbeiterischen Beratungsfeldern fachlich stärken möchten. Das Buch verfolgt zwei Ziele. Zum einen soll es das besondere Profil sozialarbeiterischer Beratung sichtbar machen, damit Sozialarbeiter*innen die fachlichen »Markenzeichen« der Sozialen Arbeit als Beratung noch besser erkennen und wertschätzen können. Zum anderen soll es das im Studium der Sozialen Arbeit oft vermisste »Handwerkszeug« der Beratung vermitteln, damit Beratungen bestmöglich gelingen können.

Das Buch fühlt sich keinem spezifischen Theoriemodell oder Beratungskonzept verpflichtet. Es ist vielmehr an sozialen Problemlagen ausgerichtet, deren Bearbeitung vielfältige Beratungs- und Unterstützungsangebote erfordern. Die Inhalte sind erfahrungsbasiert und gründen sich zu einem erheblichen Teil auf reflektierte sozialarbeiterische Praxis.

Dieses Buch ist inspiriert von den Erfahrungen der Beratungsarbeit in der Psychosozialen Beratungsstelle des Instituts für Soziale Gesundheit (ISG) der Katholischen Hochschule für Sozialwesen Berlin. Die Beratungsstelle übernimmt modellhaft Versorgungsaufgaben für die Bevölkerung und dient zugleich der Qualifizierung von Studierenden sowie der Entwicklung innovativer Handlungs- und Forschungskonzepte der gesundheitsbezogenen und Klinischen Sozialarbeit. Die Beratungsarbeit leisten primär Studierende des Studienschwerpunkts Gesundheitsorientierte Soziale Arbeit im Bachelorstudiengang Soziale Arbeit unter Anleitung der beteiligten Hochschullehrer*innen.[1] In der Beratungsstelle werden hauptsächlich Menschen beraten, die sich in hausärztlicher, fachärztlicher und/oder psychotherapeutischer Behandlung wegen körperlicher und/oder psychosomatischer und/oder psychischer Störungen befinden, die mit sozialen Problemen einhergehen.

---

1 Ich danke allen Studierenden sowie den Kolleg*innen Prof. Dr. Ralf-Bruno Zimmermann, Prof. Dr. Norbert F. Gurris und Prof. Dr. Gabriele Kuhn-Zuber, die in der Psychosozialen Beratungsstelle des ISG mitwirken oder mitgewirkt haben und zur Profilbildung der Sozialen Arbeit als Beratung beitragen oder beigetragen haben.

1 Soziale Probleme

Viele Sozialarbeiter*innen haben Schwierigkeiten, Fragen nach dem Gegenstand ihrer Profession und ihren fachlichen Kompetenzen klar zu beantworten. Dies ist unter anderem darin begründet, dass es die Soziale Arbeit noch nicht geschafft hat, ihre Attraktionen zu bündeln und ihre spezifischen Stärken der Fachwelt angemessen zu präsentieren. Dies hat sie ihren sog. Bezugswissenschaften (Psychologie, Soziologie, Medizin, Recht etc.) überlassen, die im Studium der Sozialen Arbeit auf die Studierenden eine große Faszination ausüben, weil sie über ausgearbeitete Theoriemodelle und Handlungskonzepte verfügen, die sich als Grundlagen sozialarbeiterischen Handelns zu eignen scheinen. Die im Studium gelehrte Soziale Arbeit kommt dagegen noch zu oft unübersichtlich, beliebig und im Vergleich zu den Bezugswissenschaften glanzlos und unattraktiv daher.

Weil aber Klient*innen der Sozialen Arbeit ein Anrecht darauf haben, bei der Bearbeitung ihrer Probleme fachgerecht unterstützt zu werden, müssen Sozialarbeiter*innen auch Klarheit über den Gegenstand ihrer Profession haben und ihre fachlichen Fertigkeiten und Kompetenzen entsprechend entwickeln und einsetzen.

Deshalb soll hier – ganz am Anfang – die Frage nach dem Gegenstandsbereich der Sozialen Arbeit mit einem kurzen, klärenden Satz beantwortet werden: Der Gegenstand Sozialer Arbeit ist das »Verhindern und Bewältigen sozialer Probleme« (Engelke, Spatscheck, u. Borrmann 2009, S. 267)[2]. Lüssi (2001, S. 79) folgert entsprechend: »Eine Tätigkeit, die sich nicht auf ein soziales Problem bezieht, ist nicht Sozialarbeit.«

Im Folgenden wird gezeigt, wie sich soziale Probleme darstellen. Dazu werden zunächst die Komponenten Gesellschaft, Gemeinschaft und Mensch skizziert, in deren Zusammenwirken soziale Problemgefüge entstehen. Die in den Komponenten ebenfalls vorhandenen Ressourcengefüge sind entscheidend dafür, ob und in welchem Ausmaß soziale Probleme entstehen und ob Men-

---

2 Diese Kurzformel basiert auf den Aussagen zum Gegenstandsbereich der Sozialarbeit in der Definition of Social Work durch die International Federation of Social Work (IFSW) und des Fachausschusses »Theorie- und Wissenschaftsentwicklung Sozialer Arbeit« des Fachbereichstags Soziale Arbeit (FBTS) in Deutschland.

schen ihre sozialen Probleme selbst bearbeiten können oder ob sie professionelle Hilfe und Unterstützung benötigen.

1.1 Gesellschaft

Soziale Probleme einzelner Menschen oder Gruppen entstehen in Exklusionsprozessen, die in einer eingeschränkten oder fehlenden Teilhabe der Menschen an politischen, wirtschaftlichen, kulturellen und sozialen Errungenschaften der Gesellschaft münden können. Der Begriff »Teilhabe« wird meist im Zusammenhang mit der Unterstützung von Menschen mit Behinderungen oder von Behinderung bedrohten Menschen verwendet. Er ist aber ebenso für Menschen von Bedeutung, die nicht im Sinne des Sozialgesetzbuches IX behindert sind, aber dennoch nicht in vollem Umfang am Leben in Gesellschaft und Gemeinschaft teilnehmen können. Dazu gehören beispielsweise Menschen, die aufgrund mangelnder Bildungsabschlüsse keinen Zugang zum Arbeitsmarkt finden und arbeitslos sind.

»Gemeint ist die Teilhabe von Menschen und Gruppen an Errungenschaften eines ›sozialen Gemeinwesens‹ – angefangen von guten Lebens- und Wohnverhältnissen, Sozial- und Gesundheitsschutz, ausreichenden und allgemein zugänglichen Bildungschancen und der Integration in den Arbeitsmarkt bis hin zu vielfältigen Freizeit- und Selbstverwirklichungsmöglichkeiten« (Die Beauftragte der Bundesregierung für Migration, Flüchtlinge und Integration 2013, o. S.).

(!) Von besonderer Bedeutung ist in diesem Zusammenhang die soziale Ungleichheit. Der Begriff »soziale Ungleichheit« kennzeichnet gravierende Unterschiede in der Verteilung und Zugänglichkeit sozialer Ressourcen in der Gesellschaft.

Die Kluft zwischen arm und reich etwa, Unterschiede in den Bildungsabschlüssen sowie zwischen den Erwerbseinkommen der Menschen sind Beispiele für einzelne Bereiche sozialer Ungleichheit. Im Extremfall kann der fehlende Zugang zu sozialen Ressourcen die Teilhabe am Leben in Gesellschaft und Gemeinschaft gefährden, beschränken oder sogar ausschließen. Arbeits- und Wohnungslosigkeit sind Beispiele für dauerhafte oder vorübergehende Exklusion aus zentralen Lebensbereichen. Die Verhinderung oder Linderung sozialer Ungleichheit gehört in nahezu jedem Tätigkeitsfeld der Sozialen Arbeit zu den Kernaufgaben.

Es liegen zahlreiche sozialepidemiologische Befunde vor, die Zusammenhänge zwischen sozialer Ungleichheit und Gesundheit nachweisen. So hat das

Robert-Koch-Institut (RKI) 2005 eine Expertise vorgelegt, in der Wirkungszusammenhänge zwischen sozialen Faktoren und Gesundheit/Krankheit aus den Themenfeldern Einkommensungleichheit, Bildung, Arbeitswelt, Arbeitslosigkeit, Alleinerziehende, höheres Lebensalter und Migration nachgewiesen werden (RKI 2005). Die ebenfalls vom RKI durchgeführte Studie zur Kinder- und Jugendgesundheit in Deutschland (KiGGS) weist zusammengefasst deutlich aus, dass Kinder und Jugendliche aus der Gruppe mit niedrigem Sozialstatus ein erhöhtes Risiko für einen beeinträchtigten allgemeinen Gesundheitszustand und für psychische Auffälligkeiten aufweisen (RKI 2015). Dass umgekehrt auch Krankheit zu sozialen Benachteiligungen führen kann, zeigt sich beispielhaft an der seit Jahren dramatisch steigenden Zahl von Menschen, die psychisch erkranken. Psychische Erkrankungen sind mittlerweile

»[…] die häufigste Ursache für krankheitsbedingte Frühberentungen. Im Vergleich zu anderen Diagnosegruppen treten Berentungsfälle wegen ›Psychischer und Verhaltensstörungen‹ deutlich früher ein; das Durchschnittsalter liegt bei 48,3 Jahren« (Psychische Gesundheit in der Arbeitswelt 2015).

Im Folgenden werden zentrale Lebensbereiche in ihrer Bedeutung für das Wohlbefinden bzw. die Gesundheit der Menschen mit ihren möglichen sozialen Problemstellungen und den Anforderungen für die Soziale Arbeit skizziert.

Arbeit

(i) Mit dem Begriff »Arbeit« ist hier in erster Linie die Erwerbsarbeit gemeint, die von Menschen in abgängiger Beschäftigung als Arbeitnehmer*innen oder als Selbstständige erbracht wird. Arbeit hat in erster Linie die Funktion, ein Einkommen zu erzielen, um den Lebensunterhalt bestreiten zu können.
   Sie wirkt aber auch

»[…] sinnstiftend und fördert die persönliche Entwicklung. Mit der Teilhabe am Arbeitsleben sind auch soziale Einbindung und wechselseitige Anerkennung verbunden. Somit sind die Chancen zur gesellschaftlichen Teilhabe insgesamt in hohem Maße abhängig vom Ausmaß und der Qualität der Erwerbsbeteiligung« (Bundesministerium für Arbeit und Soziales 2016, S. 162).

Soziale Probleme im Kontext von Arbeit entstehen, wenn Menschen keine (angemessen bezahlte) Arbeit finden oder ihren Lebensunterhalt nur teilweise durch Erwerbseinkommen finanzieren können. Bleibt die Arbeitssuche erfolglos, kann es schlimmstenfalls passieren, dass Menschen resignieren und sich in den dauernden Bezug von Transferleistungen ergeben.

»Eine Einschränkung der Teilhabe am Arbeitsleben kann daher erhebliche Konsequenzen haben. Neben psychischen und somatischen Belastungsproblemen, sozialem Rückzug, familiären Belastungen sowie Prozessen der Dequalifizierung können finanzielle Probleme auftreten. Sie können Zahlungsschwierigkeiten bis hin zur Überschuldung zur Folge haben. Das Risiko der Armutsgefährdung nimmt bei den Betroffenen ebenso zu wie die Wahrscheinlichkeit, dauerhaft von staatlichen Transferzahlungen abhängig zu sein, wenn der Lebensunterhalt nicht durch private Unterhaltszahlungen finanziert werden kann. Eine ausreichende Alters- und Risikovorsorge sowie der Aufbau von Rücklagen zur Abdeckung besonderer Bedarfe und notwendiger Anschaffungen sind kaum möglich« (Bundesministerium für Arbeit und Soziales 2013, S. 128).

Für die Soziale Arbeit ergeben sich daraus zahlreiche Aufgabenstellungen für ganz unterschiedliche Zielgruppen. Zu nennen sind z. B. Jugendliche, die beim Übergang von Schule in die Ausbildung oder Erwerbsarbeit so unterstützt werden müssen, dass sie Zugang zum regulären Arbeitsmarkt finden. Dies gilt in ähnlicher Form für Menschen mit Beeinträchtigungen. Sog. Langzeitarbeitslose gilt es durch Qualifizierungsangebote zu fördern, bei Bewerbungen zu coachen und auf dem Weg zurück ins Arbeitsleben verlässlich zu begleiten.

Bildung

Das von der Autorengruppe Bildungsberichterstattung (2016) für den Nationalen Bildungsbericht zugrunde gelegte Bildungsverständnis zielt auf die drei Dimensionen der individuellen Regulationsfähigkeit, der gesellschaftlichen Teilhabe und Chancengleichheit sowie der Humanressourcen.

»Individuelle Regulationsfähigkeit beinhaltet die Fähigkeit des Individuums, die eigene Biografie, das Verhältnis zur Umwelt und das Leben in der Gemeinschaft selbstständig zu planen und zu gestalten. Der Beitrag des Bildungswesens zu den Humanressourcen richtet sich sowohl auf die Sicherstellung und Weiterentwicklung des quantitativen sowie qualitativen Arbeitskräftevolumens als auch auf die Vermittlung von Kompetenzen, die den Menschen eine ihren Neigungen und Fähigkeiten entsprechende Erwerbsarbeit ermöglichen. Indem die Bildungseinrichtungen gesellschaftliche Teilhabe und Chancengleichheit fördern, wirken sie systematischer Benachteiligung aufgrund der sozialen Herkunft, des Geschlechts, der nationalen oder ethnischen Zugehörigkeit entgegen« (Autorengruppe Bildungsbericht 2016, S. 1).

So verstanden, kommt Bildung mit Bezug auf gesellschaftliche Teilhabemöglichkeiten eine Schlüsselfunktion zu. Vorhandene oder fehlende Bildungsabschlüsse sind beispielsweise entscheidend für die Chancen auf den Zugang zur und die Positionierung in der Arbeitswelt, welche sich wiederum auf die Höhe des Einkommens auswirkt usw.

Fehlende oder erschwerte Zugänge stellen ein zentrales soziales Problem im Kontext von Bildung dar. Zwar sollen Bildungseinrichtungen »[…] Chancengleichheit und gesellschaftliche Teilhabe unabhängig von Herkunft, Geschlecht, Beeinträchtigung sowie nationaler oder ethnischer Zugehörigkeit fördern und ermöglichen […]« (Bundesministerium für Arbeit und Soziales 2016, S. 95), aber in Wirklichkeit ist dies für einige Bevölkerungsgruppen nicht gegeben. Zu denken ist insbesondere an Migrant*innen und geflüchtete Menschen, die über mangelnde Sprachkenntnisse und/oder Schulabschlüsse verfügen, oder Frauen, denen aus ethnisch-religiösen Gründen der Zugang zu hochwertigen Bildungsabschlüssen verwehrt wird.

Eine besondere gesellschaftliche Gruppe, der Bildungszugänge erschwert werden, sind Menschen mit Beeinträchtigungen. Das in der UN-Behindertenrechtskonvention von den vertragsunterzeichnenden Staaten geforderte inklusive Bildungssystem ist in Deutschland bei Weitem noch nicht realisiert. Im zweiten Teilhabebericht der Bundesregierung über die Lebenslagen von Menschen mit Beeinträchtigungen (Bundesministerium für Arbeit und Soziales 2016, S. 96 f.) werden dazu folgende Mängel beklagt:

- fehlende systematische Integration von Frühförderung und integrativer pädagogischer Arbeit in Kindertagesstätten,
- Exklusion von Kindern und Jugendlichen mit Beeinträchtigungen im Bereich der schulischen Bildung (der Großteil der Schüler*innen mit Beeinträchtigungen besucht segregierte Förderschulen),
- vielfältige Barrieren für Studierende mit Beeinträchtigungen im Hochschulbereich (z. B. fehlende Beratungsangebote, mangelnde Möglichkeiten zum Nachteilsausgleich bei der Erbringung von Studienleistungen, ungesicherte Studienfinanzierung).

Im Bildungsbereich ergeben sich für die Soziale Arbeit als Beratung vielfältige Aufgaben. Diese reichen von der unterstützenden Begleitung von Kindern und Jugendlichen zu einem Schul- oder Ausbildungsabschluss, Angeboten im Rahmen der Schulsozialarbeit und der Schaffung informeller Lernorte bis hin zu

Assistenzaufgaben, um Menschen mit Behinderungen das Erreichen von Bildungsabschlüssen zu ermöglichen.

Einkommen

(i) Als Einkommen werden verschiedene Formen von Einkünften, etwa aus nichtselbstständiger oder selbstständiger Arbeit, aus Kapitalvermögen, aus Vermietung und Verpachtung oder auch aus dem Bezug von Transferleistungen, bezeichnet. Im Idealfall reicht das Einkommen aus, um den Lebensunterhalt (Ernährung, Kleidung, Körperpflege, Hausrat und Wohnung sowie Teilhabe am sozialen und kulturellen Leben) eigenständig zu finanzieren.

Ein zentrales Problem im Kontext von Einkommen ist Armut. Viele Klient*innen in der Sozialen Arbeit gelten als arm. Meist wird mit Armut materielle Not durch geringe Einkommen oder den Bezug von Transferleistungen assoziiert. Für eine alleinstehende Person lag der Schwellenwert für eine Armutsgefährdung laut Statistischem Bundesamt (2016) bei 1033 Euro im Monat. Demnach zählen auch viele Studierende zur Bevölkerungsgruppe der Armen. Allerdings – und da zeigt sich, dass sich hinter »statistisch gleichen materiellen Lebensbedingungen« (Ansen 2006, S. 45) unterschiedliche Armutsverläufe verbergen – haben diese ungleich größere Chancen, der materiellen Armut durch einen hohen Bildungsabschluss zu entkommen, als ein 55-jähriger, arbeitsloser Mann ohne Schulabschluss. Bei folgenden Bevölkerungsgruppen bestehen hohe Armutsrisiken:
- alleinerziehende Mütter und Väter,
- Familien mit mehreren Kindern,
- arbeitslose Menschen,
- alte Menschen,
- Menschen mit Behinderungen,
- Migrant*innen,
- geflüchtete Menschen.

Ziel der sozialarbeiterischen Beratung bei Armut ist es immer, die sozialen Teilhabemöglichkeiten der Klient*innen (Bildungsangebote, Sprachkurse, Aktivitäten in Vereinen oder Kirchengemeinden u. v. a. m.) zu vergrößern und Exklusionsprozesse (drohender Verlust von Krankenversicherung, Zwangsräumung u. v. a. m.) zu unterbrechen oder zu verhindern. Immer sollte geprüft werden, welche Voraussetzungen für den Bezug von Sozialleistungen nach SGB vorhanden sind und ob diese Leistungen ggf. beantragt sind oder bereits bezogen werden.

Ein weiteres Problemfeld sind Schulden. Viele Klient*innen der Sozialen Arbeit sind ver- und überschuldet, sodass die Möglichkeiten, Schulden abzubauen, kaum oder nicht gegeben sind. Um aus solchen teils existenzgefährdenden »Schuldenfallen« zu entkommen, empfiehlt es sich, sachverständigen Rat zu holen, den es gesichert in einer Schuldnerberatungsstelle gibt.

Kultur

(i) Kultur soll hier im Sinne der Definition der UNESCO (1982) in ihrem weitesten Sinne verstanden werden

»[…] als die Gesamtheit der einzigartigen geistigen, materiellen, intellektuellen und emotionalen Aspekte […], die eine Gesellschaft oder eine soziale Gruppe kennzeichnen. Dies schließt nicht nur Kunst und Literatur ein, sondern auch Lebensformen, die Grundrechte des Menschen, Wertsysteme, Traditionen und Glaubensrichtungen.«

Damit ist ein weiter Rahmen aufgespannt, in dem es idealerweise möglich ist, dass Menschen ihre Kultur für sich oder gemeinsam mit anderen leben können. Das Spektrum kultureller Teilhabe reicht von der Ausübung des Glaubens über das Mitwirken in einer Band oder einem Chor bis hin zum Museumsbesuch.

Leider ist die Teilhabe an Kultur für viele Menschen nur eingeschränkt möglich. Sie kann schon daran scheitern, dass das Geld fehlt, um Mitglied im Sportverein zu werden oder eine Theateraufführung zu besuchen. Noch gravierender sind Teilhabebeschränkungen für Menschen mit Behinderungen, etwa mit Sinnesbeeinträchtigungen.

Für die Soziale Arbeit ergeben sich vielfältige Aufgaben, Teilhabebarrieren zu erkennen und zu beseitigen. Teilhabebarrieren ergeben sich insbesondere in folgenden Kontexten:

Soziale Benachteiligung
- materielle Armut (z. B. kein Geld, damit Kinder Musikunterricht zum Erlernen eines Instruments erhalten können)
- »Bildungsferne« (z. B. keine elterlichen Aktivitäten zur außerschulischen Förderung von Kindern in Sport, Musik, Malen oder Sprache)
- Sozialer Rückzug (z. B. ist das Interesse an Kultur im Lebensverlauf verloren gegangen)

Flucht und Migration
- eigene Kulturorte fehlen und/oder Zugänge zu deutscher Kultur sind erschwert

Behinderung
- Zugänge zu Kultur scheitern an baulichen oder personalen Hürden (Veranstaltungsorte sind z. B. nicht rollstuhlgerecht, Gebärdensprachdolmetscher*in steht nicht zur Verfügung oder ist zu teuer)

Soziale Sicherung

(i) Zu den herausragenden gesellschaftlichen Errungenschaften in Deutschland gehört das System der sozialen Sicherung. Es dient dazu, Menschen zu unterstützen, die beispielsweise durch Krankheit, Unfall oder Behinderung, durch Arbeitslosigkeit oder Alter in Notlagen zu geraten drohen oder geraten sind.

Die soziale Sicherung besteht aus den Komponenten Sozialversicherungen (z. B. SGB V, Gesetzliche Krankenversicherung), Fürsorgeleistungen (z. B. SGB XII, Sozialhilfe) und Versorgungsleistungen (z. B. Bundeskindergeldgesetz [BKGG], Kindergeld). Folgende Leistungsarten werden im Rahmen der sozialen Sicherung erbracht:

- »Geldleistungen sollen im Regelfall Einkommensverluste ausgleichen, die durch das Auftreten bestimmter Risiken verursacht wurden, wie beispielsweise Altersrente, Krankengeld und Arbeitslosengeld.
- Sachleistungen werden vor allem im Rahmen der Krankenversicherung erbracht und zielen auf die Unterstützung des Heilungsprozesses bzw. die hauswirtschaftliche Versorgung. Dazu gehören Medikamente, Verbands- und Pflegematerialien, Brillen und medizinische Hilfsmittel. Gerade im Bereich der Gesundheitsversorgung müssen die Betroffenen häufig private Zuzahlungen leisten.
- Dienstleistungen sind personenbezogene Hilfeleistungen an konkreten Personen, wie beispielsweise eine ärztliche Behandlung, Beratungsleistungen oder Aus-, Fort- und Weiterbildung, die in öffentlicher oder privater Trägerschaft stehen. Soziale Dienste sind eine Sonderform der Dienstleistungen und werden sowohl stationär wie ambulant angeboten. Sie zielen auf Personen, die von anderen Einrichtungen nicht erfasst werden oder deren spezifischer Hilfebedarf den Einsatz bestimmter sozialarbeiterischer, sozial- oder heilpädagogischer Interventionen erfordert« (Bundeszentrale für politische Bildung 2015).

Nicht alle Menschen haben uneingeschränkten Zugang zu den Leistungen der sozialen Sicherung. Wenn jemand nur geringe Beiträge zur Rentenversicherung geleistet hat, droht eine geringe Altersrente und – wenn die Person aus Scham oder Unwissenheit keine ergänzenden Sozialhilfeleistungen beantragt – »Altersarmut«. Asylsuchende, die Ansprüche auf Leistungen nach dem Asylbewerberleistungsgesetz (AsylbLG) haben, haben nur einen eingeschränkten Anspruch auf gesundheitliche Versorgung. Selbstständige mit geringem Einkommen sind nicht immer krankenversichert, weil ihnen die Krankenversicherungsbeiträge, die sie komplett selbst zahlen müssen, zu hoch sind.

Hinzu kommt, dass das System der sozialen Sicherung in Deutschland sehr unübersichtlich ist, sodass viele Menschen weder wissen, welche Leistungen ihnen zustehen, noch wie man diese bekommt. So gestalten sich die Zugangswege zu Versorgungs- und Unterstützungsangeboten für Kinder und Jugendliche mit Behinderungen in Berlin heterogen. Die Verortung der Eingliederungshilfen in den Hilfestrukturen der Bezirke ist uneinheitlich und die Grundlagen der Gewährung der Hilfen sind schwer nachzuvollziehen. Abgesehen von den unsicheren Zuordnungen der Kinder und Jugendlichen mit Behinderung in die Sozialhilfe oder die Jugendhilfe zeigen sich auch im SGB VIII Schwierigkeiten, erzieherische oder rehabilitative Bedarfe eindeutig zu trennen. Die Zugangswege mit ihrer unklaren Verortung und Gewährungsstruktur erschweren die Suche nach passenden Versorgungs- und Unterstützungsangeboten. Seitens der Kinder und Jugendlichen mit Behinderung bzw. ihrer Eltern und Familien ist ein hohes Maß an Ausdauer, Bestimmtheit und Durchsetzungsvermögen erforderlich, das nicht von allen Hilfesuchenden erwartet werden kann. In Interviews mit Mitarbeiter*innen wurde deutlich, dass vor allem Eltern mit einem höheren Maß an Informiertheit in die Eingliederungshilfe gelangen, z. B. durch das Internet und auf Eigeninitiative, weil sie die Mitarbeitenden des Jugendamtes kennen, sich durchfragen oder durch Mundpropaganda und Empfehlungen von den Möglichkeiten erfahren haben. Zu beachten ist, dass Zugangswege, auch über Lehrer*innen erfolgen, indem sie die Eltern auf Eingliederungshilfen aufmerksam machen. Es könnte deshalb hilfreich sein, Lehrer*innen diesbezüglich systematisch fortzubilden (Prchal, Block u. Ortmann 2016).

Deshalb ist es eine wesentliche Aufgabe der Sozialen Arbeit als Beratung, den Ratsuchenden Zugänge zu sozialen Leistungen zu eröffnen. Dazu gehört die Prüfung, ob und in welchem Umfang jemand leistungsberechtigt ist, welche Hilfen in Betracht kommen, die Unterstützung bei der Antragstellung, ggf. die Begleitung zur leistungsgewährenden Institution und die Unterstützung bei der Einlegung von Rechtsmitteln. Von besonderer Bedeutung in der Beratung sind die Sozialgesetzbücher, über deren Inhalt Sozialarbeiter*innen mindestens so informiert sein sollten, dass sie die dort aufgeführten Leistungen kennen und Klient*innen an die jeweils zuständige Institution verweisen können. Die folgende Auflistung beinhaltet die Gesetzbücher mit unmittelbarer Relevanz für die sozialarbeiterische Beratung. Die benannten Leistungen sind nur als Beispiele zu verstehen.

SGB 1 – Allgemeiner Teil
z. B. Aufgaben des Sozialgesetzbuchs und soziale Rechte, Allgemeines über Sozialleistungen und Leistungsträger, Mitwirkung des Leistungsberechtigten

SGB 2 – Grundsicherung für Arbeitsuchende
z. B. Leistungen zur Eingliederung in Arbeit, Leistungen zur Sicherung des Lebensunterhalts, Arbeitslosengeld II und Sozialgeld, Leistungen für Bildung und Teilhabe

SGB 3 – Arbeitsförderung
z. B. Beratung, Vermittlung, Berufsvorbereitung, Berufsausbildung

SGB 5 – Gesetzliche Krankenversicherung
z. B. Leistungen zur Verhütung von Krankheiten, betriebliche Gesundheitsförderung und Prävention arbeitsbedingter Gesundheitsgefahren, Förderung der Selbsthilfe, Leistungen bei Schwangerschaft und Mutterschaft, Früherkennungsuntersuchungen, Krankenbehandlung, Krankengeld

SGB 7 – Gesetzliche Unfallversicherung
z. B. Verhütung von Arbeitsunfällen, Berufskrankheiten und arbeitsbedingten Gesundheitsgefahren, Heilbehandlung, Leistungen zur Teilhabe am Arbeitsleben, Leistungen zur Teilhabe am Leben in der Gemeinschaft und ergänzende Leistungen, Pflege, Geldleistungen

SGB 8 – Kinder- und Jugendhilfe
z. B. Förderung der Erziehung in der Familie, Förderung von Kindern in Tageseinrichtungen und der Kindertagespflege, Hilfe zur Erziehung, Eingliederungshilfe für seelisch behinderte Kinder und Jugendliche, Hilfe für junge Volljährige, vorläufige Maßnahmen zum Schutz von Kindern und Jugendlichen, Beistandschaft, Pflegschaft und Vormundschaft für Kinder und Jugendliche

SGB 9 – Rehabilitation und Teilhabe behinderter Menschen
z. B. Leistungen zur medizinischen Rehabilitation, Leistungen zur Teilhabe am Arbeitsleben, Leistungen zur Teilhabe am Leben in der Gemeinschaft, besondere Regelungen zur Teilhabe schwerbehinderter Menschen Schwerbehindertenrecht

SGB 11 – Soziale Pflegeversicherung
z. B. Leistungen bei häuslicher Pflege, teilstationäre Pflege und Kurzzeitpflege, vollstationäre Pflege, Leistungen für Pflegepersonen, Angebote zur Unterstützung im Alltag, Entlastungsbetrag, Förderung der Weiterentwicklung der Versorgungsstrukturen und des Ehrenamts sowie der Selbsthilfe

SGB 12 – Sozialhilfe
Hilfe zum Lebensunterhalt, Grundsicherung im Alter und bei Erwerbsminderung, Hilfen zur Gesundheit, Eingliederungshilfe für behinderte

Menschen, Hilfe zur Pflege, Hilfe zur Überwindung besonderer sozialer Schwierigkeiten

Alle Sozialgesetzbücher sind vollständig und kostenlos im Internet einsehbar, z. B. unter: www.sozialgesetzbuch-sgb.de oder www.gesetze-im-internet.de.

Wohnen

ⓘ Über eine eigene Wohnung zu verfügen, ist von existenzieller Bedeutung. Die eigene Wohnung ist ein Schutz- und Rückzugsort sowie eine wichtige Basis für eine individuelle und selbstbestimmte Lebensgestaltung.

Sie bietet die Möglichkeit,

»[…] den Besitz sicher und ohne Zugriff durch andere aufbewahren zu können; Raum und Möblierung, um sich ungestört erholen zu können oder anderen Tätigkeiten nachzugehen, die gemeinhin mit ›Wohnen‹ assoziiert werden (Gestaltung des Raumes, Lesen, Fernsehen, Musik hören, Schreiben, Gäste empfangen und bewirten, Kochen, für die eigene Körperhygiene sorgen, ungestörte intime Kommunikation, Haustiere halten etc.)« (Pantuček-Eisenbacher u. Grigori, 2016, S. 20).

Autonomes Wohnen kann gefährdet sein, wenn beispielsweise Miete oder Kreditabzahlungen nicht mehr gezahlt werden können, die Wohnung nicht für ein Leben mit Behinderung oder Pflegebedürftigkeit geeignet ist oder die Wohnung verwahrlost und von Ungeziefer befallen ist. Ein Wohnungsverlust hat meist schwerwiegende soziale Konsequenzen und kann zu Obdachlosigkeit führen. Oberstes Ziel professioneller Sozialer Arbeit im Kontext von Wohnen ist es deshalb, vorhandenen Wohnraum von Klient*innen zu erhalten, etwa durch die Vereinbarung von Ratenzahlungen mit Vermieter*innen bei Mietschulden oder mit den jeweilgen Anbietern bei Stromschulden.

1.2 Gemeinschaft

Menschen sind soziale Wesen. Sie leben seit jeher in Gemeinschaften, die unterschiedlich zusammengesetzt und umfangreich sind sowie unterschiedliche Funktionen haben können.

ⓘ Der Begriff »Gemeinschaft« dient hier als Oberbegriff für verschiedene Gemeinschaftsformen wie z. B. Familie, Freund*innen, Dorfgemeinschaft, Sportverein, Kirchengemeinde und Selbsthilfegruppe. Gemeinschaften stellen sich für deren Mitglieder im Idealfall als soziale Ressourcen dar, wenn in Beziehungen und in Gegenseitigkeit unterschiedlichste Formen und Leistungen sozialer Unterstützung erschlossen und wirksam werden.

Dazu gehören u. a. Informationen (etwa über Hilfemöglichkeiten), Beratungen (etwa bei Problemen und Entscheidungsfindungen), Pflege (etwa bei Krankheit oder Pflegebedürftigkeit), lebenspraktische Hilfen (etwa Reparaturen, Betreuung von Kindern), materielle Hilfen (etwa finanzielle Unterstützung, Sachleistungen) und Geselligkeit (etwa gemeinsame Unternehmungen, Gespräche). In Beziehungen, die durch Gegenseitigkeit gekennzeichnet sind, entstehen zudem Gefühle der Zugehörigkeit, der persönlichen Wertschätzung, von Geborgenheit und Orientierung. Auch soziale Kompetenzen werden in solchen Beziehungen erworben. Gewährte oder verweigerte soziale Unterstützung kann direkt positiv oder negativ auf die Befindlichkeit der Menschen wirken.

Schwarzer und Leppin (1990, S. 18 ff.) fassen soziale Unterstützung, die sie als sozialen Rückhalt bezeichnen, als ein mehrdimensionales Konstrukt zusammen:
- emotionale Unterstützung
  Aspekte der allgemeinen Verwirklichung einer positiven Sozialbeziehung, allgemeine Wertschätzung und Sympathie, die einem vom/von anderen entgegengebracht werden *(esteem support)*, das Gefühl der Zugehörigkeit *(belonging)*, das einem jemand vermittelt, der konkrete Versuch eines Freundes, Trost zu spenden.
- Zusammensein/positiver sozialer Kontakt
  Gemeinsamkeit (Freizeit, Kino, Feste, Sport, Arbeit etc.), positiver Ausgleich gegenüber den Belastungen des Alltags, generelles Gefühl der Zusammengehörigkeit.
- instrumentelle Unterstützung
  Konkrete Hilfeleistungen, die je nach Schweregrad oder Aufwand entweder von nahen Verwandten, von Nachbarn oder Bekannten übernommen werden können. In Notsituationen können auch aus Bekannten gute Freund*innen bzw. wichtige Bezugsquellen instrumenteller Unterstützung werden. Typische Hilfeleistungen sind: einer anderen Person Geld leihen, materielle Gegenstände schenken, im Haushalt oder beim Umzug helfen, auf die Kinder aufpassen, Behördengänge erledigen.
- informationelle Unterstützung
  Hier ist die Unterstützung immateriell und erfolgt eher als Ratschlag oder als Hinweis, der es dem*r Rezipient*in ermöglicht, das Problem in einer neuen Perspektive zu sehen, um nach neuen Lösungsmöglichkeiten zu suchen. Hierbei können vor allem Expert*innen eine wichtige Rolle übernehmen (Ärzt*innen, Therapeut*innen, Anwält*innen etc.).

– Bewertungs-/Einschätzungsunterstützung
Hier wird vor allem der Rat oder das Modellverhalten von Personen gesucht, die sich in ähnlicher Lage befinden, befunden haben oder ähnliche Einstellungen haben.

In der Literatur finden sich zahlreiche empirische Belege dafür, dass geringe, nicht gewährte oder fehlgeschlagene Formen sozialer Unterstützung – wie etwa emotionales Überengagement, Beschwichtigungsversuche, Herabwürdigung des Problems, Überredungsversuche, Beschimpfungen oder Abwertungen von Betroffenen – auf zu unterstützende Personen belastend und krankheitsfördernd wirken. Menschen, die sozial zurückgezogen leben oder vereinsamt sind, fehlt es an Kommunikation und sozialem Miteinander. Probleme können nicht mehr besprochen und gemeinsam angegangen werden. Solche sozial verletzlichen und verletzten Menschen geraten schnell in Überforderungssituationen, die in schweren gesundheitlichen Störungen und Krisen münden können.

Umgekehrt wirken soziale Ressourcen – als Hilfen und Unterstützung, die aus den sozialen Beziehungen stammen, – wie ein psychosoziales Immunsystem und können gesundheitsfördernd sein. Eine Übersicht hierzu findet sich in Dehmel und Ortmann (2006).

ⓘ Das Konzept der sozialen Unterstützung differenziert somit verschiedene Dimensionen, die nahezu identisch mit dem Gegenstand sozialarbeiterischer Unterstützungs- bzw. Beratungspraxis sind, die sich – wie in Kapitel 1 gezeigt – um soziale Ressourcen und soziale Defizite rankt. Soziale Unterstützung ermöglicht der Sozialen Arbeit ein systematisches Erkennen und Verstehen sowie ein systematisches Bearbeiten von sozialen Ressourcen und Defiziten.

Zentrale Aufgabe der Sozialen Arbeit im Kontext von Gemeinschaft ist es, die soziale Integration von Menschen, die sozial zurückgezogen leben oder einsam sind, zu fördern. Dies geschieht durch:
– den Aufbau oder die Reaktivierung sozialer Kontakte, sowohl im privaten Bereich als auch zu professionell geführten Kontaktstellen (wie z. B. Begegnungs- oder Tagesstätten, Mehrgenerationenhäusern, Selbsthilfegruppen, Freizeitgruppen etc.) und
– die Befähigung der Klient*innen, soziale Kontakte selbst herzustellen, Beziehungen aufzubauen, zu pflegen und im Falle, dass diese nicht als positiv empfunden werden, angemessen zu beenden.

Die wohl wichtigste und verbreitetste Form von Gemeinschaft ist die Familie. Unter Familie wird hier nicht nur die klassische Kernfamilie (Kleinfamilie), bestehend aus Vater, Mutter und Kind(ern) verstanden, sondern alle möglichen Formen dauerhaften menschlichen Zusammenlebens (z. B. nichteheliche Lebensgemeinschaften, Regenbogenfamilien, Wohngemeinschaften), in denen ein oder mehrere Kinder über einen längeren Zeitraum leben oder gelebt haben. Aus der Mehrgenerationenperspektive betrachtet, lassen sich auch Alleinstehende oder kinderlose Paare unter Berücksichtigung ihrer Herkunftsfamilien unter den Begriff Familie fassen.

Seit ihren Anfängen hat die Soziale Arbeit einen Schwerpunkt ihrer Tätigkeiten auf die Familienarbeit gelegt, weil damals wie heute gilt, dass eine funktionierende Familie auf besondere Weise Gesundheit und Wohlbefinden ihrer Mitglieder fördern kann. Für Kinder ist die Familie beispielsweise die zentrale Sozialisationsinstanz (Vermittlung von Werten, Normen, Sprache, Erziehung). In Krisen (etwa bei schwerer Krankheit, Verlust von Angehörigen durch Tod) ist sie idealerweise der Ort, wo emotionaler Beistand geleistet und Bewältigung ermöglicht wird. Bei Pflegebedürftigkeit sind es oft Familienmitglieder (meistens Frauen), die die Pflege in der Häuslichkeit übernehmen. Geraten Familienmitglieder in finanzielle Notlage, kann Familie helfen, diese Notlage zu überbrücken, ohne dass dafür außerfamiliäre Hilfen in Anspruch genommen werden müssen.

Allerdings können viele Familien solche ideal gedachten Aufgaben und Funktionen teilweise oder ganz nicht übernehmen. Arbeitslosigkeit, mangelnde berufliche Perspektiven, Schulden, Suchterkrankungen, fehlende Bildung und geringes Einkommen, um nur ein paar Aspekte zu nennen, wirken in Familien hinein und können zu Paarkonflikten, fehlendem Respekt vor individuellen Unterschieden usw. führen. In der Folge kann es beispielsweise zu häuslicher Gewalt, Vernachlässigung von Kindern und Trennungen kommen.

Soziale Arbeit kann Familien auf vielfältige Weise unterstützen. Im SGB VIII, Kinder- und Jugendhilfe, sind verschiedene Leistungen zur Förderung der Erziehung in der Familie benannt, die von Sozialarbeiter*innen erbracht werden. Dazu gehören: Allgemeine Förderung der Erziehung in der Familie (§ 16), Beratung in Fragen der Partnerschaft, Trennung und Scheidung (§ 17), Beratung und Unterstützung bei der Ausübung der Personensorge und des Umgangsrechts (§ 18), gemeinsame Wohnformen für Mütter/Väter und Kinder (§ 19), Betreuung und Versorgung des Kindes in Notsituationen (§ 20), Unterstützung bei notwendiger Unterbringung zur Erfüllung der Schulpflicht (§ 21).

1.3 Mensch

(i) Die jeweils individuell genetisch gegebenen und im Lebensverlauf erworbenen Ausstattungen der Menschen (z. B. mit psychischer und physischer Kondition) und ihrer Fähigkeiten (z. B. zu beruflichen Leistungen, Sport treiben zu können, soziale Kontakte knüpfen und pflegen zu können) sind entscheidend dafür, ob ein Mensch sein Leben nach seinen Vorstellungen (mehr oder weniger) selbstbestimmt leben kann oder ob er vorübergehend oder dauerhaft Unterstützung in der Lebensführung benötigt.

»Für Interventionsstrategien der Sozialen Arbeit ist die Funktionsfähigkeit der KlientInnen (ihre ›Fitness‹) eine nicht zu vernachlässigende Rahmenbedingung. Schließlich hängt von ihr ab, wie sie im gesellschaftlichen Umfeld wahrgenommen werden, welche Wege ihnen offen stehen oder versperrt sind, was ihnen an Eigenleistung zugemutet werden kann und was nicht« (Pantuček-Eisenbacher u. Grigori 2016, S. 24).

Gesundheit

(i) Die Weltgesundheitsorganisation (WHO) hat in ihrer Verfassung eine programmatische Definition von Gesundheit vorgelegt, in der es heißt: »Gesundheit ist ein Zustand des völligen psychischen, physischen und sozialen Wohlergehens und nicht nur das Freisein von Krankheit und Gebrechen« (WHO 1946).

Diesem Verständnis von Gesundheit folgen in Deutschland insbesondere die Gesundheitswissenschaften (Public Health) und die gesundheitsbezogene Soziale Arbeit. Diese beziehen sich vor allem auf die Ottawa-Charta von 1986, in der Selbstbestimmung, Selbstständigkeit und Selbsthilfe des Einzelnen und sozialer Systeme, Partizipation und politische Einflussnahme als Schlüssel für Gesundheit gelten. Aktivitäten der Gesundheitsförderung beziehen sich demnach auf alle Lebensbereiche der Menschen sowie alle Politikbereiche und -ebenen in der Gesellschaft.

Dass Gesundheit – anders als in der WHO-Definition zum Ausdruck gebracht – nicht als Zustand zu verstehen ist, zeigt das von Antonovsky (1997) entwickelte Modell der Salutogenese. In diesem Modell wird davon ausgegangen, dass es keine klare Grenzlinie zwischen Gesundheit und Krankheit gibt, sondern ein Kontinuum mit den beiden Endpunkten Gesundheit und Krankheit. Wo sich Personen auf diesem Kontinuum verorten, ob sie eher gesund oder eher krank sind, ist als Ergebnis interaktiver Prozesse zwischen belastenden Faktoren (Stressoren) und schützenden Faktoren (Widerstandsressourcen) im Kontext ihrer Lebenserfahrungen und -situationen zu verstehen. Als zentrale

Widerstandsressource gilt das sog. Kohärenzgefühl *(sense of coherence)*, das aus drei Komponenten besteht:
- Das Gefühl von Verstehbarkeit *(sense of comprehensibility)*
Diese Komponente beschreibt die Erwartung eines Menschen, Anregungen und Anforderungen als geordnete, strukturierte Informationen verarbeiten zu können, die nachvollziehbar und erklärlich sind.
- Das Gefühl von Bewältigbarkeit *(sense of manageability)*
Diese Komponente beschreibt die Überzeugung eines Menschen, dass Anforderungen und Herausforderungen lösbar sind, weil geeignete Ressourcen zur Verfügung stehen, um ihnen zu begegnen. Hierzu kann auch der Glaube gehören, im entscheidenden Moment von anderen Menschen Hilfe und Unterstützung zur Bewältigung eines Problems zu erhalten.
- Das Gefühl von Sinnhaftigkeit *(sense of meaningfulness)*
Diese Komponente beschreibt das Ausmaß, in dem das eigene Leben als sinnvoll und wertvoll wahrgenommen wird, sodass Menschen Energie in die weitere Gestaltung ihres Lebensverlaufes investieren (s. Bundeszentrale für gesundheitliche Aufklärung 2001).

(i) Je mehr es einer Person gelingt, die Welt als zusammenhängend, in sich stimmig und sinnvoll zu erleben und Krisen zu meistern, desto mehr Gesundheit und Gesundung wird möglich. Die Soziale Arbeit als Beratung kann wichtige Beiträge zur Förderung des Kohärenzgefühls und damit zur Förderung von Gesundheit und Gesundung beitragen, indem sie Klient*innen bei der Erlangung sozialer Teilhabe und Selbstbestimmung unterstützt.

Als Maßstab kann dabei ein Verständnis von Gesundheit dienen, das Schuntermann (2004) im Zusammenhang mit der Internationalen Klassifikation der Funktionsfähigkeit, Behinderung und Gesundheit (ICF) als »funktionale Gesundheit« bezeichnet. Eine Person gilt nach dem ICF als funktional gesund, wenn

»1. ihre körperlichen Funktionen (einschließlich des geistigen und seelischen Bereichs) und ihre Körperstrukturen allgemein anerkannten (statistischen) Normen entsprechen [...],
2. sie all das tut oder tun kann, was von einem Menschen ohne Gesundheitsproblem (Gesundheitsproblem im Sinn der ICD) erwartet wird, [...] und
3. sie zu allen Lebensbereichen, die ihr wichtig sind, Zugang hat und in diesen Lebensbereichen in der Weise und dem Umfang entfalten kann, wie es von einem Menschen ohne Beeinträchtigung der Körperfunktionen oder -strukturen oder der Aktivitäten erwartet wird [...]« (Schuntermann 2004, S. 6).

Wenn die so verstandene individuelle Gesundheit von Menschen vorübergehend oder dauerhaft beeinträchtigt ist, kann dies zu erheblichen sozialen Problemen führen. Umgekehrt können sich auch soziale Probleme auf die individuelle Gesundheit von Menschen auswirken, etwa wenn jemand unter seiner Arbeitslosigkeit leidet und depressiv wird. Für die Soziale Arbeit sind die folgenden individuellen gesundheitlichen Beeinträchtigungen von besonderer Bedeutung.

Krankheit

Hier sind insbesondere die chronischen somatischen Erkrankungen zu nennen, die den größten Anteil an Erkrankungen in Deutschland ausmachen. Dazu zählen u. a. Diabetes, Krebserkrankungen, rheumatische Erkrankungen und Herz-Kreislauf-Erkrankungen. Bei aller Unterschiedlichkeit in den Eigenschaften, den Verläufen und Behandlungen solcher Erkrankungen ist diesen gemeinsam, dass sie für die betroffenen Menschen körperlich und psychisch belastend sind und mit eingeschränkter Lebensqualität einhergehen. Dank verbesserter medizinischer Behandlungsmöglichkeiten steigt die Anzahl der Jahre, die die erkrankten Menschen mit den Beeinträchtigungen leben können.

Ähnliches gilt für die psychischen Erkrankungen. Hierzu zählen insbesondere Depressionen, Suchterkrankungen, Schizophrenie, Persönlichkeits- und Verhaltensstörungen. Bei diesen Erkrankungen besteht insbesondere die Gefahr, dass sie nicht rechtzeitig erkannt und behandelt werden. In dessen Folge kann es zu Chronifizierungen kommen, sodass sich Symptome und Erkrankungen mehr oder weniger verstetigen und die betroffenen Menschen unter Umständen dauerhaft erkrankt sind.

Die sozialen Folgen somatischer und psychischer Erkrankungen können gravierend sein. Vielfach sind Menschen nicht mehr in der Lage, ihren Beruf auszuüben, werden arbeitslos oder frühberentet, leiden unter finanziellen Einbußen und Selbstwertverlust. In den betroffenen Familien müssen ggf. die Rollen neu verteilt werden. Dabei kann es zu familiären Spannungen, Beziehungskonflikten und Trennungen kommen oder im Freundes- und Bekanntenkreis zu sozialen Rückzügen, sodass betroffene Menschen vereinsamen.

Umso wichtiger ist es, die jeweiligen Lebens- und Alltagssituationen so zu arrangieren, dass die Betroffenen ein Höchstmaß an Lebensqualität leben können. Daran kann die Soziale Arbeit als Beratung einen erheblichen Anteil haben, indem sie beispielsweise sozialrechtliche Leistungen für die Betroffenen erschließt und Exklusionstendenzen, wie etwa dem sozialen Rückzug aus dem Freundes- und Bekanntenkreis, entgegenwirkt.

Behinderung

Im Sinne des neuen Bundesteilhabegesetzes (BTHG) von 2016 sind Menschen mit Behinderungen

»Menschen, die körperliche, seelische, geistige oder Sinnesbeeinträchtigungen haben, die sie in Wechselwirkung mit einstellungs- und umweltbedingten Barrieren an der gleichberechtigten Teilhabe an der Gesellschaft mit hoher Wahrscheinlichkeit länger als sechs Monate hindern können. Eine Beeinträchtigung nach Satz 1 liegt vor, wenn der Körper- und Gesundheitszustand von dem für das Lebensalter typischen Zustand abweicht. Menschen sind von Behinderung bedroht, wenn eine Beeinträchtigung nach Satz 1 zu erwarten ist« (Bundesteilhabegesetz 2016, § 2).

Die Anzahl der Menschen mit Behinderungen wird oft unterschätzt. 2015 lebten 7,6 Millionen Menschen in Deutschland, denen von den Versorgungsämtern ein Grad der Behinderung von 50 und mehr zuerkannt wurde und die somit als schwerbehindert gelten (Statistisches Bundesamt 2016).

Es lässt sich leicht vorstellen, dass diese Menschen aufgrund ihrer Behinderung auf vielfältige Weise in ihren Teilhabemöglichkeiten eingeschränkt sind und dass es besonderer Anstrengungen bedarf, damit Menschen mit Behinderungen selbstbestimmt leben können. Dazu gehören insbesondere barrierefreie Arbeitsplätze, Wohnungen und Zugänge zu Geschäften sowie kulturellen Einrichtungen. Barrierefreiheit meint aber nicht nur »rollstuhlgerecht«, sondern auch akustische Orientierungshilfen und Unterstützung in der Kommunikation durch Gebärdensprachdolmetscher*innen für Sinnesbehinderte. Dazu ist es hilfreich, dass die Förderung der Selbstbestimmung und ihre »volle, wirksame und gleichberechtigte Teilhabe am Leben in der Gesellschaft« als Zielsetzung in § 1 des BTHG ausdrücklich benannt ist. In § 118 des BTHG werden neun Lebensbereiche konkret benannt, auf die sich Teilhabe beziehen kann (Schuntermann o. J., S. 6):

»1. Lernen und Wissensanwendung (z. B. Bewusste sinnliche Wahrnehmungen, Elementares Lernen, Wissensanwendung)
2. Allgemeine Aufgaben und Anforderungen (z. B. Aufgaben übernehmen, Die tägliche Routine durchführen, mit Stress und anderen psychischen Anforderungen umgehen)
3. Kommunikation (z. B. Kommunizieren als Empfänger, Kommunizieren als Sender, Konversation und Gebrauch von Kommunikationsgeräten und -techniken)
4. Mobilität (z. B. Die Körperposition ändern und aufrechterhalten, Gegenstände

tragen, bewegen und handhaben, Gehen und sich fortbewegen, sich mit Transportmitteln fortbewegen)
5. Selbstversorgung (z. B. sich waschen, pflegen, an- und auskleiden, die Toilette benutzen, essen, trinken, auf seine Gesundheit achten)
6. Häusliches Leben (z. B. Beschaffung von Lebensnotwendigkeiten, Haushaltsaufgaben, Haushaltsgegenstände pflegen und anderen helfen)
7. Interpersonelle Interaktionen und Beziehungen (z. B. Allgemeine interpersonelle Interaktionen, besondere interpersonelle Beziehungen)
8. Bedeutende Lebensbereiche (z. B. Erziehung/Bildung, Arbeit und Beschäftigung, wirtschaftliches Leben)
9. Gemeinschafts-, soziales und staatsbürgerliches Leben (z. B. Gemeinschaftsleben, Erholung und Freizeit, Religion und Spiritualität)«

Darin wird offensichtlich, dass soziale Aspekte in der Teilhabeförderung eine gewichtige Rolle spielen und die Soziale Arbeit als Beratung auch in diesem Feld gefragt ist.

Pflegebedürftigkeit

Pflegebedürftig im Sinne des Sozialgesetzbuches XI, Soziale Pflegeversicherung,

»[…] sind Personen, die gesundheitlich bedingte Beeinträchtigungen der Selbständigkeit oder der Fähigkeiten aufweisen und deshalb der Hilfe durch andere bedürfen. Es muss sich um Personen handeln, die körperliche, kognitive oder psychische Beeinträchtigungen oder gesundheitlich bedingte Belastungen oder Anforderungen nicht selbständig kompensieren oder bewältigen können« (§ 14, 1).

In § 14 SGB XI ist ebenfalls festgelegt, auf welche Bereiche sich die gesundheitlich bedingten Beeinträchtigungen der Selbstständigkeit oder der Fähigkeiten beziehen müssen:
1. Mobilität (u. a. Positionswechsel im Bett, Fortbewegen innerhalb des Wohnbereichs, Treppensteigen)
2. Kognitive und kommunikative Fähigkeiten (u. a. Erkennen von Personen aus dem näheren Umfeld, Treffen von Entscheidungen im Alltagsleben, Verstehen von Sachverhalten und Informationen, Beteiligen an einem Gespräch)
3. Verhaltensweisen und psychische Problemlagen (u. a. motorisch geprägte Verhaltensauffälligkeiten, nächtliche Unruhe, verbale Aggression, Abwehr pflegerischer und anderer unterstützender Maßnahmen, Wahnvorstellungen, Ängste, sozial inadäquate Verhaltensweisen)

4. Selbstversorgung (u. a. Waschen, Körperpflege, An- und Auskleiden, mundgerechtes Zubereiten der Nahrung und Eingießen von Getränken, Essen, Trinken, Benutzen einer Toilette oder eines Toilettenstuhls)
5. Bewältigung von und selbstständiger Umgang mit krankheits- oder therapiebedingten Anforderungen und Belastungen (etwa in Bezug auf Medikation, Verbandswechsel und Wundversorgung, in Bezug auf zeit- und technikintensive Maßnahmen in häuslicher Umgebung, in Bezug auf das Einhalten einer Diät oder anderer krankheits- oder therapiebedingter Verhaltensvorschriften)
6. Gestaltung des Alltagslebens und sozialer Kontakte (u. a. Gestaltung des Tagesablaufs und Anpassung an Veränderungen, Ruhen und Schlafen, Sichbeschäftigen, Interaktion mit Personen im direkten Kontakt, Kontaktpflege zu Personen außerhalb des direkten Umfelds).

In der Auflistung wird deutlich, dass sich der aktuelle Pflegebedürftigkeitsbegriff von der Verrichtungsbezogenheit und von seiner an (körperlichen) Defiziten orientierten Beschreibung gelöst hat. Entsprechend umfasst die Versorgung und Unterstützung der zu Pflegenden mehr als nur pflegerische Leistungen.

(i) Wenn die jeweiligen Lebenssituationen eingeblendet werden, in denen Pflegebedürftigkeit und Pflege von Bedeutung sind, zeigt sich, dass soziale Faktoren – positiv wie negativ – von erheblicher Bedeutung sind, wenn z. B. in Familien »Pflegelasten« ungleich verteilt sind, Kinder mit im Haushalt zu versorgen sind, pflegende Angehörige Pflege und Beruf vereinbaren müssen oder Gewalt in der Pflege sichtbar wird.

1.4 Problemgefüge

(i) Im Wechselspiel zwischen Individuum, Gemeinschaft und Gesellschaft entscheidet sich, ob Menschen »sozial zurechtkommen« oder ob soziale Probleme entstehen, bei deren Bewältigung sie professionelle Unterstützung benötigen.

Im Folgenden sollen Problem- und Ressourcengefüge und deren Bedeutung für die Soziale Arbeit als Beratung in den Blick genommen werden. In der Psychosozialen Beratungsstelle des ISG konnten drei verschiedene Kategorien sozialer Probleme identifiziert werden.

»Einfache« soziale Probleme

Die Einstufung sozialer Probleme als »einfach« erfolgt dabei aus der Perspektive der Berater*innen und steht für »einfach zu bearbeiten«. Wären sie für die Rat-

suchenden einfach zu lösen, müssten sie keine professionelle Hilfe in Anspruch nehmen. Probleme dieser Kategorie sind insbesondere gekennzeichnet durch:
- Fehlende Informationen zu sozialen und gesundheitlichen Leistungen (Wo können welche Hilfen beantragt werden? Was ist ein Pflegestützpunkt?)
- Schwierigkeiten bei Antragstellungen (z. B. Schwerbehindertenausweis, Reha-Maßnahmen, ALG II)
- Schwierigkeiten, Bescheide (z. B. Rentenversicherung, Sozial- oder Jugendamt) zu verstehen oder zu akzeptieren
- Schwierigkeiten bei der Formulierung von Schreiben (ggf. Widersprüche, Anträge, Bewerbungen)

Die sozialarbeiterischen Beratungen sind hier gekennzeichnet durch klare Aufträge, gesetzlich vorgegebene Rahmungen und Regelungen, nachvollziehbare Verwaltungsverfahren und zeitliche Begrenzungen (z. B. durch Fristen). Die Hilfeleistungen sind zwar aufwändig und anstrengend, letztlich werden sie aber von Berater*innen gemocht, weil sie bei diesen Problemlagen etwas bewegen und abschließen können.

Komplexe soziale Probleme
Komplexe soziale Problemlagen stellen sich in der Psychosozialen Beratungsstelle des ISG als ein Gemisch aus unterschiedlichen Problemanteilen dar. Dabei geht es häufig um:
- (Langzeit)Arbeitslosigkeit, Arbeitssuche
- Unsichere finanzielle Verhältnisse (Überschuldung)
- Ungeklärte sozialrechtliche Probleme (z. B. SGB II, SGB V, SGB IX, SGB XI, SGB XII)
- Probleme mit Behörden, Gerichten, Vermietern
- Beziehungsstörungen (insbesondere Familien- bzw. Paarkonflikte)
- Folgen von Trennungen/Scheidungen
- Soziale Rückzüge (bis hin zu Einsamkeit)
- Materielle Notlagen (Möbel, Hilfsmittel, Wohnungsmangel)

Es lässt sich leicht vorstellen, dass solche Problemanteile kumulieren und die Lebensqualität nachhaltig und massiv beeinträchtigen. Ein kurzes Beispiel: ein alleinstehender Mann, Mitte 50, arbeitslos, sozial zurückgezogen, mit Mietschulden und von Wohnungsräumung bedroht.

Für die Soziale Arbeit als Beratung kommt es darauf an, die unterschiedlichen Problemanteile und Hilfebedarfe zu erkennen, dafür angemessene Beratungs- und Unterstützungsangebote auszuwählen, durchzuführen und ggf. mit anderen sozialen Institutionen und Berufsgruppen zu kooperieren. Oftmals sind solche Problemlagen das Ergebnis einer über einen langen Zeitraum gescheiterten oder unzureichenden informellen oder professionellen Unterstützung von Klient*innen, sodass davon auszugehen ist, dass Beratungen in dieser Kategorie intensiv und längerfristig erfolgen müssen.

Soziopsychosomatische Problemlagen

Problemlagen dieser Kategorie sind durch gravierende, langwierige und unübersichtliche Problemgefüge mit sozialen, psychischen und somatischen Anteilen gekennzeichnet, die weitgehende und intensive multi- und interprofessionelle Bemühungen (Sozialarbeiter*innen, Psychotherapeut*innen, Ärzt*innen etc.) zur Bearbeitung erfordern. Solche Problemlagen stellen sich als ein »Durcheinander« dar, das es Berater*innen schwer macht, sich zu orientieren und im Beratungsprozess die Übersicht zu behalten. Ein kleines Beispiel soll stichwortartig die Verwobenheit der sozialen, psychischen und somatischen Problemanteile zeigen. Das Durcheinander im Text ist dabei gewollt, um darzustellen, dass die unterschiedlichen Problemanteile in der konkreten Beratungssituation von Klient*innen auch nicht geordnet, etwa in chronologischer Reihenfolge, oder in ausgearbeiteten Problemkategorien, sondern als Durcheinander präsentiert werden.

Frau M., Mitte 30, ein Kind im Grundschulalter, alleinerziehend und arbeitslos: ALG II, seit 12. Lebensjahr starker Alkohol- und Drogenkonsum, wiederkehrend Depressionen, ungewollte Schwangerschaft, Frühgeburt des Kindes, Vergewaltigung durch Lebenspartner, Scham- und Ekelgefühle, Krisenerleben, Finanzen, negative Gedanken, negatives Selbstbild, Jobcenter, aktuell Minijob in einer Bar, feste und wechselnde Beziehungen zu Männern, mehrfach Gewalt- und Missbrauchserfahrung, Ernährung, Therapie in einer Tagesklinik abgebrochen, ambulante Psychotherapie abgebrochen, Selbstzweifel, wenig Unterstützung von der Familie, Behinderung des Kindes, Umschulung, aktuell Schulbesuch zur Vorbereitung auf eine Umschulung, Jugendamt, Schwangerschaftsabbruch, Wunsch nach mehr Lebensstruktur und mehr Selbstbewusstsein (ausführlich in Buß 2017, S. 6 ff.).

Es ist in diesem typischen Beispiel offensichtlich, dass eine Zusammenarbeit verschiedener Berufsgruppen unabdingbar ist, um Frau M. wirksam und nachhaltig zu unterstützen. Leider finden solche Kooperationen zu selten statt, sodass es häufig zur Aufspaltung von Problemzusammenhängen kommt. Die sozialen Teile werden von Sozialarbeiter*innen und die somatischen sowie psychischen Anteile von Ärzt*innen und Psychotherapeut*innen bearbeitet.

Dass eine Zusammenschau der Problemanteile sowie eine Zusammenarbeit in der Problembearbeitung sinnvoll und nötig wäre, unterstreicht das Biopsychosoziale Modell (Uexküll u. Wesiack 1996). Mit diesem systemischen Modell werden Menschen als biopsychosoziale Einheiten aufgefasst. Gesundheitliche Problemlagen lassen sich danach somatischen, psychischen und sozialen Systemebenen zuordnen, die miteinander kommunizieren und untrennbar biopsychosozial verwoben sind. Somatische Vorgänge können psychosozial wirken und psychosoziale Vorgänge somatisch. Nach diesem Modell sind die somatischen, psychischen und sozialen Aspekte potenziell gleichrangig.

Angesichts der eindeutigen empirischen Befunde über die Zusammenhänge zwischen sozialer Benachteiligung und erhöhten Gesundheitsrisiken ist die »Bescheidenheit« der Sozialen Arbeit in Fragen von Gesundheit und Krankheit fachlich und berufsethisch nicht mehr vertretbar. Ziel der Sozialen Arbeit muss es deshalb sein, ihre Teilhabe (und das ist mehr als die Teilnahme) an der gesundheitlichen Versorgung zu vergrößern und mit anderen Professionen auf Augenhöhe zu agieren und zu kooperieren.

Dazu dürfen Sozialarbeiter*innen sich in ihrem fachlichen Handeln nicht mehr auf die Erschließung sozialrechtlicher Leistungen (medizinische Reha, Anschlussheilbehandlungen, Grundsicherung etc.) reduzieren lassen, sondern müssen sich den anderen Berufsgruppen im Gesundheitswesen und natürlich den hilfesuchenden Menschen fachlich offensiv präsentieren und ihre besonderen Hilfeangebote benennen können.

Wenn Menschen sowohl die »klassischen« Merkmale sozialer Ungleichheit (arbeitslos, arm, bildungsfern usw.) aufweisen und zudem über keine tragfähigen sozialen Beziehungen verfügen, wird die Entstehung von Krankheit erheblich gefördert und die Gesundung erschwert. Diese Erkenntnis und das Wissen um die gesundheitsförderlichen Potenziale sozialer Ressourcen, die insbesondere in Gemeinschaften der Menschen zu finden sind, bilden die Basis für eine gesundheitsbezogene Soziale Arbeit. Diese hat den Anspruch, einen eigenständigen Beitrag zu leisten, damit Menschen gesund bleiben oder sie, wenn sie erkrankt sind, wieder gesunden.

Wenn soziale Ungleichheit im Zusammenhang mit Gesundheit und Krankheit mehr als bisher in der Gesundheits- und Sozialversorgung berücksichtigt werden soll, ist die Soziale Arbeit gefordert. Es gibt keine andere Profession, die sich explizit mit der sozialen Dimension von Gesundheit und Krankheit befasst und über so reichliche Erfahrungen in der Beratung und Unterstützung von sozial benachteiligten Menschen verfügt.

1.5 Ressourcengefüge

(i) Klient*innen der Sozialen Arbeit verfügen über unterschiedlich ausgeprägte Ressourcen zur Bearbeitung ihrer Problemlagen. Diese lassen sich zum einen als persönliche Ressourcen fassen, mit denen das je eigene Repertoire an Erlebens- und Handlungsmöglichkeiten vor dem Hintergrund biologischer und psychosozialer Entwicklung gemeint ist. Zum anderen handelt es sich um soziale Ressourcen, etwa die soziale Integration in Gemeinschaften, über die sich unterschiedliche Formen sozialer Unterstützung erschließen lassen.

Manche Klient*innen verfügen über relativ große persönliche und soziale Ressourcen (etwa einen Schulabschluss, Berufsausbildung, Freund*innen), sodass die Wahrscheinlichkeit groß ist, dass ihre Lebensqualität mit professioneller Unterstützung spürbar und nachhaltig verbessert werden kann. Manche Klient*innen leben bei schlechter körperlicher und psychischer Verfassung sozial zurückgezogen, sind schon über lange Zeitverläufe hilfebedürftig, sodass es Berater*innen schwerfällt, hilfreiche Ressourcen zu entdecken und im Beratungsprozess zu nutzen. Neben erforderlichen Soforthilfen ist es in solchen Fällen nötig, intensiv nach verschütteten Ressourcen zu suchen, diese freizulegen und zu stärken oder neue Ressourcen zu erarbeiten, die das Selbsthilfepotenzial der Betroffenen erhöhen. In der Beratungsarbeit ist das Erfassen und Bewerten solcher Ressourcen von grundlegender Bedeutung. Wenn soziale Probleme nachhaltig gelöst oder vermieden werden sollen, gilt es, die individuellen und sozialen Ressourcen der Menschen in den Blick zu nehmen, diese zu nutzen und zu fördern.

(i) Sozialarbeiter*innen sind in der Beratung gefordert, das richtige Maß an professioneller Unterstützung zu finden und im Beratungsprozess zu halten. Es gilt die einfache Formel: So viel professionelle Unterstützung wie nötig und so viel Selbsthilfe wie möglich!

Herriger (2014) hat ein Klassifikationsschema für Ressourcen entworfen, das für eine systematische Erkundung von Ressourcen hilfreich sein kann und sich zudem eignet, um den in der Sozialen Arbeit oft verwendeten Begriff der Ressourcenorientierung inhaltlich zu füllen. Herriger unterscheidet dabei zwischen Personen- und Umweltressourcen:

- Zu den Personenressourcen zählt er physische Ressourcen (etwa die physische Konstitution), psychische Ressourcen (etwa das Selbstwertgefühl), kulturelle und symbolische Ressourcen (etwa die Teilhabe am politischen und kulturellen Leben) und relationale Ressourcen (etwa die Beziehungsfähigkeit).
- Zu den Umweltressourcen zählt Herriger soziale Ressourcen (etwa Beziehungen zu anderen Menschen), ökonomische Ressourcen (etwa Arbeitsein-

kommen und Kapital), ökologische Ressourcen (etwa Wohnqualität) und professionelle (Dienstleistungs-)Ressourcen (etwa Rechtsstaatlichkeit und Dienstleistungsqualität) (vgl. Herriger 2014, S. 96 ff.).

ⓘ Bei allen guten Gründen und Absichten, die mit der professionellen Unterstützung von Menschen durch sozialarbeiterische Beratung verbunden sind, muss in diesem Zusammenhang darauf aufmerksam gemacht werden, dass die *allermeisten* sozialen Problemgefüge von den Menschen in ihren Ressourcengefügen, etwa in Form der oben skizzierten sozialen Unterstützung in ihren Gemeinschaften und Familien, ohne Zutun professioneller Unterstützung erfolgreich bearbeitet werden.

2 Soziale Arbeit als Disziplin und Profession

Das Soziale stellt sich als ein vielschichtiger, komplexer und diffuser Gegenstand dar, der schwer zu fassen ist, da er sich in ständigem Wandel befindet und unterschiedlichste Formen annehmen kann. Grundsätzlich kennzeichnet das Soziale aber all diejenigen Phänomene, die aus dem Zusammenwirken zwischen Menschen und ihrer Umwelt entstehen. Das Soziale besteht jeweils aus einem komplexen und einzigartigen Geflecht von Interaktionen und Beziehungen, in das Menschen auf jeweils unterschiedliche Art und Weise eingebunden sind.

Das Soziale vollzieht sich in den Alltags- und Lebenssituationen, die die Menschen im Rahmen ihrer individuellen Begrenzungen und Möglichkeiten handelnd ausgestalten und die seit jeher im Mittelpunkt sozialarbeiterischen Denkens und Handelns stehen. Um diesen Gegenstand herum hat sich die Soziale Arbeit als Disziplin und Profession auf unterschiedliche Weise entwickelt, sodass es angesichts der vielfältigen Tätigkeitsfelder und Handlungskonzepte schwerfällt, den gemeinsamen Nenner der Disziplin und Profession Soziale Arbeit zu erkennen.

Die Internationale Definition von Sozialer Arbeit der International Federation of Social Work (IFSW) aus dem Jahr 2014 bildet weltweit die gemeinsame Grundlage der Disziplin und Profession. Die deutsche Version der Definition ist in einem Abstimmungsprozess zwischen dem Fachbereichstag Soziale Arbeit[3] und dem Deutschen Berufsverband für Soziale Arbeit e. V. (DBSH)[4] verhandelt und 2016 veröffentlicht worden. Die Definition lautet:

---

3 Der Fachbereichstag Soziale Arbeit (FBTS) ist die nationale Repräsentanz der Fachbereiche bzw. Fakultäten Soziale Arbeit der staatlichen und kirchlichen Hochschulen in der Bundesrepublik Deutschland. Er bündelt als übergeordnetes, kollegiales Organ der akademischen Selbstverwaltung die fachlichen, organisatorischen und bildungspolitischen Aktivitäten von etwa 80 Standorten.
4 Der Deutsche Berufsverband für Soziale Arbeit e.V. (DBSH) ist der größte deutsche Berufs- und Fachverband für Soziale Arbeit und damit die berufsständische Vertretung der Sozialarbeiter*innen und Sozialpädagog*innen.

»Soziale Arbeit fördert als praxisorientierte Profession und wissenschaftliche Disziplin gesellschaftliche Veränderungen, soziale Entwicklungen und den sozialen Zusammenhalt sowie die Stärkung der Autonomie und Selbstbestimmung von Menschen. Die Prinzipien sozialer Gerechtigkeit, die Menschenrechte, die gemeinsame Verantwortung und die Achtung der Vielfalt bilden die Grundlage der Sozialen Arbeit. Dabei stützt sie sich auf Theorien der Sozialen Arbeit, der Human- und Sozialwissenschaften und auf indigenes Wissen. Soziale Arbeit befähigt und ermutigt Menschen so, dass sie die Herausforderungen des Lebens bewältigen und das Wohlergehen verbessern, dabei bindet sie Strukturen ein. Diese Definition kann auf nationaler und/oder regionaler Ebene weiter ausgeführt werden« (Deutscher Berufsverband für Soziale Arbeit 2016).

Das Besondere an dieser Definition ist, dass Soziale Arbeit nunmehr nicht nur als eine Profession, sondern auch als eine wissenschaftliche Disziplin gesehen und anerkannt wird. Damit wird zum Ausdruck gebracht, dass Profession und Wissenschaft – bzw. Praxis und Theorie – zusammengehören und gemeinsam an der Förderung von sozialer Lebenskompetenz und der Unterstützung von Menschen arbeiten, die sich in sozialen Notlagen befinden oder von sozialer Not bedroht sind.

Unterstützung meint in der Sozialen Arbeit alle Formen der Hilfe, mit denen Menschen befähigt werden, ihr Leben in größtmöglicher Selbstbestimmung zu planen und zu führen. Soziale Arbeit orientiert sich dabei nicht primär an den biopsychosozialen Defiziten der Menschen, sondern an vorhandenen Potenzialen und Ressourcen. Sie weiß sich solidarisch mit den von gesellschaftlicher Ausgrenzung bedrohten Menschen und setzt sich für die soziale Teilhabe und Partizipation ihrer Adressat*innen ein.

Mit der in Kapitel 1 skizzierten Vielfalt sozialer Problemstellungen geht auf Seiten der Sozialen Arbeit eine Fülle an Methoden und Verfahren einher, die Herwig-Lempp und Kühling (2012, S. 53 f.) als sechs klientenbezogene Handlungsarten der Sozialen Arbeit beschreiben:

»1. Beraten – Perspektivenerweiterung, Informationsvermittlung, Anleitung – in Form von Gesprächen, aber auch durch üben, trainieren etc.
2. Verhandeln – die Moderation zwischen vielen Beteiligten, die Mediation zwischen unterschiedlichen Interessen sowie das Aus- und Verhandeln.
3. Eingreifen – kontrollierendes und intervenierendes Handeln gegen den Willen der Betroffenen zum Schutz und zur Gefahrenabwehr.
4. Vertreten – verantwortliches Handeln, stellvertretend für Klienten und Organisationen.

5. Beschaffen – die Versorgung von Klienten mit Geld, Gütern und Leistungen.
6. Da-sein – das Anwesend sein, das Begleiten und zur Verfügung stehen, ohne dass unmittelbar eine Veränderung angestrebt wird.«

Eine ähnliche Unterscheidung findet sich bei Lüssi, der folgende sechs »sozialarbeiterische Handlungsarten« (Lüssi 2001, S. 392) nennt: Beratung, Verhandlung, Intervention, Vertretung, Beschaffung und Betreuung.

Zudem weist die Soziale Arbeit als Profession einige historisch gewachsene Besonderheiten auf, über die andere Professionen im Feld der psychosozialen Beratung und Behandlung nicht oder nicht in diesem Ausmaß verfügen. Als solche sind insbesondere zu nennen:

- »das große Spektrum an unterschiedlichen sozialen Unterstützungsangeboten, wie die Erschließung materieller und finanzieller Hilfen (insbesondere nach SGB), die Bereitstellung von Informationen, lebenspraktische Unterstützungen, Beziehungsangebote, Krisenintervention etc.
- die selbstverständliche Einbindung der Mitglieder verschiedener sozialer Netze (Familienangehörige, Freundinnen und Freunde, Kolleginnen und Kollegen etc.) in Hilfeprozesse und die Aktivierung deren Potenzial an sozialer Unterstützung
- die niedrigschwelligen, alltagsnahen Hilfeangebote durch das Aufsuchen, Beraten, Begleiten und Betreuen von Menschen mit sozialen Problemen in deren Alltags- und Lebenswelt (Hausbesuche, Streetwork)
- das aktive Angehen (sich kümmern um, sich einmischen in) sozialer Probleme und das Begleiten von Klientinnen und Klienten (zum Amt, Jobcenter, Gericht, Arztpraxis …)
- das Nachgehen bei Menschen mit gravierenden sozialen Problemen, wenn diese nicht oder nur schlecht in der Lage sind, sich auf Hilfeprozesse einzulassen und Gefahr besteht, dass sich ihre Situation dramatisch verschlechtern könnte (etwa bei schwer zu erreichenden Klientinnen und Klienten im Sinne von ›Hard to Reach‹)
- die besonders schwierig zu gestaltenden sozialen Hilfeleistungen in Zwangskontexten (z. B. Jugend-, Gesundheitsamt, Strafvollzug)
- die langfristige Begleitung und Betreuung von Menschen, etwa in der ambulanten Einzelfall- oder Familienhilfe und in stationären Einrichtungen aber auch in Form rechtlicher Betreuungen nach § 1896 BGB
- die Vertretung der Bedürfnisse und Interessen von Menschen, die ihre Rechte nicht oder nur schwer selber vertreten und durchsetzen können
- der selbstverständliche professionelle ›Blick über den Tellerrand‹, also die Wahrnehmung psychischer und somatischer Problemanteile und bei Bedarf die Weiterleitung von KlientInnen in dafür geeignete Hilfebereiche (Medizin, Psychothe-

rapie etc.) bzw. die selbstverständliche Kooperation mit VertreterInnen anderer Berufsgruppen« (Ortmann u. Röh 2017, S. 5).

Die Soziale Arbeit hat als Disziplin und Profession viel Erfahrung darin, Hilfen für sozial verletzliche oder bereits sozial verletzte Menschen bereitzuhalten und anzubieten. Oftmals handelt es sich bei den Klient*innen um Menschen, die von den anderen Professionen nicht (mehr) oder nur schwer erreicht werden. Solche, die eben nicht (mehr) in der Lage sind, sich angemessene Hilfe zu holen, die durch das Netz der Gesundheits- und Sozialversorgung gefallen sind oder zu fallen drohen. Hier hilfreiche Beratung und Unterstützung anzubieten, ist eine hohe professionelle Kunst und erfordert besondere Qualifikationen.

Dennoch stellen Herwig-Lempp und Kühling (2012) fest, dass diese besonderen und wertvollen Eigenschaften der Sozialen Arbeit sowohl von anderen Berufsgruppen im psychosozialen Feld als auch von Sozialarbeiter*innen selbst häufig unterschätzt werden und es um das Ansehen der Sozialarbeit nicht zum Besten bestellt ist. Sie selbst sehen die Sozialarbeit dagegen als »Königsdisziplin im psychosozialen Feld« (S. 51) und formulieren unter dem provokanten Titel »Sozialarbeit ist anspruchsvoller als Therapie« (S. 51) sieben »A«, mit denen sie dies begründen:

- »Auftragslagen in der Sozialen Arbeit sind komplexer als in der Therapie.
- Austauschkonstellationen (kommunikative) sind in der Sozialen Arbeit vielfältiger als in der Therapie.
- Allparteilichkeit ist in der Sozialen Arbeit schwieriger zu praktizieren als in der Therapie.
- Ambivalenzen bzgl. angestrebter Ziele und Problemlösungen sind in Kontexten der Sozialen Arbeit präsenter als in der Therapie.
- Anerkennung von fremden Umgebungen ist in der Sozialen Arbeit anspruchsvoller als in der Therapie.
- Ablenkungen sind in der Sozialen Arbeit facettenreicher als in der Therapie.
- Außenweltprobleme sind in der Sozialen Arbeit drängender als in der Therapie« (S. 52 f.).

Mit Blick auf die Soziale Arbeit als Beratung ist festzuhalten, dass die Soziale Arbeit als Profession eigene Beratungskonzepte benötigt, um mit besonders hohen Anforderungen seitens der Ratsuchenden angemessen umgehen zu können. Die Soziale Arbeit als wissenschaftliche Disziplin steht vor der besonderen Herausforderung, praxeologisch verwertbares Wissen zu generieren, mit dem die sozialarbeiterische Beratungspraxis unterstützt und Qualität entwickelt werden kann.

3 Beratung

Die Deutsche Gesellschaft für Beratung/German Association for Counceling e. V.[5] hat ein gemeinsames »Beratungsverständnis« vorgelegt, das der Fundierung und der Qualitätssicherung von Beratung dienen soll. Dieses eignet sich, um einen weiten fachlichen Rahmen aufzuspannen, in dem sich auch die sozialarbeiterische Beratung bewegt bzw. bewegen kann. Darin heißt es:

»Die Beratung wird in persönlicher, sozialer und rechtsstaatlicher Verantwortung ausgeübt und orientiert sich handlungsleitend am Schutz der Menschenwürde und an berufsethischen Standards. Sie unterstützt emanzipatorische Prozesse und Partizipation und deckt Spannungsfelder, Machtverhältnisse, Konflikte und Abhängigkeiten in unterschiedlichen Lebens- und Arbeitsbereichen auf. Dabei werden insbesondere auch geschlechts-, generationen- und kulturspezifische Aspekte berücksichtigt. Ratsuchende werden bei der Reflexion von Erfahrungen und Erlebenszusammenhängen unterstützt, was ein Bewusstsein für die persönlichen, zwischenmenschlichen und gesellschaftlichen Anforderungen, Probleme und Konflikte entwickelt. Fragen zur persönlichen Identitätsbildung und zur Entwicklung von Sinnperspektiven finden hier ebenso Platz wie die Bearbeitung konkreter Belastungssituationen. In dem dialogisch gestalteten Prozess, der auf die Entwicklung von Handlungskompetenzen, auf die Klärung, die Be- und Verarbeitung von Emotionen und auf die Veränderung problemverursachender struktureller Verhältnisse gerichtet ist,
- sollen erreichbare Ziele definiert und reflektierte Entscheidungen gefällt werden,
- sollen Handlungspläne entworfen werden, die den Bedürfnissen, Interessen und Fähigkeiten des Individuums, der Gruppe oder Organisation entsprechen,
- sollen persönliche, soziale, Organisations- oder Umweltressourcen identifiziert und genutzt werden, um dadurch selbst gesteckte Ziele erreichen oder Aufgaben gerecht werden zu können und
- soll eine Unterstützung gegeben werden beim Umgang mit nicht behebbaren/ auflösbaren Belastungen.

---

5 Die Deutsche Gesellschaft für Beratung/German Association for Counceling e.V ist ein Dachverband, dem mehr als zwanzig Mitgliedsorganisationen angehören. Ziel des Verbands ist die Förderung der professionellen und wissenschaftlich fundierten Beratung/Counceling.

Das Ziel der Beratung ist in der Regel erreicht, wenn die Beratenen Entscheidungen und Problembewältigungswege gefunden haben, die sie bewusst und eigenverantwortlich in ihren Bezügen umsetzen können. Hierzu gehört auch, dass Selbsthilfepotentiale und soziale Ressourcen in lebensweltlichen (Familie, Nachbarschaft, Gemeinwesen und Gesellschaft) und arbeitsweltlichen (Team, Organisation und Institution) Bezügen erschlossen werden.« (Deutsche Gesellschaft für Beratung/ German Association for Counceling e.V o. J., S. 4 f.)

Allerdings wird im gleichen Papier doch eine Begrenzung des dort enthaltenen Beratungsverständnisses vorgenommen, die sich mit dem Beratungsverständnis der Sozialen Arbeit nicht verträgt. Es heißt dort nämlich:

»Beratung grenzt sich von anderen professionellen Interventionsformen ab. Beispiele sind: Die Informationsvermittlung in der Medizin, das Case Management in der Sozialen Arbeit oder die handlungsanleitende Beratung bei der Gewährung von materiellen Leistungen in der Sozialhilfe, die Rechtsberatung und die Psychotherapie (heilkundliche Behandlungen entsprechend PsychThG und HPG[6])« (S. 3).

Wichtige Elemente der sozialarbeiterischen Beratung, nämlich das Case Management und die »handlungsanleitende Beratung bei der Gewährung von materiellen Leistungen in der Sozialhilfe«, gehören im Sinne der obigen Definition demnach nicht zur Beratung. Möglicherweise ist dies dem Umstand geschuldet, dass die meisten Fachverbände der Sozialen Arbeit dem Dachverband nicht angehören[7], sodass das besondere Profil sozialarbeiterischer Beratung dort auch nicht stark vertreten wird (Stand 2017).

Das besondere Beratungsverständnis in der Sozialen Arbeit soll im Folgenden anhand von vier Zielrichtungen verdeutlicht werden:

Selbsthilfepotenziale fördern

»Hilfe zur Selbsthilfe« leisten zu wollen, ist ein altbekannter Anspruch an die Interventionen Sozialer Arbeit. Klient*innen mit sozialen Problemen sollen durch professionelle Beratung befähigt werden, ihre Probleme zukünftig (wieder) selbst zu lösen. Soziale Kompetenzen gelten dabei als Schlüssel für die Erschließung von Teilhabemöglichkeiten an Gemeinschaft und Gesellschaft. In der Beratung muss es daher besonders darum gehen, die Fähigkeit der Klient*in-

---

6   PsychThG = Psychotherapeutengesetz und HPG = Heilpraktikergesetz
7   Seitens der Sozialen Arbeit ist nur der Bundesfachverband betriebliche Sozialarbeit e. V. Mitglied in der Deutschen Gesellschaft für Beratung/German Association for Counceling e.V

nen zu angemessener Kommunikation und Interaktion mit anderen Menschen zu fördern, um beispielsweise die Beziehungsfähigkeit oder die Fähigkeit, Konflikte angemessen zu bearbeiten, zu vergrößern. Dabei geht es insbesondere um alltagsnahe bzw. alltagsbezogene Fähigkeiten, die Klient*innen unmittelbar als sinnvoll und hilfreich erscheinen.

Soziale Beziehungen und Netzwerke stärken

Viele Klient*innen der Sozialen Arbeit verfügen über keine tragfähigen familiären oder freundschaftlichen Beziehungen. Die Teilhabe an funktionierenden sozialen Netzen fördert das Wohlbefinden und hat deutliche gesundheitsförderliche Effekte. Deshalb ist es ein Ziel der sozialarbeiterischen Beratung, vorhandene soziale Netzwerke zu stärken und neue Netzwerke zu knüpfen.

Sozialrechtliche Leistungen erschließen

Das Erschließen sozialrechtlicher Leistungen (z. B. Krankenversicherung Arbeitslosengeld II, Grundsicherung, Pflegeleistungen, Reha-Maßnahmen) sichert die soziale Teilhabe der Klient*innen, wenn auch oft auf niedrigem Niveau. Da Sozialleistungen auch fördernde Komponenten haben (z. B. Arbeitsförderung, Jugendförderung, Teilhabe von Menschen mit Behinderung) können neue Perspektiven und bessere Teilhabechancen eröffnet werden.

Soziale Infrastruktur nutzen und entwickeln

Sozialarbeiter*innen müssen die soziale Infrastruktur des Sozialraums, in dem sie tätig sind, kennen und für die Beratung nutzen. Mit sozialer Infrastruktur sind alle zivilgesellschaftlichen Einrichtungen gemeint, Vereine und Initiativen, die das Zusammenleben im Sozialraum gestalten. Dazu gehören insbesondere Angebote in den Bereichen Soziales, Kultur, Bildung und Sport sowie auch Vereine und Verbände der Selbsthilfe. Sozialarbeiter*innen können Klient*innen dorthin vermitteln sowie begleiten und sich ebenso auch selbst an der Gestaltung des Zusammenlebens im Sozialraum beteiligen, bspw. durch das Initiieren von Selbsthilfegruppen oder Vereinsgründungen (vgl. Ortmann u. Röh 2014).

Angesichts dieser Zielrichtungen und der im vorherigen Kapitel aufgezeigten sozialen Problemvielfalt wird deutlich, dass sich Soziale Arbeit als Beratung nicht auf den Einsatz eines bestimmten methodischen Verfahrens beschränken kann. Vielmehr ist sich die sozialarbeiterische Beratung als eine Art Dach vorzustellen, unter dem sich verschiedene Handlungsansätze versammeln, die es Sozialarbeiter*innen erlauben in Beratungen auf vielfältige methodische Weise in unterschiedlichen Rollen und an unterschiedlichen Orten professionell zu agieren.

Dies soll kurz anhand eines Beispiels aus der Psychosozialen Beratungsstelle des ISG verdeutlicht werden:

Die 58-jährige Frau T., geschieden und alleinlebend, war an einer schweren Depression (Bipolare Störung Typ I) erkrankt und bezog eine Erwerbsunfähigkeitsrente. Da die Bewilligung der Erwerbsunfähigkeitsrente auslief, kam sie mit dem Wunsch in die Beratungsstelle, bei einem Neuantrag unterstützt zu werden. Es stellte sich jedoch schnell heraus, dass die Klientin einen viel umfangreicheren Bedarf an sozialer Beratung und Unterstützung hatte. Im Beratungsprozess kamen folgende Unterstützungsformen zum Einsatz:

- Begleitung: Da Frau T. darüber klagte, sich alleine und verlassen zu fühlen, wurde versucht, ihre wenigen vorhandenen sozialen Kontakte zu stärken und neue zu erschließen. So wurde die Klientin zu Angeboten wie Nachbarschaftshilfen, Tagesstätten für psychisch beeinträchtigte Menschen, Einführungsveranstaltungen zu Computerkursen und in Fitnessstudios begleitet.
- Training sozialer Kompetenzen: Frau T. wurde beim Ausbau ihrer sozialen Kompetenzen unterstützt. Dies geschah durch Rollenspiele, aber auch durch Begleitung im Feld, etwa bei Ämtergängen oder Besuchen bei Dienstleistungsunternehmen.
- Da sein: In depressiven Phasen suchten die Beraterinnen die Klientin zu Hause auf und versuchten, sie durch Gespräche, Motivation zur Nahrungsaufnahme, Spaziergänge und Entwicklung einer Alltagsstruktur aus ihrem Stimmungstief herauszuholen.
- Beschaffung: Gemeinsam mit Frau T. wurde nach Alternativen zum Alleinewohnen gesucht. Dazu wurden gemeinsam mit ihr Wohnprojekte wie Betreutes Einzelwohnen, Therapeutische Wohngemeinschaften oder Generationsübergreifendes Wohnen angeschaut.
- Psychoedukation: In Absprache mit der behandelnden Psychiaterin wurden Gespräche über das immer wiederkehrende Thema einer medikamentösen Behandlung geführt, die die Klientin ablehnte.
- Case Management: Es wurden Kontakte zu Selbsthilfegruppen und zum Sozialpsychiatrischen Dienst geknüpft sowie Gespräche mit nahen Angehörigen und Bekannten, Ärzt*innen bzw. Psychotherapeut*innen und verschiedenen sozialen Einrichtungen geführt, um ein gut funktionierendes Helfer*innennetzwerk einzurichten.

Der Einbezug von Elementen verschiedener Methoden und Verfahren der Sozialen Arbeit ermöglichte vielfältige Beratungsaktivitäten, mit denen im Beratungsprozess auf die jeweiligen Problemlagen und Unterstützungswünsche der Klientin flexibel und passgenau reagiert werden konnte.

3.1 Komponenten

In diesem Abschnitt werden einige Komponenten ausgewählter Methoden und Verfahren der Sozialen Arbeit vorgestellt, die für die Ausgestaltung der sozialarbeiterischen Beratung von Bedeutung sein können. Inwieweit Elemente dieser Methoden und Verfahren im Beratungsprozess verwendet werden, hängt von den Kenntnissen und Erfahrungen der jeweils beratenden Sozialarbeiter*innen ab.

(i) Je größer das Repertoire an methodischem Wissen und Können bei Sozialarbeiter*innen ist, desto besser gelingt es ihnen, auf die individuellen Unterstützungsbedarfe der Klient*innen einzugehen und Unterstützungsangebote passgenau zu entwickeln.

Insofern sind die folgenden Ausführungen, in denen Methoden und Verfahren lediglich kurz umrissen werden, auch als Einladung an die Leser*innen zu verstehen, ihr Repertoire an methodischem Wissen und Können zu diesen und weiteren Methoden und Verfahren zu erweitern.

Begleitung

Die Begleitung kann als eine Variante der Einzelfall- und Familienhilfe verstanden werden. Begleitung meint, Menschen bei der Bewältigung bzw. Bearbeitung ihrer sozialen Probleme verlässlich zur Seite zu stehen. Begleitung kann sich auf die Bewältigung einer Krise beziehen und kurzzeitig sowie intensiv erfolgen. Ebenso ist aber auch vorstellbar, dass Menschen über einen längeren Zeitraum, möglicherweise über Jahre, in unterschiedlicher Intensität und Häufigkeit begleitet werden müssen, bis sich ein nachhaltiger Erfolg einstellt. Stärker als bei der Beratung ist hier die Anerkennung und Stützung der alltäglichen Bewältigungsleistung von Bedeutung, die bei manchen Menschen immer wieder aufs Neue und wiederholend eingesetzt werden muss. Langjährige, komplexe oder traumatische Erfahrungen lassen sich nicht so schnell »verarbeiten« und scheinbar verloren gegangene Fähigkeiten nicht wieder aktivieren, weshalb oftmals eine langfristige Unterstützung vonnöten ist.

Beratung kann die Form einer Begleitung annehmen, wenn Klient*innen nach einer intensiven Beratungsphase wünschen, sich bei Bedarf – beispielsweise, wenn Krisen drohen oder gravierende Entscheidungen getroffen werden müssen (z. B. berufliche Neuorientierung, Familiengründung) – Rat holen zu können. Andererseits ist es auch möglich, dass Berater*innen mit Klient*innen Beratungstermine in größeren Zeitabständen verabreden, um sie bei ihren Erfahrungen im Umgang mit neuen Sicht- und Verhaltensweisen zu begleiten und den nachhaltigen Erfolg von Beratungen zu sichern.

Eine andere Bedeutung hat die Begleitung, wenn es darum geht, Klient*innen zu Behörden, Gerichten, Ärzt*innen etc. zu begleiten, um ihnen beizustehen. Wenn Berater*innen den Eindruck haben, dass Klient*innen das Zustandekommen von Bescheiden oder mündliche Mitteilungen nicht richtig verstanden haben oder sich nicht trauen, ein Amt o. ä. aufzusuchen, können Berater*innen ihnen anbieten, sie dorthin zu begleiten. Indem sie das tun, zeigen sie ihren Klient*innen auch ihre Hilfsbereitschaft und ihr Engagement. Dies kann die Arbeitsbeziehung festigen und sich positiv auf den Beratungsverlauf auswirken.

Betreuung

Der Begriff »Betreuung« findet sich in vielen Feldern der Sozialen Arbeit, wie etwa im Betreuten Wohnen in der psychiatrischen Versorgung oder der Kinderbetreuung in der Kinder- und Jugendhilfe. In stationären Einrichtungen, etwa in der Behindertenhilfe, werden Sozialarbeiter*innen vielfach auch als Betreuer*innen oder Bezugsbetreuer*innen bezeichnet. Erstaunlicherweise finden sich in der Literatur keine ausgearbeiteten Handlungskonzepte für diese Variante der Sozialen Arbeit.

Die Besonderheit und die Herausforderung an dieser Form Sozialer Arbeit liegt in erster Linie darin, dass von ihr Menschen profitieren können, die in irgendeiner Form nicht (mehr oder noch nicht) in der Lage sind, ihre Lebensentscheidungen allein zu treffen und den Alltag zu bewältigen. Insofern muss in dieser Form der Hilfe die »Unwucht« zwischen Helfer*innen und den zu Betreuenden im Sinne von Macht und Ohnmacht besonders aufmerksam beachtet werden. Es gilt dabei, Entscheidungen nicht einfach stellvertretend für Klient*innen, sondern als unterstützte Entscheidung zu treffen, die Wünsche und Willen der Klient*innen berücksichtigt und möglichst befolgt. Betreuungsanteile in der Beratung können z. B. sein:
- Unterstützung bei der Haushaltsführung (Einkauf, Bestellungen, Rechnungen usw.),
- Unterstützung bei der Inanspruchnahme von medizinischer oder pflegerischer Versorgung (Arztwahl, Antrag auf Pflegeleistungen usw.),
- Unterstützung im Umgang mit Behörden (Schriftverkehr, Fristen usw.),
- Unterstützung in der Freizeitgestaltung (Fahrdienste organisieren usw.).

Eine andere Bedeutung erhält der Begriff »Betreuung«, wenn damit die gesetzliche Betreuung gemeint ist, die vom Betreuungsgericht angeordnet wird. In § 1896, (1) BGB heißt es dazu:

»Kann ein Volljähriger auf Grund einer psychischen Krankheit oder einer körperlichen, geistigen oder seelischen Behinderung seine Angelegenheiten ganz oder teilweise nicht besorgen, so bestellt das Betreuungsgericht auf seinen Antrag oder von Amts wegen für ihn einen Betreuer.« (Bundesministerium der Justiz und für Verbraucherschutz 2017)

Die gesetzliche Betreuung schließt in hohem Maße Beratungsleistungen ein. Schließlich werden hier, im Dialog zwischen Betreuten und Betreuer*innen, Entscheidungen von weitreichender Bedeutung für die betreute Person getroffen. Das Betreuungsgericht legt jeweils genau fest, welche Aufgaben gesetzliche Betreuer*innen zu übernehmen haben. Als sog. Aufgabenkreise kommen in Betracht:

»Gesundheitssorge
- ärztliche Behandlung sicherstellen
- Pflegedienste beauftragen
- Rehabilitationsmaßnahmen einleiten
- Klinikbehandlung veranlassen

Vermögensregelung
- Renten, Sozialhilfe oder Einkünfte geltend machen
- Unterhaltspflichten prüfen
- Schuldenregulierung einleiten
- Erbangelegenheiten regeln
- Vermögen und Finanzen verwalten

Heimangelegenheiten
- Verträge prüfen und abschließen
- Interessen gegenüber der Einrichtung vertreten

Wohnungsangelegenheiten
- Wohnraum erhalten
- Mietverträge prüfen und abschließen
- Leben in der eigenen Wohnung sichern

Behördenangelegenheiten
- Interessen vertreten
- Aufenthaltsrechte für Menschen nicht deutscher Herkunft sichern
- Ansprüche durchsetzen« (Bundesverband der Berufsbetreuer/innen 2017).

Die gesetzliche Betreuung kann nur durch eine natürliche Person erfolgen. Dies können Angehörige sein oder Personen, die der zu betreuenden Person nahestehen, wie zum Beispiel Freund*innen. Wenn sich keine Personen finden, die die Betreuung ehrenamtlich durchführen, werden Personen beauftragt, diese beruflich durchführen. Als sog. Berufsbetreuer*innen sind zunehmend auch Sozialarbeiter*innen in freier Praxis tätig. Nützliche Informationen zur gesetzlichen Betreuung als Beruf bietet der »Berufsverband der Berufsbetreuer/innen« auf seiner Homepage: www.bdb-ev.de

Case Management

Die Deutsche Gesellschaft für Case und Care Management definiert Case Management wie folgt:

»Case Management ist eine Verfahrensweise in Humandiensten und ihrer Organisation zu dem Zweck, bedarfsentsprechend im Einzelfall eine nötige Unterstützung, Behandlung, Begleitung, Förderung und Versorgung von Menschen angemessen zu bewerkstelligen. Der Handlungsansatz ist zugleich ein Programm, nach dem Leistungsprozesse in einem System der Versorgung und in einzelnen Bereichen des Sozial- und Gesundheitswesens effektiv und effizient gesteuert werden können« (Deutsche Gesellschaft für Case und Care Management 2012).

ⓘ Wenn Sozialarbeiter*innen als Case Manager*innen fungieren, dann ist es ihre Aufgabe, die komplexen biopsychosozialen Problemlagen von Klient*innen jeweils in den Blick zu nehmen und die gesamten Hilfeprozesse mit allen daran beteiligten Helfer*innen zu organisieren und zu koordinieren.

Auf diese Weise soll vermieden werden, dass Hilfen unkoordiniert stattfinden, sich doppeln oder gar vergessen werden. Dazu ist es Aufgabe von Case Manager*innen

»[...] ein zielgerichtetes System von Zusammenarbeit zu organisieren, zu kontrollieren und auszuwerten, das am konkreten Unterstützungsbedarf der einzelnen Person ausgerichtet ist und an deren Herstellung die betroffene Person konkret beteiligt wird. Nicht die Qualitäten als Berater/-in allein sind gefragt, sondern die als Moderatoren mit Letztverantwortung, die im Prozess der Hilfe die Bedürfnisse der Klienten einschätzen, die die Planung und Sicherung der Bereitstellung medizinischer und sozialer Dienstleistungen koordinieren, die Prioritäten setzen und ggf. zukünftig Standards erarbeiten bzw. festlegen und für ihre Einhaltung sorgen. Ziel ist eine Qualitätsgewährleistung, die untrennbar verknüpft ist mit der

Sicherung von Konsumentenrechten« (Deutsche Gesellschaft für Case und Care Management 2012).

Der Einsatz von Elementen des Case Managements in Beratungsprozessen ist vor allem dann hilfreich, wenn es sich um Klient*innen oder Familien handelt, in denen mehrere Hilfeangebote von unterschiedlichen Helfer*innen erbracht werden. Dabei kommt es häufig vor, dass diese Helfer*innen nicht oder nur unzureichend voneinander wissen und nebeneinander her arbeiten. Berater*innen können – in Absprache mit ihren Klient*innen, die einer Schweigepflichtsentbindung zustimmen müssen – beispielsweise andere Helfer*innen kontaktieren und sich mit ihnen absprechen oder auch eine Zusammenkunft aller Helfer*innen im Sinne einer Helfer*innenkonferenz zwecks Absprachen organisieren.

Einzelfallhilfe

Der Begriff »Einzelfallhilfe« steht in der Sozialen Arbeit für eine professionell angebotene intensive und längerfristige Unterstützungsleistung für Menschen, die nicht in der Lage sind, ihr Leben selbstbestimmt zu planen und zu gestalten.

Einzelfallhilfe stellt an Sozialarbeiter*innen besonders hohe Anforderungen, weil die Klient*innen gravierende und langwierige Problemlagen aufweisen, die intensive Arbeitsbeziehungen erforderlich machen. Sozialarbeiter*innen sind als Einzelfallhelfer*innen mit der »Totalität« der Lebenswelt ihrer Klient*innen konfrontiert und müssen sich darin handelnd zurechtfinden.

Einzelfallhilfe wird in Deutschland insbesondere für folgende Personengruppen angeboten:
– Menschen in besonderen Lebenslagen nach §§ 67, 68 SGB XII,
– Personen mit einer Behinderung im Rahmen der Eingliederungshilfe nach §§ 53, 54 SGB XII,
– Jugendliche, die einer intensiven Unterstützung bei der sozialen Integration und zu einer eigenverantwortlichen Lebensführung bedürfen, nach § 35 SGB VIII.

Es muss an dieser Stelle kritisch angemerkt werden, dass es sich dabei um Menschen mit größtem Hilfebedarf handelt, für deren bestmögliche Unterstützung viele Einzelfallhelfer*innen weder gut aus- noch fortgebildet sind, geschweige denn gut bezahlt werden. Dies sind Zeichen dafür, dass sich die Soziale Arbeit als Profession und als Fach besser um die Einzelfallhilfe, die als eine der drei klassischen Methoden der Sozialen Arbeit gilt, kümmern muss.

Elemente der Einzelfallhilfe kommen in der Beratung insbesondere zum Tragen, wenn sich Klient*innen in einer Krise befinden (Tod eines Angehörigen, Suizidalität, schwere Erkrankung etc.), die für einen überschaubaren Zeitraum eine intensivere Beratung (mehr Zeit, kürzere Zeitintervalle, Hausbesuche etc.) erforderlich macht.

Gemeinwesenarbeit

Gemeinwesenarbeit (GWA) gilt sowohl als klassische Methode als auch als Arbeitsprinzip der Sozialen Arbeit. Als Arbeitsprinzip ist sie als eine Grundorientierung zu verstehen, mit der soziale Probleme weniger als individuelle Probleme in der Einzel-, Familien- und Gruppenarbeit angegangen werden sollen als vielmehr durch Interventionen in Gemeinwesen bzw. Sozialräumen.

Hinte (2017) nennt dazu folgende Blickrichtungen und Prinzipien:

»– Ansatz bei den geäußerten Interessen der Wohnbevölkerung: Die Fachkräfte denken nicht darüber nach, was die Menschen in einem Wohnquartier interessieren könnte, sondern fragen sie direkt: ›Was interessiert euch?‹ Im Zentrum steht immer der Wille oder die Betroffenheit einzelner Menschen oder Gruppierungen.
- Unterstützung von Selbsthilfekräften und Eigeninitiative: GWAler/innen tun möglichst nichts ohne und vermeiden Aktionen für die Leute. Vielmehr denken sie mit ihnen darüber nach, was diese selbst zur Verbesserung ihrer Situation tun können und wenden sich erst in späteren Stadien mit betreuenden und programmorientierten Angeboten an die Wohnbevölkerung.
- Nutzung der Ressourcen
    a) der Menschen: GWA richtet ihr Augenmerk immer auf deren Stärken, die sich oft sogar in den vermeintlichen Defiziten abbilden.
    b) des Sozialraums: Räume, Nachbarschaften, Plätze, Natur, Straßen, aber auch die vorhandene Unternehmens- und Dienstleistungsstruktur sind bedeutsame Ressourcen, die man nutzen und durch kluge Vernetzung effektiver gestalten kann.
- Zielgruppenübergreifender Ansatz: GWA sucht nach Kristallisationspunkten für Aktivitäten, an denen sich möglichst viele Bürger/innen beteiligen können. Dabei sind zielgruppenspezifische Aktionen nicht ausgeschlossen, aber die geschehen dann im Kontext anderer Aktivitäten, die nicht eine bestimmte Zielgruppe stigmatisierend vorab definieren.
- Bereichsübergreifender Ansatz: GWA nutzt die Kompetenzen anderer Sektoren und sucht nach Anknüpfungspunkten für integrative Projekte.

- Kooperation und Koordination der sozialen Dienste: Über vielfältige Foren (›Vernetzung‹) werden im Wohnquartier tätige (professionelle und ehrenamtliche) Akteure aus verschiedenen Bereichen angeregt, Absprachen zu treffen und Kooperationen mit Blick auf Einzelfälle, Gruppierungen und Aktionen zu planen und gemeinsame Projekte zu entwickeln und durchzuführen.«

Beraterisch tätige Sozialarbeiter*innen müssen das Gemeinwesen kennen, in dem sie tätig sind. Sie müssen die im Sozialraum vorhandenen biopsychosozialen Unterstützungs- und Versorgungsressourcen (z. B. Beratungsstellen, Ämter, niedergelassene Ärzt*innen und Psychotherapeut*innen, Kindertagesstätten, Selbsthilfegruppen, Initiativen) optimal für die Unterstützung ihrer Klient*innen nutzen können. Dazu sollte u. a. folgenden konkreten Fragen nachgegangen werden:
- Wer lebt in dem Gemeinwesen (z. B. besondere Bevölkerungsgruppen, hoher Anteil von Migrant*innen, Armut)?
- Wer ist politisch oder fachlich verantwortlich für die lokale Infrastruktur der sozial-gesundheitlichen Versorgung (z. B. Gemeinderat, Sozialausschuss)?
- Welche sozialen Initiativen, Vereine, Selbsthilfegruppen etc. sind vorhanden und welche fehlen?
- Wie ist die Kultur des Zusammenlebens (z. B. Plätze, Begegnungsmöglichkeiten, Sportanlagen, Kirchengemeinden, Gastwirtschaften)?
- Wie ist die eigene Institution mit anderen Diensten im Gemeinwesen vernetzt?

Andererseits sind Sozialarbeiter*innen auch gefordert, über den »Tellerrand« des Einzelfalls hinauszublicken, an der Gestaltung des Sozialraums mitzuwirken und sich beispielsweise für die Einrichtung neuer Dienste und Selbsthilfegruppen zu engagieren. Dazu gehört auch die Mitarbeit in interprofessionellen regionalen Arbeitsgemeinschaften und Netzwerken.

Krisenintervention

Sozialarbeiter*innen haben es häufig mit Menschen zu tun, die sich in einer akuten somatischen, psychischen und/oder sozialen Notlage oder sogar Krise befinden. In Zusammenarbeit mit anderen Professionen, Institutionen und informellen Helfer*innen haben sie die Aufgabe, »Sofortmaßnahmen« zu ergreifen. So verhindern sie Eskalationen und machen Menschen (wieder) handlungsfähig, sodass sie ihre Hilflosigkeit überwinden und Kontrolle über die »aus den Fugen geratene« Situation erreichen können.

Krisen können auf vielfältige Weise entstehen und unterschiedliche Formen annehmen. Hülshoff (2017) unterscheidet folgende Krisenformen:

- Verlustkrisen
Verluste können sich demnach auf Angehörige (Trennung, Tod), Verlust von Heimat, von Körperteilen (nach einem Unfall oder einer Krebserkrankung) beziehen. »Sie gehen mit Trauer und Kummer sowie erhöhter Verletzlichkeit und mitunter auch Depressionsgefährdung einher« (S. 15).
- Lebensverändernde Ereignisse
Lebensverändernde Ereignisse (Life-Events) »[…] kommen in der Regel von außen, zufallsartig und entziehen sich weitgehend der Kontrolle des Betroffenen« (S. 16). Beispiele für Lebensverändernde Ereignisse sind Krieg, Vertreibung und Flucht, Tod eines nahen Menschen oder ein Verkehrsunfall mit schweren und daraus folgenden dauerhaften Beeinträchtigungen.
- Entwicklungskrisen
Entwicklungskrisen markieren Übergänge in der persönlichen Entwicklung wie z. B. die Pubertät, die sprichwörtliche Midlife-Crisis oder das Älterwerden. In Familien kann es zu Krisen kommen, wenn ein Kind geboren wird, Kinder »aus dem Haus gehen«, aus Eltern Großeltern werden oder Eltern(teile) in den Ruhestand gehen. Hier geht es um

»[…] Übergänge, die für das menschliche Leben typisch und unausweichlich sind. Aufgrund der Neuartigkeit in der hiermit verbundenen Lebenssituation, der zu lösenden Entwicklungsaufgaben und der noch fehlenden Erfahrung mit dem Umgang hiermit werden sie jedoch oft auch als sehr krisenhaft erlebt« (S. 16).

- Akute Traumen
»Akute Traumatisierungen stellen eine besonders gefährliche Form der Krise dar, die nicht selten auch in lebensbedrohliche Notfälle übergehen können« (S. 16). Als Beispiele nennt Hülshoff Kindesmisshandlung, sexuellen Missbrauch, Traumatisierungen bei häuslicher Gewalt, Flucht und Folter.
- Posttraumatische Belastungsstörungen
Solche Störungen stellen sich als verzögerte Reaktionen auf gravierende Ereignisse und Bedrohungen dar (z. B. Krieg, Verschüttung, Terroranschlag, Vergewaltigung). Sie »[…] erfordern spezifische Krisenhilfen und pädagogische wie sozialarbeiterische Interventionen, mitunter auch psychotherapeutische Behandlung« (S. 16).
- Psychiatrische Notfälle
Psychiatrische Notfälle unterscheiden sich von psychosozialen Krisen durch ihre Intensität und Lebensbedrohlichkeit, die sich sowohl auf die Person bezieht, die sich in einer Krise bzw. in Not befindet, als auch auf beteiligte Personen, etwa in der Familie oder in Hilfesystemen. Neumann (2017)

spricht in diesem Zusammenhang auch nicht mehr von Krisenintervention, sondern vom »psychiatrischen Notfallhandeln« (S. 250), das weniger der Aktivierung des*r Klient*in (Krisen-Logik) als vielmehr der Gefahrenabwehr für den/die Klient*in (Notfall-Logik) dient (S. 255).

Schließlich weist Hülshoff noch auf eine andere Kategorie von Krisen im Zusammenhang mit psychosozialer Unterstützungsarbeit hin, nämlich auf das Burnout, einen krisenhaften Erschöpfungszustand, der Krisenhelfer*innen droht, wenn sie sich nicht ausreichend vor psychosozialer Überforderung schützen (s. auch Kap. 10).

Germain und Gitterman (1999, S. 151 f.) skizzieren, welche Hilfemaßnahmen Kriseninterventionen erfordern:

»Bereitstellen einer rasch einsetzenden, unmittelbar problembezogenen Dienstleistung mit Sitzungen so häufig wie nötig, bis die Krise überwunden ist
Annahmen eines direkten strukturierten Ansatzes
Assessment der auslösenden Faktoren; Identifizieren der in die Sache verwickelten Mitmenschen
Assessment der kognitiven Erfassung der Situation, des Grades der Angst und der Immobilisierung sowie der potentiellen Ressourcen aufgrund der Unterstützung durch Personen und durch die Umwelt
Erkunden der mit dem Krisenereignis verbundenen Details
Unterstützung durch empathische Einfühlung, Spezifizierung der Probleme und Fokussierung wichtiger unmittelbarer Entscheidungen sowie Bestimmung von Zielen
Vermittlung von Hoffnung und Zuversicht
Heranziehen und Mobilisieren von Ressourcen seitens Personen, der Familien, Gemeinde und seitens der Institution
Heranziehen und Nutzen der Stärken von Personen und der Umwelt.«

Neumann (2017, S. 243) empfiehlt angesichts »der Komplexität von Krisen, ihren vielfältigen Anlässen, Verarbeitungsmöglichkeiten und möglichen Ausgängen« für Berufsanfänger*innen einen »[...] Lernraum in der Praxis. Sie sollten keinen großen Bogen um Klienten machen, die sich in krisenhaften Situationen befinden, sondern Krisenintervention unter Anleitung bzw. Begleitung erlernen«.

Mediation

Die Deutsche Gesellschaft für Mediation (DGM) definiert Mediation ganz allgemein als »[...] ein vertrauliches und strukturiertes Verfahren, bei dem die

Parteien mithilfe eines Mediators freiwillig und eigenverantwortlich eine einvernehmliche Beilegung ihres Konfliktes anstreben« (Deutsche Gesellschaft für Mediation 2017). Mediationen werden von entsprechend qualifizierten Mediator*innen durchgeführt. Im Mediationsgesetz (2012) heißt es dazu in § 1 (2): »Ein Mediator ist eine unabhängige und neutrale Person ohne Entscheidungsbefugnis, die die Parteien durch die Mediation führt.« Ziel der Mediation ist es, laut DGM

»[…] faire und interessengerechte Lösungen zu erarbeiten, die von allen Beteiligten getragen werden und in der Zukunft Bestand haben. Dieses Ziel wird dadurch erreicht, dass die Konfliktparteien im Verlauf des Verfahrens unter Anleitung des Mediators miteinander kommunizieren, selbstständig und eigenverantwortlich mit ihrem Konflikt umgehen, um letztlich nach kreativen Lösungsmöglichkeiten zu forschen und diese umzusetzen« (Deutsche Gesellschaft für Mediation 2017).

Im Mediationsgesetz sind in § 2 das Verfahren und die Aufgaben der*s Mediators*in idealtypisch beschreiben:

»(1) Die Parteien wählen den Mediator aus.
(2) Der Mediator vergewissert sich, dass die Parteien die Grundsätze und den Ablauf des Mediationsverfahrens verstanden haben und freiwillig an der Mediation teilnehmen.
(3) Der Mediator ist allen Parteien gleichermaßen verpflichtet. Er fördert die Kommunikation der Parteien und gewährleistet, dass die Parteien in angemessener und fairer Weise in die Mediation eingebunden sind. Er kann im allseitigen Einverständnis getrennte Gespräche mit den Parteien führen.
(4) Dritte können nur mit Zustimmung aller Parteien in die Mediation einbezogen werden.
(5) Die Parteien können die Mediation jederzeit beenden. Der Mediator kann die Mediation beenden, insbesondere wenn er der Auffassung ist, dass eine eigenverantwortliche Kommunikation oder eine Einigung der Parteien nicht zu erwarten ist.
(6) Der Mediator wirkt im Falle einer Einigung darauf hin, dass die Parteien die Vereinbarung in Kenntnis der Sachlage treffen und ihren Inhalt verstehen. Er hat die Parteien, die ohne fachliche Beratung an der Mediation teilnehmen, auf die Möglichkeit hinzuweisen, die Vereinbarung bei Bedarf durch externe Berater überprüfen zu lassen. Mit Zustimmung der Parteien kann die erzielte Einigung in einer Abschlussvereinbarung dokumentiert werden« (Bundesministerium der Justiz und für Verbraucherschutz 2012).

In der sozialarbeiterischen Beratung können Elemente der Mediation hilfreich sein, um bei Konflikten zwischen verschiedenen Parteien zu gemeinsam getragenen Lösungen zu kommen.

»Beispiele für solche Beratungssituationen sind Trennung und Scheidung, Streitigkeiten zwischen Eltern und Kindern, Konflikte zwischen Schülern, Täter-Opfer-Ausgleich. In einem moderierten und nach gemeinsamen Regeln ablaufenden Gespräch werden die Streitenden zunächst unterstützt, sich auf den sachlichen Aspekt der verschiedenen Sichtweisen zu konzentrieren. Weiterhin gilt es, die dahinterliegenden Interessen, Motive und Gefühle zu benennen und metakommunikativ über die Muster zu sprechen, die den Konflikt aufrechterhalten. Damit wird den Konfliktparteien die Möglichkeit gegeben, die Perspektive des bzw. der anderen zu hören, die verfestigten Standpunkte zu hinterfragen und sich von dem Konflikt zu distanzieren. Darauf aufbauend werden Klienten unterstützt, einvernehmliche Lösungsmöglichkeiten zu suchen, die sich an den Ressourcen der Beteiligten orientieren und konkrete Verhaltensweisen beinhalten. Diese werden am Ende in einer schriftlichen Vereinbarung festgehalten« (Albrecht 2017, S. 59 f.).

Psychoedukation

Mit dem Begriff »Psychoedukation« werden zumeist alle Angebote bezeichnet, um Patient*innen und Personen aus deren sozialem Umfeld über psychische Erkrankungen und deren Behandlung so zu informieren, dass sie diese verstehen und nachvollziehen können. Dies gilt als wesentliche Voraussetzung für eine angemessene Bewältigung der Erkrankung und als Schlüssel für die Mitwirkung in den medizinischen und psychotherapeutischen Behandlungsverfahren.

Von Psychoedukation können aber auch Patienten profitieren, die an einer schweren (chronischen) Erkrankung leiden (z. B. Krebs, Rheuma, Diabetes) und/oder dauerhaft behindert sind (z. B. nach einem Unfall).

Das Psychiatrienetz (2017) benennt als zentrale Elemente der Psychoedukation:

»– Informationsvermittlung
- Krankheitsbegriff, Symptomatik, Synapsenmodell
- Ursachen (Vulnerabilitäts-Stress-Modell)
- Akuttherapie
- Langzeittherapie (medikamentöse Rezidivprophylaxe, psychotherapeutische Behandlungen, psychosoziale Maßnahmen, Rehabilitationsprogramme)
- Selbsthilfestrategien (Gesundheitsverhalten, Früherkennung, Krisenmanagement)

- Emotionale Entlastung
- Angstreduktion (Stigmatisierung, Chronifizierung)
- Trauerarbeit (Adaption der Lebensperspektive)
- Entlastung von Schuld- und Versagensgefühlen
- Relativierung der vermeintlichen Einmaligkeit des eigenen Schicksals
- Erfahrungsaustausch mit anderen
- Kontakt mit Schicksalsgenossen
- Kontaktaufnahme mit Selbsthilfegruppen
- Mut und Hoffnung geben«

Eigentlich ist die Psychoedukation eher eine Aufgabe für Ärzt*innen und Psychotherapeut*innen, die ihre Patient*innen angemessen, d. h. verständlich und umfänglich informieren müssten. Leider ist das nicht immer der Fall. Da in den Tätigkeitsfeldern der Sozialen Arbeit häufig Klient*innen mit schweren psychischen und somatischen Erkrankungen sowie Behinderungen beraten werden, die über die Bedeutung von Diagnosen schlecht informiert sind, über unzureichende Krankheitseinsichten verfügen und sich nicht angemessen behandeln lassen, sind Sozialarbeiter*innen gefordert, psychoedukative Elemente in die Beratung einzubeziehen. Als Beispiel können Menschen mit Depressionen gelten, die eine die Psychotherapie ergänzende medikamentöse Behandlung ablehnen, weil sie nicht ausreichend über die Eigenschaften von Antidepressiva (Wirkung setzt nicht sofort ein, es sind ggf. mehrere Versuche nötig, um das richtige Medikament zu finden) informiert worden sind oder weil sie erhebliche Nebenwirkungen verspürt haben. Dadurch kann deren Lebensqualität erheblich beeinträchtigt werden, sodass sich gravierende soziale Folgen ergeben können, wie z. B. dauerhafte Arbeitsunfähigkeit, frühzeitige Berentung und sozialer Rückzug.

Die Berufsverbände und Fachgesellschaften für Psychiatrie, Kinder- und Jugendpsychiatrie, Psychotherapie, Psychosomatik, Nervenheilkunde und Neurologie aus Deutschland und der Schweiz haben ein Informationsportal mit hilfreichen Informationen zur psychischen Gesundheit und Nervenerkrankungen eingerichtet, das auch für Sozialarbeiter*innen hilfreich sein kann, um Klient*innen im Sinne der Psychoedukation angemessen über psychische Erkrankungen informieren zu können: www.neurologen-und-psychiater-im-netz.org/startseite/. Gleiches gilt für das Psychiatrienetz unter: www.psychiatrie.de

Sozioedukation

Viele Klient*innen der Sozialen Arbeit leben allein und verfügen nur über wenige soziale Kontakte und Beziehungen. Aus der Social-Support-Forschung ist bekannt, dass soziale Beziehungen und die sich darin entfaltenden Formen sozialer Unterstützung von großer Bedeutung für das Wohlbefinden sind. Daran knüpft die Sozioedukation, ein neues Tätigkeitsfeld der Sozialen Arbeit, an.

ⓘ Es geht darum, Klient*innen über die Bedeutung des sozialen Miteinanders zu informieren und ihnen Zugänge zu Gemeinschaften und Gesellschaft im Sinne von sozialer Teilhabe zu eröffnen.

Dabei geht es beispielsweise um die ressourcenorientierte Analyse von sozialen Netzwerken der Klient*innen (s. Kap. 7.4) und die Eröffnung von Möglichkeiten, soziale Kontakte und Beziehungen neu aufzunehmen oder aufzufrischen, etwa zu Familienmitgliedern, zu denen der Kontakt aufgrund von Streitigkeiten abgebrochen war, oder zu alten Freunden, die man aus den Augen verloren hatte. Ebenso kann es darum gehen, Möglichkeiten der Begegnung mit anderen Menschen anzubahnen und Klient*innen dorthin zu begleiten, so etwa zu Seniorenfreizeitstätten, Familienzentren, Vereinen und Selbsthilfegruppen.

Von großer Bedeutung in der Sozioedukation ist die Nutzung des Internets. Gemeinsam mit ihren Klient*innen können Berater*innen im Internet nach seriösen Informationen suchen und ihnen zeigen, welche Möglichkeiten bestehen, um via Internet mit anderen Menschen kommunizieren zu können. Sozioedukation bedeutet hier:
- Anleitung zur Nutzung des Internets und sozialer Medien für die Problembewältigung (Portale und Foren mit Informationen, Austausch mit Betroffenen, Selbsthilfegruppen im Internet),
- Anleitung zur Nutzung sozialer Medien bei der Suche nach (Lebens-)Partner*innen (Präsentation in Kontakt- und Singlebörsen, Kontaktaufnahme, Risiken).

In der Beratung können sozioedukative Elemente besonders dann hilfreich sein, wenn von Klient*innen Defizite an sozialen Kontakten und Beziehungen zur Sprache kommen und sie über keine geeigneten Strategien verfügen, Kontakte herzustellen und soziale Beziehungen zu pflegen.

Training sozialer Kompetenzen

Menschen mit schweren soziopsychosomatischen Problemen sind oft erheblich in ihren Möglichkeiten eingeschränkt, mit anderen Menschen in Kontakt zu kommen, Beziehungen aufzubauen, zu pflegen und ggf. angemessen zu beenden. Soziale Kompetenzen gelten als Schlüssel für die Erschließung von Teilhabemöglichkeiten an Gemeinschaft und Gesellschaft. Zu den sozialen Kompetenzen zählen u. a. die Kommunikationsfähigkeit, Kooperationsfähigkeit, Beziehungsfähigkeit, Konfliktfähigkeit, Kritikfähigkeit und Selbstbeobachtungsfähigkeit.

Ziel solcher Trainings ist es, soziale Kompetenzen so zu fördern, dass sich Klient*innen in schwierigen sozialen Situationen (Gespräch mit dem Chef, Reklamation im Supermarkt) und im Alltag (Wünsche äußern, eigene Meinung äußern und vertreten) angemessener verhalten können. Ganz allgemein geht es darum, die Soziabilität, also die Fähigkeit, neue soziale Beziehungen einzugehen und zu pflegen, der Klient*innen zu vergrößern.

In der Literatur wird das Training sozialer Kompetenzen zwar der Verhaltenstherapie zugeordnet, aber es wird zunehmend auch von Sozialarbeiter*innen durchgeführt und ist mittlerweile in verschiedenen Bereichen der Sozialarbeit (etwa in der Jugendhilfe oder in psychiatrischen Einrichtungen) etabliert. Eine Systematisierung der vorliegenden sozialarbeiterischen Erfahrungen und die Entwicklung von sozialarbeitsspezifischen Praxeologien steht jedoch noch weitgehend aus. Als Grundlage zur Planung und Durchführung von sozialen Kompetenztrainings dient deshalb zumeist das von Hinsch und Pflingsten (2015) verfasste Buch zum Gruppentraining sozialer Kompetenzen. In der Beratung sind Bezüge zu solchen Trainings immer dann gegeben, wenn Klient*innen neue Verhaltensweisen erlernen und anwenden sollen.

3.2 Rollen

In den oben skizzierten Methoden und Verfahren, die in der sozialarbeiterischen Beratung genutzt werden können, ist bereits angelegt, dass Sozialarbeiter*innen über ein entsprechend großes Verhaltens- bzw. Rollenrepertoire verfügen müssen.

Anhand von drei unterschiedlichen Zugängen zum Thema Rollen soll im Folgenden gezeigt werden, welche Rollen Sozialarbeiter*innen in Beratungskontexten typischerweise innehaben, und dafür geworben werden, sich der jeweiligen Rolle im Beratungsprozess bewusst zu sein und entsprechend zu inszenieren. Wer im Beratungsprozess (vorübergehend) in die Rolle des*r Case Managers*in begibt, wird (vorübergehend) aus der Rolle des*r engagierten Einzelfallhelfers*in, die in einer intensiven Arbeitsbeziehung zu einer*m Klient*in steht, entlassen. Wird ein solcher Rollenwechsel von Berater*innen nicht erkannt, kann es zu Rollenkonfusionen kommen, die dem Beratungsprozess schaden.

Dorfman (1996) hat schon vor vielen Jahren auf die Rollenvielfalt Klinischer Sozialarbeiter*innen aufmerksam gemacht und neun verschiedene Rollen identifiziert. Sie sieht diese als:

»- Broker: er vermittelt dem Klienten Zugang zu den notwendigen Ressourcen
- Advocate: er ist sowohl auf der Mikro- als auch auf der Makroebene Fürsprecher für die Belange des Klienten
- Educator: er vermittelt effektive Kommunikationsstrategien, Techniken der Problemlösung und beispielsweise Eltern Erziehungsfähigkeiten
- Enabler: er schafft die Bedingungen und die Umwelt, in der Veränderungen stattfinden können
- Case-manager: er organisiert und koordiniert die Leistungen verschiedener Dienste
- Counselor: er ist ein aktiver und empathischer Zuhörer
- Mediator: er vermittelt bei Konflikten zwischen verschiedenen Parteien
- Consultant: er berät unter Berücksichtigung strategischer Aspekte
- Researcher/Evaluator: er erforscht den Prozeß und wertet ihn aus« (Sticher-Gil 1998, S. 181).

Student, Mühlum und Student (2016) zeigen aus der Perspektive des Empowerments Rollen und Aufgaben für Sozialarbeiter*innen auf, die sich im Rahmen der Hospizarbeit stellen. Gemein ist diesen Rollen, dass sie nicht Defizite, sondern Stärken und Ressourcen in den Mittelpunkt des Handelns rücken und in Familien und Nachbarschaften Fähigkeiten der Bewältigung fördern. Sie beziehen sich dabei auf Herriger (2014, S. 233 ff.), der im Kontext seiner Überlegungen zum Empowerment in der Sozialen Arbeit verschiedene neue Rollen für Mitarbeiter*innen sozialer Dienste und Einrichtungen skizziert:

»- ›Lebenswelt-Analytiker‹ – alltagsbezogene Aufklärung über Zusammenhänge und Perspektiven (z. B. Lebenswelt der Patienten)
- ›Kritischer Lebensinterpret‹ – stellvertretende Deutung unter Berücksichtigung des Eigensinns der Beteiligten (z. B. Aufarbeitung der Lebensgeschichte)
- ›Netzwerker‹ – begleitende Unterstützung von Gruppen und Initiativen und deren Vernetzung (z. B. solidarische Ressourcenmobilisierung)
- ›Intermediärer Brückenbauer‹ – vermittelnde Hilfestellung zwischen Lebens-

welten mit Allianzbildung (z. B. Hospiz und Familie oder Schmerzpatient und Sozialpolitik)
- ›Normalisierungsarbeiter‹ – akzeptierende Unterstützung unkonventioneller Lebensentwürfe, auch gegen institutionelle Logiken (z. B. zu Hause sterben zu dürfen)
- ›Organisationsentwickler‹ – administrative und politische Lobbyarbeit für die Interessen machtloser Patienten (z. B. im kritischen Dialog mit der Gesundheitspolitik)« (Herriger 2006, 213 ff. in Student et al. 2016, S. 105)

Widulle (2012) zeigt, dass sogar im Rahmen einer einzigen Beratungssitzung Rollenwechsel stattfinden. Er bezieht sich auf Benien (2003), der die verschiedenen Rollen von Gesprächsführenden in einem gedachten »inneren Team« des Beraters verortet und typischen Gesprächsphasen zuordnet. Danach verteilen sich die Rollen im Gesprächsverlauf wie folgt:

»- In seiner Stammmannschaft benötigt das innere Team einen *wertschätzenden und zu Beiträgen einladenden Moderator,* der die Zügel nur locker in der Hand hält, aber auch einen *dominierenden Machthaber,* der zur Not die Zügel fest in die Hand nimmt und mit ordnender Kraft über das Geschehen wacht.
- Es braucht einen *aufnehmenden Zuhörer,* der aktiv zuhört, zusammenfasst und auf den Punkt kommt – aber auch einen *Wächter der Disziplin,* der bei Entgleisungen und Verletzungen wieder für Ruhe und Sachlichkeit sorgt.
- Der *freundliche Gastgeber* kann gemeinschaftsbildend und *der präzise Situationsklärer* analytisch wirken.
- Den Auftakt eines Themas übernimmt ein *motivierender Anstifter,* und der *Bilanzierer* fasst das Diskussionsergebnis zusammen, damit nicht jeder sein individuelles Fazit zieht, sondern wirklich ein gemeinsames Ergebnis erreicht wird.
- Neben dem *Integrierer* braucht das innere Team einen *Konfrontierer,* der Prozesse stoppt und, wenn die Zeit drängt, die Diskussion über ein bestimmtes Thema abbricht.
- Vor der Moderation ist der *strukturgebende Planer* und am Schluss der *überprüfende Kontrolleur* am Werk, der abwägt, ob die Vereinbarungen realistisch, konkret und verbindlich sind.
- Der *selbst Engagierte, Betroffene* und *Interessierte* mit eigenen Aktien im Geschäft sollte sich nicht unbemerkt in den Vordergrund schieben und womöglich sogar zum Spielführer des inneren Teams werden« (Widulle 2012, S. 99).

Schließlich sei noch darauf hingewiesen, dass Sozialarbeiter*innen von ihren Klient*innen nicht selten als Familienangehörige (Vater, Mutter, Bruder, Schwester) oder Freund*innen betrachtet werden. Diese Rollenzuschreibung kann für den Hilfeprozess genutzt werden, um beispielsweise einsame Klient*innen in Krisen zu erreichen und ihnen das Gefühl zu geben, nahe an ihrer Seite zu stehen und gemeinsam schwierige Situationen zu meistern. Es muss allerdings seitens der Sozialarbeiter*innen immer deutlich gemacht werden, dass der vermeintlich »familiäre« oder »freundschaftliche« Beistand nur für eine begrenzte Zeit möglich ist und die reale Familie oder Freunde niemals ersetzen kann. Gerade angesichts der großen Hilfebedürftigkeit der Klient*innen und der oft fehlenden sozialen Unterstützung aus deren sozialen Netzwerken, die oft nicht vorhanden oder nicht tragfähig sind, ist die Gefahr für Sozialarbeiter*innen groß, von Klient*innen »aufgesaugt« zu werden und sich in einer Art Rollendiffusion im Hilfeprozess zu verlieren (s. auch Kap. 8.4).

3.3 Orte

Soziale Arbeit als Beratung muss an unterschiedlichen Orten stattfinden können, weil nur so auch Menschen erreicht werden, die an der sog. Kommstruktur (Ratsuchende müssen die Beratungsstelle aufsuchen) scheitern, weil sie – möglicherweise aufgrund schlechter Erfahrungen – Angst haben, eine Hilfeeinrichtung aufzusuchen und dort kein Gehör zu finden oder abgewiesen zu werden.

Manche sind aufgrund von Krankheit und Behinderung auch einfach nicht in der Lage, die Wohnung zu verlassen. Wenn Menschen mit sozialen Problemen schwer zu erreichen sind, muss man ihnen entgegenkommen.

Beratungsraum

Der Beratungsraum in einer Institution, meist identisch mit dem »Büro« von Sozialarbeiter*innen, ist der wohl häufigste Ort für Beratungen. Oft sind aber die Räumlichkeiten von Sozialarbeiter*innen nicht besonders gut geeignet, um eine Beratung durchzuführen. Wenn beispielsweise ein Schreibtisch mit PC und Aktenregale die Raumatmosphäre dominieren und Ratsuchende seitlich am oder vor dem Schreibtisch Platz nehmen müssen, fördert dies bei Klient*innen nicht das Gefühl, »auf Augenhöhe« mit dem*r Berater*in sprechen und sich diesen anvertrauen zu können.

Zu den Mindestanforderungen an einem Arbeitsplatz, an dem beraten wird, gehört, dass die Beratung vertrauensvoll, also ohne Anwesenheit weiterer nicht beteiligter Personen im Beratungsraum, durchgeführt werden kann. Leider ist diese eigentlich als selbstverständlich anzunehmende Voraussetzung in einigen Feldern der Sozialarbeit – insbesondere in Einrichtungen des Gesundheitswesens – nicht immer gegeben. Aus diesem Grund hat beispielsweise die Deutsche Vereinigung für Soziale Arbeit im Gesundheitswesen (DVSG) 2008 *Rahmenempfehlungen zur Einrichtung von Stellen im Krankenhaussozialdienst in Akutkrankenhäusern* formuliert und darin u. a. eine Arbeitsplatzbeschreibung vorgenommen, die im Folgenden vorgestellt wird. Damit soll einerseits gezeigt werden, dass die Ansprüche an eine angemessene Ausstattung nicht einmal besonders hoch sind, und andererseits, dass sich Sozialarbeiter*innen bei der Verbesserung ihrer Arbeitsbedingungen im Dialog mit ihren zuständigen Vorgesetzten auch auf Vorlagen ihrer Fachgesellschaften stützen können.

»1. Dienstzimmer
Jeder Sozialdienstmitarbeiter benötigt ein eigenes, gut ausgeschildertes Büro, in dem Einzel- und Familiengespräche sowie Fallkonferenzen oder Mitarbeiterbesprechungen ungestört durchgeführt werden können. Das Büro ist für behinderte Patienten gut zugänglich zu gestalten und verfügt über entsprechende Sitzmöglichkeiten.

2. Räumliche Ausstattung
Das Dienstzimmer verfügt über eine übliche Einzelarbeitsplatzbüroausstattung mit entsprechenden Bürobedarfsartikeln. Die Ausstattung der Räumlichkeiten muss die Einhaltung der Bestimmungen über den Schutz personenbezogener Daten gewährleisten. Für Gruppenangebote oder Informationsveranstaltungen hat der Sozialdienst Zugang zu geeigneten Räumlichkeiten.

3. Technische Ausstattung
Der Sozialdienst verfügt über die notwendige technische Ausstattung, insbesondere über einen Telefonanschluss mit Anrufbeantworter, einen eigenen Fax-Anschluss sowie einen PC mit Intranet-/Internet-Zugang.

4. Arbeitsmittel
Der Sozialdienst verfügt über Informationsmaterial (Patientenbroschüren, Visitenkarten usw.) und über Möglichkeiten, dieses in geeigneter Weise zu präsentieren. Er hat Zugang zu Fachzeitschriften und Fachliteratur, zu Gesetzestexten und ihren aktuellen Ergänzungen« (Deutsche Vereinigung für Soziale Arbeit im Gesundheitswesen 2008, S. 4).

Hausbesuch

Hausbesuche haben in der Sozialen Arbeit eine lange Tradition und finden häufig und in verschiedenen Tätigkeitsfeldern der Sozialen Arbeit statt (z. B. in Kinder- und Jugendgesundheitsdiensten, in der Einzelfall- und Familienhilfe, im Betreuten Einzelwohnen und in der ambulanten Pflege). Sie gehören in der Sozialen Arbeit quasi zum Berufsbild und zum Berufsalltag und werden wie selbstverständlich durchgeführt, ohne dass jedoch ausgearbeitete fachliche Standards oder Leitlinien vorhanden sind und ohne dass wissenschaftlich begründet gewusst wird, welche positiven und negativen Effekte Hausbesuche auf den jeweiligen Hilfeprozess haben (vgl. Gerull 2014).

Jedoch ist der Hausbesuch in der Sozialen Arbeit nicht unumstritten. Es gibt Sozialarbeiter*innen, die Hausbesuche aus guten Gründen durchführen, und es gibt ebenso diejenigen, die aus guten Gründen Hausbesuche ablehnen. Neuffer (2009, S. 207) hat die Pro- und Contra-Stimmen zum Thema Hausbesuch in Interviews mit Sozialarbeiter*innen eines Allgemeinen Sozialen Dienstes (ASD) in Hamburg gesammelt und zu folgenden Grundaussagen verdichtet:

»*Stimmen pro Hausbesuch:* Der Hausbesuch stellt Nähe her, hilft Schwellenängste abzubauen, ist also insofern im Rahmen von Beratung und Betreuung ein niedrigschwelliges Angebot. Gegenüber der Sprechstunde und dem behördlichen Charakter im Amt empfinden Klient/innen zum Teil Scheu, [...] Gespräche können leichter in Gang kommen und werden nicht gestört durch das Bürogeschehen (Telefon, Kolleg/innen, andere Klient/innen). Kinder fühlen sich im Amt in aller Regel deplatziert und können über einen Hausbesuch besser einbezogen werden. Manche Klient/innen bevorzugen einen Hausbesuch, weil der Anfahrtsweg ins Amt für sie unbequem und zu weit ist. Möglicherweise können Väter besser einbezogen werden, da der Hausbesuch eher auf deren Arbeitszeiten einzustellen ist.

Stimmen contra Hausbesuch: Der Hausbesuch bleibt auch bei schriftlicher oder telefonischer Anmeldung immer ein Eingriff in die Intimsphäre der Klient/innen. Informationen über die Lebenswelt, Alltagsumstände können auch indirekter ermittelt und einbezogen werden. [...] Häufig äußern die Klient/innen selbst den Wunsch, ins Amt zu kommen, sofern sie danach gefragt werden. Der Hausbesuch löst immer noch den Reflex aus, dass die Klient/innen als erstes ›die Schränke aufmachen‹ wollen und damit die Kontrollfunktion des Hausbesuchs bestätigen«.

Wenn die Institutionen der Sozialen Arbeit über keine Leitlinien für die Durchführung von Hausbesuchen verfügen, ist es Sozialarbeiter*innen mehr oder weniger selbst überlassen, ob sie Hausbesuche durchführen oder nicht. Der

Versuch von Gerull (2014, S. 156 ff.) Hausbesuchsformen zu systematisieren, kann Sozialarbeiter*innen bei ihren Entscheidungen zum pro oder contra von Hausbesuchen unterstützen, weil darin erkennbar wird, dass Hausbesuche unterschiedliche Zielsetzungen verfolgen und unterschiedliche fachliche Anforderungen stellen. Dazu zählen:
- Die »Erleichterung der Annahme von Hilfeangeboten« (S. 157), etwa für Klient*innen, die ihre Wohnung aufgrund körperlicher Beeinträchtigungen nicht verlassen können.
- Die »(Wieder-)Herstellung von Kontakt« (S. 157), etwa das Angebot von Erstberatungshausbesuchen durch den Kinder- und Jugenddienst bei Geburt des ersten Kindes.
- Die »Kontrolle und Intervention« (S. 157), etwa bei Menschen in akuten psychischen Krisen oder bei Verdacht auf Kindeswohlgefährdung.
- Die »Soziale Diagnose« (S. 157), etwa um die Wohnsituation einer Familie besser einschätzen zu können.
- Die »Unterstützung und Begleitung« (S. 157), etwa durch niedrigschwellige Interventionen im Rahmen der Einzel- und Familienhilfe in den Wohnungen der Klient*innen.

Für jede Form des Hausbesuchs muss sorgsam überlegt werden, worin das Ziel besteht, wie und wann der Hausbesuch durchgeführt werden soll, welche Themen wie angesprochen werden sollen, wie möglichen Ängsten oder auch Aggressionen von Klient*innen begegnet werden soll, welche Konsequenzen sich ggf. für Klient*innen aus dem Hausbesuch ergeben können u. v. m. Gerull (2014) hat einen Strukturierungsvorschlag für die Entwicklung von Hausbesuchskonzeptionen gemacht, der hier nur in Kurzform dargestellt werden kann, aber bereits erkennen lässt, dass Hausbesuche fachlich anspruchsvoll sind. Folgende Struktur schlägt Gerull vor:

A Planung eines Hausbesuchs
1. »Klärung des rechtlichen Rahmens« (S. 159) (Welche rechtlichen Bestimmungen müssen beachtet werden?)
2. »Entscheidung für oder gegen einen Hausbesuch« (S. 159) (Was spricht für oder gegen einen Hausbesuch?)
3. »Zielfestlegungen« (S. 159) (Was soll erreicht werden?)
4. »Art des Hausbesuchs« (S. 160) (Wird der Hausbesuch beispielsweise angemeldet oder geschieht er unangemeldet?)
5. »Notwendige Vorbereitungen« (S. 160) (Welche Unterlagen werden benötigt? Welche Gefahren drohen?)

B Durchführung eines Hausbesuchs
6. »Eigene Rolle reflektieren« (S. 161) (Welche Rolle wird eingenommen? Kann es zu Rollenkonflikten kommen?)
7. »Eröffnung des Hausbesuchs« (S. 161) (Ist der Auftrag den Adressaten klar oder muss er eingangs erläutert werden?)
8. »Anwesende beim Hausbesuch« (S. 161) (Wer soll anwesend sein?)
9. »Aktivitäten beim Hausbesuch« (S. 162) (Welche Aktivitäten müssen beim Hausbesuch erfolgen?
10. »Abschied« (S. 162) (Wie wird der Abschied gestaltet? Müssen Vereinbarungen getroffen werden?)
11. »Durchgängig: eigene Haltung reflektieren« (S. 162) (Welche Einstellungen, Werte und Normen beeinflussen den Hausbesuch?)

C Nachbereitung eines Hausbesuchs
12. »Dokumentation« (S. 163) (Was wird für wen dokumentiert?)
13. »Reflexion des Hausbesuchs« (S. 164) (Mit wem kann der Hausbesuch reflektiert werden?)
14. »Evaluation« (S. 164) (Wie und woran wird die Zielerreichung des Hausbesuchs gemessen?)
15. »Weitere Planung« (S. 164) (Ergeben sich Konsequenzen aus dem Hausbesuch?)«

Temporäre Beratungsorte

Ämter, Jobcenter, Arztpraxen usw. können temporär zu Beratungsorten werden, wenn Klient*innen von Sozialarbeiter*innen dorthin begleitet werden.

Das Aufsuchen solcher Orte im Beisein von Klient*innen kann in mehrfacher Hinsicht hilfreich sein. So kann die Begleitung deeskalierend auf angespannte Beratungssituationen zwischen Klient*innen und Amtsmitarbeiter*innen wirken. Die begleitenden Berater*innen erhalten Informationen aus erster Hand und können präzise Schritte einleiten (z. B. Widerspruch). Die Berater*innen können direkt nachfragen und sich im Beisein von Klient*innen die Sachlage erklären lassen. Die Klient*innen können auf diese Weise am Modell lernen, wie man sich angemessen verhält. Die Berater*innen können die Funktion von »Übersetzer*innen« bekommen, die den Klient*innen für sie schwer zu verstehende Vorgänge erklären können. Schließlich fühlen sich Klient*innen gestärkt, wenn jemand an – und gegebenenfalls auf – ihrer Seite ist, die oder der sie begleitet und unterstützt.

Wenn der Hin- und/oder Rückweg gemeinsam zurückgelegt wird, kann dies von den Berater*innen genutzt werden, um mit ihren Klient*innen beratungsrelevante Themen zu besprechen. Ein gemeinsamer Gang von Klient*in und Sozialarbeiter*in mit Vor- und Nachbesprechung des gemeinsam wahrgenommenen Termins kann helfen, die Arbeitsbeziehung zu festigen, weil damit auch signalisiert wird, dass die Sozialarbeiter*innen hilfsbereit sind und mit ihren Klient*innen mitgehen. Natürlich muss beachtet werden, ob es den Klient*innen auch recht ist, in Begleitung von Sozialarbeiter*innen, die möglicherweise in der Gemeinde oder Stadt bekannt sind, gesehen zu werden.

Straße

Mit dem Begriff »Straße« werden hier Straßen, Stadtviertel, Bahnhöfe oder Plätze verstanden, an und auf denen Soziale Arbeit als Straßensozialarbeit (Streetwork) stattfindet. Der Begriff »Straßensozialarbeit« steht für ein Handlungskonzept, das dadurch gekennzeichnet ist, dass Sozialarbeiter*innen aktiv auf Menschen mit sozialen (und anderen) Problemen zugehen, die nicht von etablierten Unterstützungs- und Versorgungsangeboten erreicht werden, und diese dort aufsuchen, wo sie leben oder sich häufig aufhalten.

Gusy und Famir (2016) gehen davon aus, dass sich Streetwork nicht mehr nur auf den Lebensraum Straße bezieht. Sie verstehen Streetwork

»[…] als Regenschirmbegriff für aufsuchende Arbeitsansätze in vielen Bereichen […]. Fankulturen, Prostituierte, Homosexuelle, Drogenkonsumenten, Migranten, Straßenkinder, Partyszenen kamen als Adressaten hinzu, deren Lebenswelten nur in Teilen die Straße ist« (Gusy u. Famir 2016).

Die Zielgruppen von Streetwork sind also vielfältig und erfordern jeweils spezielle Zugänge und Interventionen. An dieser Stelle sollen die Angebote der Sozialen Arbeit im Kontext von Streetwork exemplarisch anhand der Zielgruppen Jugendliche und kranke bzw. von Krankheit bedrohte Menschen skizziert werden.

Die Bundesarbeitsgemeinschaft Streetwork/Mobile Jugendarbeit hat 2015 fachliche Standards mit einer Akzentuierung der Arbeit mit Jugendlichen formuliert. Danach gehören zu den unmittelbaren personenbezogenen sozialen Angeboten:

»– <u>Beziehungsarbeit</u>: Aufbau und Pflege von tragfähigen Beziehungen zu den Personen, deren zentraler Lebensort der öffentliche Raum ist; Schaffung eines vertrauensvollen Kontaktnetzes
- <u>Beratung, Begleitung, Vermittlung</u>: Einzelfallhilfen, Beratung unter Berücksichtigung des individuellen und gruppenbezogenen Bedarfs, Vermittlung an andere

Hilfesysteme und Fachdienste, Stärkung der individuellen Handlungskompetenz, Unterstützung zur Existenzsicherung (z. B. Arbeit, Ausbildung, etc.), Solidarische Unterstützung gegenüber Ämtern, Institutionen und Behörden
- Gruppen- und Projektarbeit: Soziales und interkulturelles Lernen zur Entwicklung positiver Lebensentwürfe, Unterstützung und Förderung spezifischer Jugendkultur, Angebot zur Stärkung des Gruppen- und individuellen Selbstwertgefühls, Erlebnispädagogisches Lernen zum Erfahren persönlicher Stärken und Grenzen, Beteiligung an öffentlichen Entscheidungsprozessen zur Erweiterung der gesellschaftlichen Handlungskompetenz, Qualifikation und Unterstützung von Schlüsselpersonen in Cliquen (Peerhelper), Förderung von Selbstorganisations- und -verwaltungsansätzen
- Moderation: Direktes oder indirektes Verhandlungsangebot mit mindestens 2 Problembeteiligten (Personen, Institutionen, Gemeinwesen)
- Konfliktbearbeitung: Eingriff in negative Verlaufsprozesse mit dem Ziel einer Unterbrechung von objektiver Gefährdung, Ausstiegshilfen, Krisenintervention« (Bundesarbeitsgemeinschaft Streetwork/mobile Jugendarbeit 2015, S. 3 f.)

Gusy und Famir (2016) haben ein breites Aufgabenspektrum von Streetwork beschrieben, das auf die Förderung von gesundheitsbezogener »[...] Entscheidungs- und Handlungskompetenz, einen weniger riskanten Umgang mit gesundheitlichen Risiken sowie die Verhinderung einer Verschlechterung der derzeitigen gesundheitlichen Situation« abzielt. Die Aktivitäten umfassen:

»- die Aufklärung über gesundheitliche Risiken in persönlichen oder gruppenbezogenen Gesprächen (peer involvement, peer education) um die Entstehung von Abhängigkeiten zu vermeiden bzw. deren Folgen zu lindern,
- die Entwicklung und Verteilung zielgruppenangepasster Präventionsmedien (Flyer, Giveaways etc.),
- die Reduktion unmittelbarer gesundheitlicher Schädigungen der Zielgruppe um deren Überleben zu sichern (z. B. Spritzenvergabe, Kondomverteilung zur Prävention übertragbarer Erkrankungen),
- die Beratung zum weniger riskanten Gebrauch illegaler Substanzen (safer use) sowie zur Vermeidung von Infektionen beim Sex (safer sex),
- die Aufklärung über und Vermittlung von Sofortmaßnahmen an Szene-/Milieuangehörige (peergestützte outreach work) z. B. mittels Schulungen von Drogengebrauchern zur Vermeidung von Drogennot- und Todesfällen,
- die Entwicklung und Bereitstellung von Angeboten der Freizeit- und Erlebnispädagogik (z. B. im Rahmen der Cliquenarbeit mit sozial benachteiligten und/ oder verhaltensauffälligen Jugendlichen),

- die Einrichtung von lebensweltnahen, niedrigschwelligen Angeboten der Erst- und Akutversorgung chronischer körperlicher oder/und psychischer Erkrankungen (Ausgabe von Verbandsmitteln, Salben, Versorgung von Wunden/Abszessen) auch für nicht krankenversicherte Personen,
- die Information über und die Begleitung in bestehende Einrichtungen und Angebote des psychosozialen oder medizinischen Versorgungssystems (Begleitung zu Fachkräften und Kliniken, Krankentransport, Weitervermittlung in stationäre Einrichtungen),
- die Förderung der Motivation und Begleitung von Personen beim Ausstieg, z. B. bei Drogengebrauchern oder Prostituierten,
- die Mobilisierung zur Mitgestaltung und Verbesserung des Lebensraumes mithilfe gesundheitsbezogener Gemeinwesenarbeit (Erschließung von Räumen, Entstigmatisierung, Vernetzung mit örtlichen Institutionen, Öffentlichkeitsarbeit),
- die längerfristige stützende psychosoziale Begleitung von Personen mit oder ohne Perspektive zur Änderung ihres gesundheitlichen Risikoverhaltens« (Gusy u. Famir 2016, S. 3 f.).

Die Beispiele zeigen zudem, dass sich hinter dem sozialarbeiterischen Handlungskonzept der Streetwork – ähnlich wie bei der Methode der Beratung – ein ganzes Bündel unterschiedlicher Interventionsformen verbirgt.

Telefon

Telefonische Beratungsangebote im Kontext Sozialer Arbeit sind vielfältig und seit Langem etabliert. Als Beispiele seien hier genannt:
- Der Berliner Krisendienst – Hilfe für Menschen in psychosozialen Krisen: www.berliner-krisendienst.de
- Der Psychotherapie-Informationsdienst (PID) – Beratung zur Wahl der*s geeigneten Therapeut*in: www.psychotherapiesuche.de
- Die BIG-Hotline – Hilfe bei häuslicher Gewalt gegen Frauen: www.big-hotline.de

Die Vorzüge der telefonischen Beratung liegen auf der Hand und werden auf der Homepage der »TelefonSeelsorge«, einem bundesweit rund um die Uhr angebotenen Dienst in kirchlicher Trägerschaft mit – nach eigenen Angaben – rund 8000 ehrenamtlichen Mitarbeitern, prägnant zusammengefasst. Dort heißt es zu den zentralen Eigenschaften telefonischer Beratung:

»Anonym und verschwiegen
Ihr Anruf bleibt anonym. Sie nennen Ihren Namen nicht und Ihre Rufnummer erscheint nicht in unserem Display. Da das Telefonat gebührenfrei ist, wird es später auch nicht in einem Einzelverbindungsnachweis Ihrer Telefonrechnung aufgeführt.
Niemand kann Ihrer Telefonrechnung entnehmen, dass Sie bei der TelefonSeelsorge angerufen haben. Die Verbindungsdaten werden von den Telekommunikationsunternehmen nur entsprechend den gesetzlichen Vorschriften gespeichert. Sie können sicher sein, dass Ihre Sorgen und Probleme anonym und vertraulich behandelt werden. Alle Mitarbeiterinnen und Mitarbeiter der TelefonSeelsorge unterliegen der Schweigepflicht.

Kompetent und kostenfrei
Die ehrenamtlich tätigen Mitarbeiterinnen und Mitarbeiter der TelefonSeelsorge werden sorgfältig ausgewählt, mindestens ein Jahr lang ausgebildet und durch regelmäßige Supervision begleitet. Wer bei den Mitarbeitern der TelefonSeelsorge Rat sucht, bekommt diesen komplett kostenfrei. Die anfallenden Gesprächsgebühren übernimmt die Deutsche Telekom AG.

Rund um die Uhr erreichbar
Die TelefonSeelsorge-Stellen sind Tag und Nacht erreichbar, auch an Wochenenden und Feiertagen, bundesweit. Das Angebot gilt für jeden, der Rat braucht, egal ob alt oder jung, ob Berufstätiger, Hausfrau, Auszubildende oder Rentner, ob evangelisch, katholisch, Angehörige einer anderen Glaubensgemeinschaft oder ohne Kirchenzugehörigkeit.
Die TelefonSeelsorge ist offen für alle Problembereiche und für alle Anrufenden in ihrer jeweiligen Situation. Auf die Anrufenden wird weder konfessioneller noch politischer oder ideologischer Druck ausgeübt« (www.telefonseelsorge.de).

Zu den Besonderheiten telefonischer Beratung gehört, dass im Telefonat Gestik und Mimik der Anrufenden nicht kommuniziert werden können. Für Berater*innen ergibt sich dadurch die Schwierigkeit,

»[...] durch mangelnde visuelle Informationen nur schwer einschätzen zu können, wie ernst gemeint eine telefonische Anfrage ist. Es liegt nahe, daß die *Anonymität* des Telefons genutzt wird, um Scherzanrufe zu tätigen. Aber auch ›ernste‹ Anrufe tarnen sich zuweilen als Scherzanrufe. Sicherheitshalber empfiehlt es sich also, das Anliegen des Anrufers so zu behandeln, als wäre es ernst gemeint, auch wenn man sich dessen nicht so sicher ist.

Ein Telefonat kann außerdem leicht beendet werden. Man braucht bloß aufzulegen, muß sich nicht einmal verabschieden, man hat keinen Weg zurückzulegen, um außerhalb des Gesichtsfeldes des Gesprächspartners zu kommen. Vor allem bei einem Erstanruf und/oder einem anonymen Anruf hat der Gesprächspartner keine Chance, die Kommunikation dann wieder aufzunehmen« (Pantuček 1998, S. 28).

Dieser kurze Auszug zu den Herausforderungen in der telefonischen Beratung mag schon genügen, um zu zeigen, dass diese Berater*innen besonders qualifiziert sein müssen. Auch Sozialarbeiter*innen, die im Rahmen von Face-to-Face-Beratungen gelegentlich mit ihren Klient*innen telefonieren oder telefonische Anfragen nach Beratungen zu tätigen haben, sollten sich mit den besonderen Anforderungen telefonischer Kommunikation befassen.

Die Deutsche Hauptstelle für Suchtfragen e. V. (DHS) hat ein umfangreiches und sehr praxisbezogenes *Manual für die Beratung am Telefon* vorgelegt, das für Mitarbeiter*innen der Sucht- und Drogennotrufe und der Einrichtungen der Suchtprävention und Suchthilfe sowie der Sucht- und Drogen-Hotline gedacht ist. Es kann aber auch für andere Berater*innen hilfreich sein. Daraus sind die folgenden zehn Grundregeln für die Gesprächsführung am Telefon entnommen:

»- Sprechen Sie in klaren, deutlichen Sätzen, die sofort verständlich sind.
- Aktives Zuhören ist die Grundlage jedes guten Gespräches.
- Gute Gespräche brauchen Zeit.
- Bitten Sie um Rückmeldungen. So erfahren Sie, ob Sie richtig verstanden wurden.
- Stellen Sie einen positiven Kontakt zu Ihrem Gesprächspartner/Ihrer Gesprächspartnerin her. Achten Sie darauf, dass Sie seinen/ihren Selbstwert nicht angreifen.
- Fragen fördern den Gesprächsverlauf. Achten Sie aber darauf, dass Sie nicht ausfragen.
- Achten Sie auf Sprache, Sprechweise, Betonung, Stimme, Atmung Ihres Gesprächspartners/Ihrer Gesprächspartnerin.
- Sprechen Sie die Gefühlslage Ihres Gesprächspartners/Ihrer Gesprächspartnerin an. Achten Sie auch auf die eigene Befindlichkeit während des Gesprächsverlaufs.
- Sprechen Sie mit ›Ich-Botschaften‹.
- Vermeiden Sie, per ›man‹ oder ›wir‹ zu sprechen. Besser Sie formulieren: ›Ich bin der Überzeugung, dass …‹« (Deutsche Hauptstelle für Suchtfragen 2013, S. 62).

Internet

Das Internet ist für die Soziale Arbeit als Beratung von zunehmender Bedeutung. Dort finden sich vielfältige Informationen, deren Qualität durchaus hoch ist, zu wohl allen sozialen Themen und Fragestellungen, die von Sozialarbeiter*innen wie auch von Ratsuchenden genutzt werden können. Stellvertretend für die vielfältigen Informations- und Beratungsangebote sollen im Folgenden die sog. Foren und Online-Beratungen vertieft werden.

Foren

Foren sind virtuelle Treffpunkte, die dem Austausch von Erfahrungen, Meinungen, Gedanken und Problemen dienen. In Foren können Personen Nachrichten veröffentlichen (»posten«), die Veröffentlichungen (»Postings«) anderer Personen lesen und darauf antworten. In moderierten Foren achten Moderator*innen auf die Einhaltung der sog. Nettiquette, in welcher Empfehlungen für den Umgang miteinander im Forum gegeben werden, etwa dass es keine Beleidigungen und keine Werbung für Produkte etc. geben darf. Die Fragen und Themenbeiträge der Foren-Teilnehmer*innen sind meist für einen längeren Zeitraum gespeichert und können komplett eingesehen werden.

Die Foren-Beratung zeichnet sich durch ein anonymes und textbasiertes Beratungsangebot aus. Differenzierter betrachtet, kann bei Foren-Beratung zwischen formalisierter, halbformeller und informeller Beratung unterschieden werden:

»– formalisierte Beratung durch professionell ausgebildete Beraterinnen,
- halbformalisierte Beratung durch Peer-Berater oder auf andere Weise bevorzugte Nutzerinnen,
- informelle Beratung durch andere Nutzer und
- als eine Art ›Selbstberatung‹ der Nutzerinnen durch ›Lektüre‹ [...]« (Brunner, Engelhardt u. Heider 2009, S. 81).

Besonders interessant und erfolgreich ist die Beratung durch Peers, also Gleichbetroffene. Die Beratung kann hier auf Glaubwürdigkeit und auf Erfahrungsressourcen aufgebaut werden, ähnlich wie das in real existierenden Selbsthilfegruppen der Fall ist. Im Unterschied zu den Selbsthilfegruppen können in Foren aber nicht nur die in einem Beratungsprozess aktiven Personen von der Beratung profitieren, sondern auch Personen, die die Beiträge in den Foren »nur« lesen. D. h. die Reichweite von Foren ist erheblich größer, weil sie öffentlich sind. Diese Öffentlichkeit wirkt sich einerseits auf die Ratsuchenden und andererseits auf die Berater*innen aus. Für die Ratsuchenden besteht die Gefahr, nicht verstanden, ignoriert oder auch stigmatisiert zu werden. Allerdings sind eher positive Anteilnahmen zu beobachten. Die Ratsuchenden stoßen eher auf Verständnis, Unterstützung und Bestätigung. Für die Berater*innen bedeutet der öffentliche Raum, dass sie individuell antworten müssen, gleichzeitig aber eine unbekannte Zahl von Teilnehmer*innen mit ihrer Antwort erreichen. Es entsteht also eine Art Multiplikationseffekt. Weiterhin muss den Berater*innen bewusst sein, dass ihre Arbeit transparent und somit auch angreifbar und kritisierbar ist. Dies kann eine Chance sein, aber auch eine Belastung darstellen. In jedem Fall kann dies als Herausforderung betrachtet werden (Brunner et al. 2009).

Blattner und Ortmann (2017, S. 5) haben Internet-Foren zu den Themen »Multiple Sklerose« und »Funktionelle Herzbeschwerden/Angst- und Panikattacken« untersucht und herausgearbeitet, welche Unterstützung die betroffenen Menschen in den Foren suchten:

»1. Suchen die Menschen Rat
- Hat jemand Erfahrung mit …?
  Wer hat Erfahrungen mit diesem oder jenem Therapieverfahren?
  Wer hat Erfahrungen mit den Wirkungen und Nebenwirkungen dieser oder jener Medikamente? (sehr häufige Frage)
- Wer kennt das auch?
- Wer hat auch solche Symptome und was bedeuten diese?
- Was soll ich tun?
- Meine Ängste werden immer schlimmer. Was soll ich tun?
- Hat jemand einen Tipp?
  Kann mir jemand Adressen von Reha-Kliniken geben?
  Kennt jemand einen guten Anwalt in …?
2. Suchen die Menschen Kontakt
   - Ich suche Kontakt und würde mich gerne mit Gleichbetroffenen treffen.
3. Suchen die Menschen Beistand
   - Seit gestern befinde ich mich wieder in einer Krise. Mir geht es schlecht. Ich bin völlig fertig und kann nicht mehr.«

Die Autoren konnten feststellen, dass die ratsuchenden Menschen durchgängig auf Personen treffen, die ähnliche Beschwerden haben und ähnliche Erfahrungen mit der Behandlung gemacht haben oder machen.

»Sie finden Personen, die sie ernst nehmen, die geschilderten Probleme nachvollziehen können und die sich bemühen, Hilfestellungen zu geben. Dies können die erbetenen Ratschläge und Tipps sein, aber ebenso auch Anteilnahme und mutmachende Beiträge« (S. 6).

Die Hilfequalität schätzen die Autoren unterschiedlich gut ein. Die Hilfequalität

»[…] ist eher gering, wenn die Ratgebenden aus ihren eigenen Erfahrungen ableiten, dass nur diese richtig und für den Ratsuchenden hilfreich sind. Die Hilfequalität ist eher hoch, wenn die ratgebenden Personen die genaue Situation des Ratsuchenden ausloten und verschiedene Wege und Möglichkeiten der Hilfe aufzeigen« (S. 6).

Aktuelle Beispiele für solche Foren sind das Forum für alleinerziehende Mütter und Väter (www.allein-erziehend.net/forum/portal.php), das Arbeitslosennetz Forum Deutschland (www.arbeitslosennetz.de/forum/forum.php) und das Diskussionsforum Depression (www.diskussionsforum-depression.de).

Online-Beratung

Online-Beratung stellt eine helfende und aktive Form der Kommunikation zwischen Berater*innen und Hilfesuchenden dar, die durch verschiedene Medien umgesetzt wird. Der Zugang zu einer »Online-Beratungsstelle« ist einfacher als der zu einer real existierenden Beratungsstelle, da z. B. keine Öffnungszeiten vorhanden sind und keine räumliche Entfernung überwunden werden muss. Nach Kühne und Hintenberger (2009, S 22 f.) wird Online-Beratung überwiegend von Klient*innen genutzt,
- die den Schutz der Anonymität aufgrund besonderer Themen benötigen, um ihre Probleme offen kommunizieren zu können,
- die eine Face-to-Face-Beratung aufgrund ihrer Mobilität oder Lebensumständen nicht aufsuchen können,
- die Aufgrund ihrer Sozialisation oder des beruflichen Kontextes vertraut sind mit der computervermittelten Kommunikation,
- die unter sozialem Druck stehen,
- die es aus zeitlichen Gründen nicht schaffen, eine Beratungsstelle aufzusuchen,
- denen es leichter fällt, zu schreiben als zu sprechen.

Die Kommunikation per E-Mail bietet viele Vorteile. Ratsuchende müssen sich im Mailverkehr nicht mit ihrem wirklichen Namen und ihrer Adresse zu erkennen geben und können anonym bleiben. Zudem besteht die Möglichkeit, sich Gedanken über ein mitzuteilendes Problem oder einen Wunsch bzw. Frage zu machen. Man kann in einem geschützten Rahmen (eigene Wohnung oder Haus) seine Gedanken sortieren und reflektieren und allein dadurch schon akute Belastungen oder Krisensituationen entschärfen.

Anders als bei einer Telefonberatung benötigen die Ratsuchenden nicht ihre Stimme. Deshalb fällt es ihnen hier häufig leichter, ihr Befinden zu äußern, da sie dies in einer schriftlichen Form tun. Die Angst vor Konsequenzen ist geringer, da die Online-Beratung eine gewisse Unverbindlichkeit aufweist. Die Nutzer*innen können selbst entscheiden, ob sie die E-Mail beantworten möchten oder nicht und ihnen kann seitens der Berater*innen nur online nachgegangen werden. Menschen mit einer psychischen Erkrankung müssen so z. B. keine Zwangsmaßnahmen befürchten. Im Klartext bedeutet dies, dass durch die Anonymität eine Entscheidungsfreiheit und Autonomie der zu beratenden Person vorhanden ist.

Ein weiterer Vorteil der Online-Beratung per E-Mail besteht darin, dass es keinen vorgegebenen Zeitrahmen gibt, innerhalb dessen eine Beratung stattfinden muss. Der zeitliche Abstand zwischen den E-Mails kann von den Ratsuchenden bestimmt werden und ihnen die Möglichkeit bieten, über eine Antwort nachzudenken. Außerdem ist es möglich, den E-Mail-Verlauf jeder Zeit noch einmal zu lesen und möglicherweise auch zu einem späteren Zeitpunkt davon zu profitieren. Auch ist es häufig einfacher, tabuisierte und schambesetzte Themen anzusprechen, wie beispielsweise den Umgang mit Sexualität, Gewalt- und Missbrauchserfahrungen.

Chat

In den sog. Chats im Internet besteht die Möglichkeit, mit einer oder mehreren Personen zu kommunizieren. Dies geschieht zumeist über geschriebene Texte, die im Unterschied zur E-Mail-Kommunikation nahezu zeitgleich für alle am Chat beteiligten Personen sichtbar sind. Der Unterschied zu einem Gespräch ergibt sich durch die zeitliche Verzögerung, also der Eingabe des Textes. Genau wie bei der E-Mail-Beratung besteht das Problem, dass keine nonverbalen Signale empfangen werden können. Dieser Schwierigkeit wird mit netzspezifischen Codes wie beispielsweise Smileys und Emoticons entgegengewirkt.

Online-Beratung und Face-to-Face-Beratung schließen sich nicht aus. Elemente der Online-Beratung können beispielsweise ergänzend zur Face-to-Face-Beratung eingesetzt werden. Eine Online-Beratung kann im Zeitverlauf zu einer Face-to-Face-Beratung führen bzw. diese erst ermöglichen und umgekehrt.

Ein sehr gutes Beispiel für Online-Beratung ist die *Online-Beratung der Caritas*, die Beratungsangebote für ein breites Themenspektrum – von AIDS und HIV über Schulden bis hin zur Suizidprävention – bereithält. Auf der Homepage (www.caritas.de/hilfeundberatung/onlineberatung/onlineberatung) finden sich darüber hinaus detaillierte Hinweise darauf, wie die Online-Beratung funktioniert und wie der Datenschutz sichergestellt wird.

3.4 Formationen

Bei der Sichtung der deutschsprachigen Beratungsliteratur entsteht der Eindruck, dass den Formationen, in denen Beratung stattfindet, wenig Bedeutung beigemessen wird. Dabei hat es den Anschein, dass sich Formationen eher an den Qualifikationen der Berater*innen als an Fragen der bestmöglichen Unterstützung von Ratsuchenden orientieren. Wenn Sozialarbeiter*innen im Studium und im Berufsleben nicht gelernt haben, Familien zu beraten oder Beratung als Gruppenberatung durchzuführen, bleibt es eben bei der Einzelberatung, egal um welches Problem es sich handelt.

Die Einzelberatung ist wohl nach wie vor die am häufigsten praktizierte Beratungsform in der Sozialen Arbeit, obwohl es naheliegt, soziale Probleme in den sozialen Kontexten, in denen sie entstanden sind und in denen sie gelöst werden können, zu bearbeiten, d. h. unter Einbeziehung der Familien, Partner*innen, Freund*innen, Kolleg*innen, Mitschüler*innen usw. in die Beratung. Möglicherweise wirken die starken individualpsychologischen Einflüsse der Bezugswissenschaften auf die Konzepte sozialarbeiterischer Beratung immer noch nach (Sickendiek, Engel u. Nestmann 2008, S. 95).

Als eine Art Gegenentwurf zu den individualpsychologischen Konzepten haben in den letzten Jahrzehnten systemische Ansätze in Therapie und Beratung Einzug gehalten. Sie eignen sich als Grundlage für die Soziale Arbeit als Beratung besser, da sie grundsätzlich nicht Einzelpersonen, sondern soziale Systeme in den Blick nehmen.

Diese Ansätze dürfen jedoch nicht dazu führen, dass Soziale Arbeit als Beratung Einzelberatungen ausschließt, denn es gibt gute Gründe, auch Einzelberatungen anzubieten (s. u.). Wünschenswert ist vielmehr, dass Sozialarbeiter*innen fachlich in der Lage sind, Beratungen, abgestimmt auf die jeweiligen Unterstützungsbedarfe der Ratsuchenden, in möglichst vielen Formationen durchführen zu können. Im Folgenden werden verschiedene Formationen skizziert, sodass sichtbar wird, für wen und welche Problemlagen welches Setting hilfreich sein kann.

Einzelberatung

Die Beratung einzelner Personen gehört zum klassischen Repertoire der Sozialen Arbeit.

»Im Mittelpunkt stehen die individuellen und subjektiven Problemerfahrungen, die individuell erlebten sozialen (und materiellen, rechtlichen, kulturellen etc.) Rahmenbedingungen der jeweiligen Problemlage sowie der Prozess der Orientierung, Entscheidung, Planung und Handlung. Als Fokus der Beratung kann man hier die Subjektivität des oder der Ratsuchenden beschreiben: seine oder ihre ›Sicht der Welt‹, seine oder ihre Problemperspektive, seine oder ihre Biographie etc. Beratung ist hier der Versuch, individuell Erlebtes, Erinnertes und im Gespräch Dargebotenes zu verstehen, ist ein Versuch, den Problemgeschichten, so wie sie dargestellt werden, auf die Spur zu kommen« (Sickendiek et al. 2008, S. 95).

Germain und Gitterman (1999) benennen Kriterien, mit denen eine Beratungsarbeit mit Einzelnen begründet werden kann. Danach ist diese angezeigt:
- wenn Klient*innen unter schwerem Stress stehen und häufige und sofortige Hilfe benötigen (z. B. als Krisenintervention),
- wenn Klient*innen zurückgezogen und für sich allein leben, »[…] kann es verwirrend und unangenehm sein, sich vertraulich in einer Gruppensitzung mitzuteilen« (S. 142),
- wenn Klient*innen extrem ängstlich, scheu und misstrauisch sind. »Sie benötigen oftmals eine Phase persönlicher Unterstützung, bevor sie sich in einer Gruppe zurechtfinden können« (S. 142),
- wenn Klient*innen »[…] eine feste Vertrauensbeziehung über eine längere Zeit hinweg benötigen, in der frühe traumatische Erlebnisse und ihre Auswirkungen auf das gegenwärtige Leben aufgearbeitet werden […]« (S. 142),
- wenn familiäre bzw. partnerschaftliche Probleme bestehen, wie z. B. häusliche Gewalt oder Kindesmisshandlung, und der/die Partner*in nicht bereit ist, dieses als Problem anzuerkennen, sodass eine gemeinsame Beratung nicht möglich ist.

Sickendiek et al. (2008, S. 98) formulieren ähnliche Kriterien und ergänzen den Aspekt der über einen längeren Zeitraum ungeteilten Zuwendung durch fachlich kompetente Berater*innen, der als einer der zentralen Wirkfaktoren in Beratung und Psychotherapie gilt:

»Wenn die Ratsuchenden sich eine Beratungssituation wünschen, in der jemand ›ausschließlich für sie da ist‹. In Beratungsstellen oder auch in ›halb-formellen‹ Beratungssituationen suchen häufig Personen nach Unterstützung, die es als außergewöhnlich oder als große Erleichterung empfinden, dass sich ein Berater oder eine Beraterin über eine längere Zeit nur ihnen zuwendet. Es können z. B. alleinerziehende Mütter sein, die in ihrer alltäglichen Dauerbelastung oft eigene Bedürfnisse oder Anliegen ignorieren müssen, oder Kinder aus belasteten Familienkontexten, in denen dem einzelnen Kind zu wenig Aufmerksamkeit geschenkt wird.«

Familienberatung

Soziale Arbeit als Beratung ist seit jeher familienorientiert, weil Familien die wichtigsten sozialen Einheiten sind, in denen Menschen »in guten wie in schlechten Zeiten« zusammenleben. Familien bilden bestenfalls die größte soziale Ressource, die Menschen haben, und können sich schlimmstenfalls extrem negativ auf die Entwicklung der Familienmitglieder auswirken.

Gegenstand der Familienberatung sind alle Probleme, die Familien zu bewältigen haben. Haid-Loh und Lindemann (2004) unterscheiden dazu zwei Problembereiche.

– Lebenzyklische Problemlagen – Dabei handelt es sich z. B.

»um Krisen und Probleme in typischen Schwellensituationen wie Schwangerschaft und Geburt, um Erziehungsfragen und Entwicklungsprobleme bzw. Verhaltensauffälligkeiten von Kindern, um Ablösungs- und Identitätsthemen bei und mit Heranwachsenden oder jungen Erwachsenen, um Fragen der Berufssuche und Partnerwahl, um Trennung und Scheidung, Wiederheirat, die Bewältigung sog. ›Krisen in der Lebensmitte‹, um die Revision von Lebensentwürfen und Lebensstilen bis hin zum Umgang mit Krankheit und Behinderung, Alter und Tod« (S. 989).

– Kontextbezogene Problemlagen – Diese lassen sich folgenden Bereichen zuordnen:

»*Innerfamiliäre Beziehungsgestaltung:* Beratung bei Partnerschaftsproblemen, Trennung, Scheidung; Beratung von Alleinerziehenden, Wiederverheirateten und Stieffamilien; generationsübergreifende Altenberatung; Beratung bei familiärer Gewalt und sexuellem Missbrauch.
Gesundheit: Schwangeren- und Schwangerenkonfliktberatung, Beratung vor, während und nach Pränataler Diagnostik; Suchtberatung, Beratung von Perso-

nen mit bestimmten Krankheitsbildern (z. B. Krebs, AIDS, Depressionen, Essstörungen, Burn-out oder allgemeinen Stresssymptomen); Behinderungen geistiger wie körperlicher Art [...]
Lebensorientierung: Sinn- und Identitätskrisen in Pubertät, Lebensmitte, Ruhestand; Suchtverhalten und Suizidgedanken; Fragen der Wertorientierung; Lebensphilosophie und des Glaubens.
Ökonomie: Schuldnerberatung und Armutsvorsorge, Verbraucher-, Kredit-, Renten- und Altersvorsorgeberatung« (S. 989).

Damit ist deutlich, dass Familienberatung nicht nur in Verbindung mit Erziehungsberatung zu sehen ist, wie es in Deutschland häufig der Fall ist. Familienberatung könnte als Arbeitsprinzip in vielen Feldern der Sozialen Arbeit hilfreich sein, beispielsweise dann, wenn ein Familienmitglied pflegebedürftig wird und Fragen der pflegerischen und hauswirtschaftlichen Versorgung durch Familienangehörige geklärt werden müssen. Familienberatung könnte hier helfen, die häufig vorzufindende ungleiche Verteilung der Aufgaben (meistens zu Lasten der Frauen) in der Familie zu verhindern.

Die Soziale Arbeit hat die Weiterentwicklung dieses Beratungsansatzes zur systemischen Familienberatung und -therapie im deutschsprachigen Raum zunächst »verpasst« und weitgehend der Psychologie überlassen. Diese hat sich hauptsächlich um die therapeutische Version systemischer Arbeit gekümmert, sodass Sozialarbeiter*innen, die sich in den letzten Jahrzehnten zunehmend in systemischer Beratung und Therapie weitergebildet haben, gefordert sind, das Profil einer systemischen Sozialen Arbeit als Beratung zu konturieren.

Gruppenberatung

In Gruppenberatungen der Sozialen Arbeit werden die sich in der Gruppe entwickelnden »Kommunikationsprozesse, Handlungsweisen, Einstellungen, Kenntnisse und Erfahrungen« (Sickendiek et al. 2008, S. 103) der Gruppenteilnehmer*innen genutzt, um Ratsuchende bei der Bewältigung ihrer Probleme zu unterstützen. Germain und Gitterman (1999) beschreiben, unter welchen Gesichtspunkten sich Gruppen bilden lassen:

»– *Wissensvermittlung.* Die Teilnehmer erwerben relevantes Wissen und relevante Informationen, wie z. B. für Coping mit einem schizophrenen Kind, für den Umgang mit Diabetes, für mehr Sicherheit beim Sex und zur Vorbereitung auf Operationen
 – *Problemlösungen.* Die Mitglieder helfen einander bei gemeinsamen Lebensveränderungen, Umwelt- oder interpersonalen Problemen, wie z. B. Erziehung eines

entwicklungsbehinderten Kindes, Bewältigung von Scheidung, Umgang mit dem Tod eines Elternteils oder Konfrontation mit Mißbrauch in der Ehe
- *Umschriebene Verhaltensänderungen.* Die Gruppe dient als Kontext für individuelle Veränderung, z. B. bei Eßstörungen, Drogenkonsum und Phobien
- *Aufgaben.* Die Mitglieder helfen einander bei der Erreichung bestimmter Ziele in der Gruppe [...]
- *Sozialverhalten.* Die Mitglieder lernen Fertigkeiten der Interaktion, des sich Anfreundens und des Aufbaus sozialer Verbindungen« (S. 362)

(i) Es geht in der Gruppenberatung also nicht nur darum, bestimmte Informationen oder Problemlösungswissen zu erhalten, sondern auch darum, gemeinsam mit anderen, die gleiche oder ähnliche Probleme haben, Erfahrungen des sozialen Miteinanders zu sammeln.

Der »Nebeneffekt«, dass sich in solchen Gruppen im besten Falle soziale Kontakte und Freundschaften entwickeln, die weit über den Zeitraum der Beratung hinaus bestehen bleiben, ist von nicht zu unterschätzender Bedeutung. Nach Sickendiek et al. (2008) zeichnet sich Gruppeberatung dadurch aus:

»– dass mit den Erfahrungsschilderungen der anderen TeilnehmerInnen das Erkennen eigener Problembetroffenheit, Gefühle, Wahrnehmungen etc. unterstützt wird und das bisher als einzigartig erlebte Belastungen leichter akzeptiert und angenommen werden können, wenn auch andere als gleichbetroffen erlebt werden;
- dass viele Ratsuchende es als Erleichterung erleben in der vertrauten Gruppe, offen unangenehme oder tabuisierte Themen ansprechen zu können. Fassaden, die sonst Fremden gegenüber aufrechterhalten werden, können oder müssen fallengelassen werden, da die anderen Gruppenmitglieder sie schnell durchschauen und ebenfalls offen sind;
- dass viele Ratsuchende ihr geschwächtes Selbstwertgefühl dadurch gestärkt sehen, dass sie andere mit ähnlichen Problemen erleben, dass so der individuelle Leidensdruck relativiert wird und gleichzeitig erlebt wird, in der Gruppe anderen hilfreich sein zu können;
- dass in Gruppen die sozialen Konsequenzen persönlicher Schwierigkeiten leicht thematisiert werden können, da eine gemeinsame Verständigungsbasis vorhanden ist;
- dass eigene und fremde Problemlösungsversuche gemeinsam reflektiert werden können und man voneinander lernen kann;
- die gemeinsame Suche nach Strategien im Umgang mit Problemen durch die Kooperation erleichtert wird und dass Erfahrungen mit der Erprobung neuer Handlungsweisen und Lösungswege vielfältiger diskutiert werden können;

– und dass in Gruppen im Unterschied zur Einzelberatung die Bindung an die BeraterInnen schwächer sein wird und sich über den gemeinsamen Beratungsprozess überdauernde Kontakte gegenseitiger Hilfeleistungen entwickeln können« (S. 105).

Beratung zu zweit (Ko-Beratung)

In der Psychosozialen Beratungsstelle des ISG werden grundsätzlich zwei Studierende als »Tandem« in der Beratung tätig. Da es sich bei ihnen in der Regel um Anfänger*innen in der Beratung handelt, dient die Ko-Beratung in erster Linie dazu, dass die Studierenden
- sich in Beratungssituationen gegenseitig unterstützen können,
- sich über die Beratung austauschen können (z. B. über ihre Wahrnehmungen oder die Rollenverteilungen),
- die Beratung gemeinsam vor- und nachbereiten können,
- sich gegenseitig Feedback geben können über ihre Art, mit den Klient*innen zu kommunizieren, über Interventionen, Haltungen sowie über ihre Stärken und Schwächen,
- besser geschützt sind, etwa bei Hausbesuchen.

Dies setzt voraus, dass beide Berater*innen in der Lage sind,
- vertrauensvoll, offen und positiv miteinander umzugehen,
- Unterschiede in der Sicht- und Vorgehensweise anzuerkennen,
- sich Fehler eingestehen zu können und diese konstruktiv für die eigene fachliche Weiterentwicklung nutzen zu können.

Die Klient*innen der Beratungsstelle können von der Ko-Beratung profitieren, weil sie bei den Berater*innen trotz unterschiedlicher Ideen und Meinungen ein »gutes Miteinander« erleben können und so angeregt werden, ihr Kommunikations- und Verhaltensrepertoire im Alltag zu erweitern. Abgesehen davon werden in der Ko-Beratung mehr Ideen und Vorschläge zur Problemlösung produziert als von Einzelpersonen, sodass die Wahlmöglichkeiten für Klient*innen größer sind.

Sobald sich jedoch im Berater*innen-Tandem Konkurrenz zeigt und/oder unausgesprochen Uneinigkeit über das weitere Vorgehen in der Beratung besteht, können sich die positiven Effekte der Ko-Beratung ins Gegenteil verkehren. Die Klient*innen spüren, dass etwas zwischen den Berater*innen nicht stimmt, und können dadurch verunsichert werden, weil sie keine eindeutigen Botschaften empfangen.

In Familien- und Gruppenberatungen ist Ko-Beratung hilfreich, da sie eine Verteilung der Rollen und Aufgaben ermöglicht und eine bessere Übersicht verschafft. Die Klient*innen können insbesondere dann, wenn es sich um Paare handelt, die sich in konflikthaften Beziehungen befinden, vom Berater*innenpaar profitieren. Dieses übernimmt eine Art Modellfunktion, in der es zeigt, wie in Paarbeziehungen oder Familien miteinander gesprochen, wie mit unterschiedlichen Meinungen umgegangen und wie konstruktiv an Lösungen gearbeitet werden kann.

3.5 Rahmungen

Mit Rahmungen sind die fachlichen und strukturell-organisatorischen Bedingungen gemeint, unter denen Sozialarbeit als Beratung stattfindet. Rahmungen zeigen sowohl die Grenzen des beruflichen und fachlichen Handelns auf (z. B. das Konzept oder die Leitlinien des Trägers, Stellenbeschreibung, Arbeitsvertrag) als auch die Spielräume (warum steht Gruppenberatung im Konzept und wird nicht durchgeführt?).

Spielräume sind Gestaltungsräume, die allerdings nicht immer darauf warten, gestaltet zu werden. Wenn sich in der Institution Widerstand gegen die Ausgestaltung von Spielräumen, etwa in Form von Neuerungen, zeigt, ist ein strategisches Vorgehen (z. B. Verbündete suchen) und fachliches Argumentieren (»Es gibt einige empirische Befunde, die nahelegen, dass…«) gefordert.

Dieses Kapitel soll die Leser*innen dabei unterstützen, sowohl Begrenzungen zu erkennen als auch Spielräume zu gestalten. Sozialarbeit ist eine Profession und eine Disziplin, die sich in permanentem Wandel befindet, um auf den gesellschaftlichen Wandel und neu entstehende soziale Problemstellungen optimal vorbereitet zu sein und Antworten erarbeiten zu können. Wenn sich neue Problemstellungen ergeben – wie derzeit z. B. in der Beratung und Behandlung von Menschen mit Crystal-Meth-Abhängigkeit –, müssen entsprechend neue Unterstützungsangebote entwickelt werden.

Träger und Institution

Die Träger und Institutionen, die Beratung durch Sozialarbeiter*innen anbieten, geben Rahmenbedingungen vor, die sich auf die Form und die Inhalte der Beratung auswirken. Solche Rahmungen bestehen beispielsweise in
- der Zugehörigkeit der Einrichtung zu einem der Spitzenverbände der Freien Wohlfahrtspflege in Deutschland (Bundesverband der Arbeiter-

wohlfahrt e. V., Deutscher Caritasverband, Diakonie Deutschland – Evangelischer Bundesverband, Paritätischer Wohlfahrtsverband – Gesamtverband e. V., Deutsches Rotes Kreuz e. V., Zentralwohlfahrtsstelle der Juden in Deutschland). Die Spitzenverbände repräsentieren unterschiedliche Traditionen und Grundhaltungen. Von den Beschäftigten wird (mehr oder weniger) erwartet, dass sie diese respektieren und mittragen. Kirchliche Träger, wie etwa Caritas (katholisch) und Diakonisches Werk (evangelisch), erwarten von den bei ihnen Beschäftigten zumeist die entsprechende Kirchenzugehörigkeit.
– der Rechtsform der Einrichtung (Amt, eingetragener Verein, Gemeinnützige GmbH). Diese gibt zum Beispiel vor, wer verantwortlich ist und wem Rechenschaft abzulegen ist.
– der gesetzlichen Grundlage, auf deren Basis das Beratungsangebot finanziert wird (etwa nach § 54 SGB XII, Leistungen der Eingliederungshilfe) und das der Arbeit zugrunde liegt. Weichen die erbrachten Leistungen von dem Bewilligungsbescheid des jeweiligen Leistungsträgers ab, kann die Finanzierung gefährdet sein.
– dem Handlungskonzept, das dem Beratungsangebot zugrunde liegt (z. B. abstinenzorientierte oder akzeptierende Drogenberatung). Solche Konzepte sind Vorgaben und haben entscheidenden Einfluss auf die konkrete Beratungsarbeit.
– der internen Organisationsstruktur (z. B. Betriebsgliederung, Aufgabenverteilung). Diese ist beispielsweise entscheidend dafür, welchen dienstlichen Weg ein Antrag nehmen muss.
– dem Vorhandensein und der Zusammensetzung von Teams. Hier werden u. U. fachliche Entscheidungen getroffen, die für alle verbindlich sind.
– der Zusammenarbeit mit anderen Institutionen und Fachkräften. Wenn Kooperationsvereinbarungen bestehen, müssen diese beachtet werden.

Vor dem Hintergrund, dass längst nicht alle Träger und Institutionen über angemessene fachliche und organisatorische Ausstattungen und Rahmenbedingungen für die sozialarbeiterische Beratung verfügen, hat der DBSH eine Reihe von Kriterien formuliert, die als »Grundstandards« der Sozialen Arbeit gelten sollen. Diese Kriterien sind:

Tab. 1: Grundstandards der Sozialen Arbeit. Kontextebene. Ebene der institutions- und gesellschaftsbezogenen professionellen Sozialen Arbeit (Deutscher Berufsverband für Soziale Arbeit, o. J., S. 7–8)

Eigener Arbeitsplatz	Abgeschlossenes Büro oder andere Möglichkeit für störungsfreie und vertrauliche Gespräche mit KlientInnen (z. B. Besprechungsraum) und/oder entsprechende Räumlichkeiten für pädagogische Arbeit
Geeignete Arbeitsmittel	Notwendige technische Ausstattung und pädagogisches Material (z. B. uneingeschränkt nutzbares Telefon, PC, Diktiergerät), [Ergänzung durch den Verfasser: uneingeschränkter Internetzugang]
Möglichkeiten der Aktenverwahrung	i.S.d. Datenschutzes und der Berufsethischen Prinzipien des DBSH
Notwendige Fachliteratur, pädagogisches Material, Material, Datenbanken für den regelmäßigen Eigengebrauch	z. B. Vorliegen notwendiger Gesetzestexte am Arbeitsplatz
Zugang zur Fachliteratur	und zu pädagogischen Methoden/Materialien über den regelmäßigen Eigengebrauch hinaus (z. B. Bibliothek)
Supervision	Kostenerstattung/-übernahme, Anerkennung als Arbeitszeit
Fachberatung	Kostenerstattung/-übernahme, Anerkennung als Arbeitszeit
Fortbildung	Kostenerstattung/-übernahme, Anerkennung als Arbeitszeit
Mitwirkung der Fachkräfte an der Definition des Arbeitsauftrages	z. B. klare Absprache über die Zielsetzung und den Konsens über die Gewichtung von Aufgaben
Entscheidungskompetenz über die Art und Weise der Hilfestellung aufgrund sozialarbeiterischer Profession	Dies schließt ein fachfremdes Weisungsrecht für das sozialarbeiterische Handeln aus. Dies bedeutet z. B. Sicherstellung der eigenständigen Fachlichkeit und die Freiheit über die Entscheidung des Einsatzes geeigneter Methoden und Mittel, Sicherstellung von Fachberatung oder kollegialer Beratung, Einhaltung der ethischen Standards für berufliches Handeln.
Autonomie und Handlungsfreiheit im Kontext kritischer Parteilichkeit	Kriterien hierfür sind u. a. Aufzeigen von Benachteiligungen, Unterstützung bei der Befriedigung von existenziellen Grundbedürfnissen der KlientInnen

Beteiligung und Mitwirkung der Profession Sozialer Arbeit an Entscheidungen von Politik und Verwaltung dort, wo es um soziale Interessen von Bürgern geht.	Dies geschieht u. a. durch Vertretung der Profession Soziale Arbeit in politischen Gremien durch Fachkräfte der Profession (Stadt-, Jugendhilfe-, Sozialplanung etc.), Sicherstellung der Mitwirkung in der Sozialplanung und -entwicklung von Projekten. Entsprechende Arbeitsbedingungen, z. B. flexibler Umgang mit der Arbeitszeit, Zeitkapazitäten für Kooperation und entsprechende Berücksichtigung dieser Aufgaben entsprechend in der Aufgabenbeschreibung. Arbeitszeitkontingent für die Arbeit in der Lebenswelt, z. B. für Bürger-engagement, Vereine, Initiativen, selbstorganisierte Gruppen, Selbsthilfegruppen etc.
Die Arbeit ist grundsätzlich in einem Konzept beschrieben.	
Aufgaben, Ziele und Interessen von Trägern sind im Konzept deutlich zu machen und dem Klientel offenzulegen.	
Der Träger hat sicherzustellen, dass auf der Grundlage des Konzepts Fachkräfte der Profession Soziale Arbeit ihr Handeln auf der Ebene Prozess, Struktur und Ergebnis transparent machen.	Deutlich gemacht sind dort vor allem: Ziel(e), beabsichtigte Ergebnisse von Leistungen (aus der Sicht der Sozialen Arbeit eher als Rahmenziele formuliert, da konkrete Ziele oder erwünschte Ergebnisse das Ergebnis eines Aushandlungsprozesses zwischen Fachkraft der Profession Soziale Arbeit und Klient sind). Prozesse der Leistungserbringung (Beschreibung des professionellen Handelns um Ziel[e] zu erreichen – Prozessqualität). Benötigte strukturelle/organisatorische Voraussetzungen, um die Leistung so, wie sie beschrieben wurde, erbringen zu können. Wie überprüft wird, ob bzw. welche Ergebnisse erzielt wurden.
Eine Stellenbeschreibung für die jeweilige Tätigkeit liegt vor.	In dieser sind vor allem geregelt: Arbeitsbedingungen, geforderte Leistungen, Arbeitszeit, Arbeitsort, Arbeitsgegenstand, Kompetenzen
Soziale Arbeit macht ihre Kosten transparent.	Die Leistungen Sozialer Arbeit sind berechnet.
Die Fachkräfte in der Profession Soziale Arbeit sind mindestens auf der Basis der tariflichen Bestimmungen zu beschäftigen.	

Zeitbudget

Die Zeit, die jeweils für einen oder mehrere Beratungstermine zur Verfügung steht, muss vor Beratungsbeginn geklärt und den Klient*innen im Erstkontakt mitgeteilt werden. Es macht einen großen Unterschied, ob eine Beratung einmalig und möglicherweise auch nur für dreißig Minuten erfolgen kann oder ob Beratungsgespräche auch über einen längeren Zeitraum erfolgen können. Im ersten Fall muss das Problem schnell benannt oder erkannt werden und es müssen – wenn es nicht im Rahmen des zur Verfügung stehenden Zeitbudgets gelöst werden kann – Einrichtungen gefunden werden, in die Klient*innen überwiesen werden können (etwa an eine Schuldner- oder Familienberatungsstelle). Im zweiten Fall ist der Zeitdruck geringer und Sozialarbeiter*in und Klient*in können – wenn es die Dringlichkeit und Problematik zulässt – mit einer größeren zeitlichen Perspektive an Lösungen arbeiten.

Germain und Gitterman (1999) unterscheiden verschiedene Dienstleistungsformen, die jeweils unterschiedliche zeitliche Ressourcen und Vereinbarungen erfordern:

- Episodische Dienstleistungen werden kurzfristig und unregelmäßig angeboten. Sie erfordern einen Sofortplan, der auf die unmittelbare Situation zugeschnitten ist.
- Krisenintervention »[…] sind fokussierte und unmittelbare Hilfeleistungen […], wobei die Häufigkeit der Sitzungen ganz den Bedürfnissen des Klienten angepasst ist« (S. 148). Sitzungen finden so häufig wie nötig statt, bis die Krise überwunden ist.
- Planmäßige Kurzzeitdienste zeichnen sich durch eine klare zeitliche Begrenzung aus. »Die zeitliche Beschränkung schafft bei Klienten wie bei SozialarbeiterInnen ein Gefühl von Direktheit und Dringlichkeit; sie muss beim Erstkontakt klar eingeführt werden« (S. 150).
- Zeitlich begrenzte Dienste ähneln den planmäßigen Kurzzeitdiensten, unterscheiden sich jedoch darin, dass der Beendigungszeitpunkt in der ersten Sitzung festgelegt wird und dass vorab Zeitintervalle bestimmt werden, in denen der erreichte Erfolg überprüft werden kann.
- »Langzeitdienste ohne zeitliche Begrenzung sind angezeigt, wenn Klienten im Umgang mit chronischen, hartnäckigen Stressoren seitens Personen oder der Umwelt mehr Unterstützung benötigen, als durch eine episodische oder Kurzzeithilfe nötig ist« (S. 150).

Datenschutz

(i) Jede sozialarbeiterische Beratung unterliegt dem Datenschutz! Klient*innen müssen sich darauf verlassen können, dass die von ihnen erhobenen, verarbeiteten und genutzten personenbezogenen Daten bestmöglich geschützt sind.

Hier können Datenschutzfragen im Kontext sozialarbeiterischer Beratung nicht detailliert behandelt werden, zumal unterschiedliche Gesetze wie das Bundesdatenschutzgesetz (BDSG), die Datenschutzgesetze der Länder und bei kirchlichen Trägern auch die kirchlichen Datenschutzregelungen zu beachten sind. Hinzu kommen spezielle Datenschutzregelungen wie z. B.:
- Sozialgesetzbücher (SGB): Der Sozialdatenschutz wird im Allgemeinen Teil des SGB (§ 35 SGB I und im 2. Kapitel SGB X, §§ 67–85a) geregelt. Aus diesen Normen ergibt sich ein sehr weitgehender Schutz der Sozialdaten. Gültigkeit hat dieser in allen speziellen Büchern des SGB.
- Schwangerschaftskonfliktgesetz (SchKG)
- Telemediengesetz (TMG) bei Beratung/Therapie per Internet: Eine sehr gute Übersicht über datenschutzrechtliche Fragen im Kontext von Beratung und Therapie bietet das *Portal und Netzwerk Vertraulichkeit & Datenschutz in der Beratung* im Internet (www.vertraulichkeit-datenschutz-beratung.de).

Im besten Fall verfügen Einrichtungen der Sozialen Arbeit über ein ausgearbeitetes und qualitätsgeprüftes Datenschutzkonzept sowie über eine*n Datenschutzbeauftragte*n. Optimal ist es, wenn die angestellten Sozialarbeiter*innen in Datenschutzfragen kontinuierlich geschult werden.

Im BDSG werden in der Anlage zu § 9 Satz 1 verschiedene Maßnahmen benannt, die je nach Art der zu schützenden personenbezogenen Daten als Datenschutz geeignet sind. Demnach geht es um Kontrollen des Zutritts, des Zugangs, des Zugriffs, der Weitergabe, der Eingabe, des Auftrags und der Verfügbarkeit (Bundesministerium der Justiz und für Verbraucherschutz 2017b). Lehmann und Nowak (2013) haben – daran orientiert – eine Checkliste für eine Betriebsbegehung zum Thema Datenschutz vorgelegt, in der die für die sozialarbeiterische Beratung wesentlichen Datenschutzaspekte enthalten sind. Die Liste wird hier auszugsweise vorgestellt, um den Leser*innen einen Eindruck zu vermitteln, was Datenschutz in der Beratung konkret bedeutet, und sich zu prüfen, ob sie den Datenschutz einhalten. Sind die folgenden Prüfpunkte erfüllt?

»PC und Notebooks
- Sind Benutzername und Passwort verteilt?
- Wird PC beim Verlassen gesperrt?

- Ist die/der Firewall/Virenschutz aktiv?
- Ist die Aufbewahrung von Datenträgern gesichert?

Akten und Unterlagen
- Wird die Aktenvernichtung generell sichergestellt? [...]
- Ist die Aufbewahrung von Akten/Daten unter Verschluss?
- Werden die Aufbewahrungsfristen eingehalten?

Zutrittskontrolle
- Sind die Türen verschlossen?
- Existieren, soweit notwendig, verschließbare Fenstergriffe?
- Ist der Aufenthalt von Besuchern nur in Anwesenheit von Mitarbeitern sichergestellt?
- Ist das Führen von vertraulichen Gesprächen und Telefonaten sichergestellt? [...]
- Ist der Platz für öffentliche Aushänge und Postfächer geeignet?

Weitergabekontrolle
- Werden die Vorgaben bzgl. privater E-Mails eingehalten?
- Werden die Vorgaben bzgl. Datenweitergabe eingehalten?
- Ist der Transportweg bzgl. Daten gesichert? Ist sichergestellt, dass keine Sozialdaten per Mail (Ausnahme: Verschlüsselung) weitergegeben werden?« (Lehmann u. Nowak 2013, S. 203)

Schweigepflicht

Wenn Klient*innen in der Beratung nach Vertraulichkeit und Verschwiegenheit fragen, sollten Sozialarbeiter*innen darauf konkret und verlässlich antworten können. Staatlich anerkannte Sozialarbeiter*innen und Sozialpädagog*innen unterliegen der Schweigepflicht. Dazu heißt es im § 203 Strafgesetzbuch (Verletzung von Privatgeheimnissen):

»(1) Wer unbefugt ein fremdes Geheimnis, namentlich ein zum persönlichen Lebensbereich gehörendes Geheimnis oder ein Betriebs- oder Geschäftsgeheimnis, offenbart, das ihm als [...]
4. Ehe-, Familien-, Erziehungs- oder Jugendberater sowie Berater für Suchtfragen in einer Beratungsstelle, die von einer Behörde oder Körperschaft, Anstalt oder Stiftung des öffentlichen Rechts anerkannt ist,
4a. Mitglied oder Beauftragten einer anerkannten Beratungsstelle nach den §§ 3 und 8 des Schwangerschaftskonfliktgesetzes,

5. staatlich anerkanntem Sozialarbeiter oder staatlich anerkanntem Sozialpädagogen [...]
anvertraut worden oder sonst bekanntgeworden ist, wird mit Freiheitsstrafe bis zu einem Jahr oder mit Geldstrafe bestraft.« (Bundesministerium der Justiz und für Verbraucherschutz 2017a)

Ein Zeugnisverweigerungsrecht, also das Recht, in einem Strafverfahren die Aussage zu verweigern, wie es beispielsweise für Ärzt*innen und Psychologische Psychotherapeut*innen gilt, haben Sozialarbeiter*innen jedoch nicht pauschal, sondern nur in bestimmten Funktionen. In § 53 StGB (Zeugnisverweigerungsrecht für Berufsgeheimnisträger) heißt es dazu:

»(1) Zur Verweigerung des Zeugnisses sind ferner berechtigt [...]
3.a. Mitglieder oder Beauftragte einer anerkannten Beratungsstelle nach den §§ 3 und 8 des Schwangerschaftskonfliktgesetzes über das, was ihnen in dieser Eigenschaft anvertraut worden oder bekanntgeworden ist;
3b. Berater für Fragen der Betäubungsmittelabhängigkeit in einer Beratungsstelle, die eine Behörde oder eine Körperschaft, Anstalt oder Stiftung des öffentlichen Rechts anerkannt oder bei sich eingerichtet hat, über das, was ihnen in dieser Eigenschaft anvertraut worden oder bekanntgeworden ist« (Bundesministerium der Justiz und für Verbraucherschutz 2017a).

Wenn Sozialarbeiter*innen, die nicht in den genannten Feldern tätig sind, in einem Strafverfahren als Zeug*innen gehört werden, müssen sie wahrheitsgemäße Angaben machen und dürfen nicht schweigen, da sie nicht zu den in § 53 StPO genannten Berufsgruppen gehören.

Leider kommt es – trotz bestehender Schweigepflicht und Datenschutzanforderungen – in der Praxis immer wieder vor, dass personenbezogene Daten von Klient*innen »großzügig« telefonisch oder per Mail an andere Einrichtungen übermittelt und Auskünfte erteilt werden, ohne dass dazu die ausdrückliche Genehmigung der Klient*innen eingeholt wurde. Deshalb sei an dieser Stelle nachdrücklich dafür geworben, dass Sozialarbeiter*innen sich – bevor sie in Kontakt mit anderen Institutionen und Berufsgruppen treten, um über ihre Klient*innen zu sprechen – schriftliche Schweigepflichtentbindungen geben lassen, in denen genau festgelegt ist, welche Person oder Personen zu welchem Zweck und in welchem Umfang gegenüber wem von der Schweigepflicht entbunden wird bzw. werden.

4 Kompetenzen

(i) Die Anforderungen an Sozialarbeiter*innen, sich in dem oben umrissenen fachlichen und organisatorischen Rahmen zurechtzufinden und professionell zu agieren, sind hoch. Die wünschenswerte Flexibilität und Vielseitigkeit in der sozialarbeiterischen Beratung wirft Fragen nach entsprechenden beruflichen Haltungen, nach Wissen und Können von Sozialarbeiter*innen auf, denen in diesem Kapitel nachgegangen werden soll.

Antworten auf diese Fragen sind von großer Bedeutung, denn ob eine Beratung gelingt oder scheitert, hängt nicht nur von den Problemen und Ressourcen der Klient*innen ab, sondern auch von der beratenden Person, ihrer Haltung, ihrem Wissen und Können. Professionelle Berater*innen sind deshalb verpflichtet, sich fortlaufend mit sich selbst zu befassen, um die eigenen Ressourcen und Defizite zu kennen, und ihr fachliches Handlungsrepertoire so auszubauen, dass sie mit möglichst vielen Problemlagen, die in Beratungen zu bearbeiten sind, professionell umgehen können.

Um grundlegend an seinem persönlichen Repertoire des Denkens, Fühlens und Handelns zu arbeiten, empfiehlt sich beispielsweise die Teilnahme an fachlich geleiteten Selbsterfahrungsgruppen, die beispielsweise an Volkshochschulen, Hochschulen und Universitäten oder von psychotherapeutischen Ausbildungsinstituten angeboten werden. Mit Blick auf berufsbezogene Kompetenzen empfehlen sich die Teilnahme an Supervision und der Erwerb von Zusatzqualifikationen.

4.1 Haltungen

Lüssi (2001) geht davon aus, dass Sozialarbeit im Kern ein Interaktionsgeschehen sowie ein kommunikativer Beruf ist, der mit Menschen umgeht, weshalb »der Persönlichkeit des Berufsausübenden entscheidende Bedeutung« (Lüssi 2001, S. 190) zukommt. »Damit er gute soziale Problemlösung zu leisten vermag, muss der Sozialarbeiter gewisse berufsnotwendige Persönlichkeitsmerkmale aufweisen, die wir *sozialarbeiterische Persönlichkeitsqualitäten* nennen« (Lüssi 2001, S. 190).

Lüssi hat insgesamt sieben Persönlichkeitsmerkmale identifiziert und beschrieben, die im Folgenden mit engem Bezug zum Originaltext vorgestellt werden. Sie beantworten die Frage, wie Sozialarbeiter*innen sein sollen, ziemlich gut:

1. Humane Tendenz

Was er darunter versteht, erläutert Lüssi zusammenfassend so:

»Im wesentlichen erweist sich die humane Tendenz des Sozialarbeiters in tolerantem Verständnis für die Widersprüchlichkeit und Schwäche des Menschen, in Vorurteilslosigkeit, Versöhnlichkeit, in der Ausrichtung auf das Positive im Menschen, in Mitgefühl, Anteilnahme, Entgegenkommen, im Willen beizustehen. Der Sozialarbeiter darf kein Menschenverächter oder Zyniker sein; er darf den Menschen nicht mit Argwohn, Hass, Ironie, Gleichgültigkeit, Distanz, innerer Abwehr, Ärger und Aggression begegnen. Sozialarbeit muss vielmehr aus und in einem humanen Geist getan werden, der die gesamte Persönlichkeit des Sozialarbeiters, sein Denken, Fühlen Wollen und seine Intuition durchdringt und bestimmt« (S. 193).

2. Kommunikations- und Kooperationsfähigkeit

Hierunter versteht Lüssi, dass Sozialarbeiter*innen über eine »kommunikative Wesensart« verfügen müssen:

»Er [der Sozialarbeiter] muss gerne in Kontakt treten mit anderen Menschen, er muss diesen Kontakt im Normalfall leicht finden und ihn in der Regel auch zu abweisenden, aggressiven, paranoiden oder sonstwie beziehungsgestörten Menschen herstellen können. Er muss fähig sein, sich flexibel an die Persönlichkeit seines Kommunikationspartners anzupassen und die Kommunikation auch dann aufrechtzuhalten, wenn es in der Beziehung zum Partner zu Spannungen, Konflikten oder gar zu feindseligen Handlungen gekommen ist« (S. 194).

3. Fähigkeit zur Selbstinstrumentalisierung

Lüssi geht davon aus, dass die sozialarbeiterische Berufsrolle nicht nur durch »persönlichkeitsneutrales korrektes Denken und Handeln, sozusagen objektivsachlich, auszufüllen« (S. 197) ist.

»Sie muss stets auch persönlich, durch den Einsatz der eigenen Person, erfüllt bzw. gespielt werden. [...] Die sozialarbeiterische Persönlichkeit darf nicht rigid beschränkt und in ihrer Äußerung gehemmt sein; vielmehr muss der Sozialarbeiter über ein relativ breites Erlebens- und Verhaltensspektrum verfügen, und er soll fähig sein, dasselbe anderen Menschen gegenüber auch auszudrücken, es tatsächlich anzuwenden. Es darf ihm nicht schwerfallen, je nach Situation herzliche Sympathie, emotionale Rührung, Fröhlichkeit, Enttäuschung, Ärger, Trauer, Besorgtheit, Hoffnung oder andere persönliche Zustände bzw. Einstellungen zu empfinden und zu zeigen. Nur wenn die Problembeteiligten in ihm einen echten, gefühlslebendigen Menschen begegnen, werden sie sich genügend tief beeinflussen lassen« (S. 198).

4. Initiative und Dynamik

Da sich soziale Probleme nicht von allein lösen, muss, so Lüssi, »[…] etwas unternommen werden. Das Problem lediglich zu bedenken, es zu analysieren und zu verstehen, genügt nicht« (S. 201). Sozialarbeiter sind gefordert, »[…] als aktive Kraft den Problemlösungsprozess voranzutreiben« (S. 201).

»Initiative und Dynamik, verstanden als sozialarbeiterische Persönlichkeitsqualitäten, erweisen sich insbesondere darin, dass der Sozialarbeiter von sich aus eine Sache anpackt, nicht bloss und erst, wenn er von andern gedrängt oder gar gezwungen wird, dass er Veränderung, Neues also und Besseres erstrebt, dass er Vorstellungen zur sozialen Problemlösung, auch originelle, produziert, dass er kraftvoll, geduldig, nötigenfalls hartnäckig Einfluss auf die problemrelevanten Personen ausübt, um sie zu problemlösenden Verhalten und Handeln zu bewegen, dass er wegleitende Entscheidungen fällt und bereit ist, die Verantwortung dafür zu übernehmen« (S. 201).

5. Standfestigkeit

Lüssi unterteilt die professionelle Standfestigkeit in Eigenständigkeit, Entscheidungskraft und Belastbarkeit. »Der Sozialarbeiter soll bei aller Zuwendung, Flexibilität und Anpassung, die es zu optimaler Sozialarbeit braucht, psychisch sozusagen in sich selbst ruhen und so wahrhaftig eigenständig sein« (S. 202). Der Sozialarbeiter muss in Beratungsprozessen ständig entscheiden,

»[…] welche Meinung er in der Problemsache äussern, was für Anträge er stellen, wie er sich zu problemrelevanten Personen verhalten, was für Massnahmen er treffen, wie er vorgehen soll. Das allein schon setzt Entscheidungskraft voraus; labile, zaudernde, passive Menschen eignen sich generell nicht für derartige Berufe, in denen ständig entschieden werden muss« (S. 202).

Schließlich müssen Sozialarbeiter*innen psychisch belastbar sein.

»Wer den Sozialarbeitsberuf ausübt, setzt sich einer erheblichen, durchaus unüblichen Belastung aus: er sieht sich dauernd Not gegenüber, hat es oft mit ausgesprochen schwierigen Menschen zu tun, muss sich in spannungsvolle Konfliktsituationen hineinbegeben und dabei unterschiedlichen Erwartungsdruck aushalten, wird nicht selten mit Kritik, Vorwürfen oder gar Drohungen angegriffen, erlebt häufig, dass seine problemlösenden Bemühungen erfolglos sind, weil die Problembeteiligten oder wesentliche Dritte nicht mitmachen oder nötige Ressourcen fehlen, und untersteht der permanenten Unsicherheit bezüglich des Problems und seiner Lösung, die sich aus der Offenheit und Lebendigkeit des Sozialen zwangsläufig ergibt. Um das alles ohne Schaden psychisch verkraften zu können, braucht es Seelenstärke in Form von Gelassenheit, Duldsamkeit, Unerschütterlichkeit, Langmut, ein recht hohes Maß an Unempfindlichkeit, eine gewisse Härte im Geben und Nehmen« (S. 203).

6. Soziale Intelligenz
Soziale Intelligenz versteht Lüssi als eine partielle Intelligenzart, ähnlich Begabungen wie Musikalität.

»Soziale Intelligenz erweist sich einerseits als Erkenntnisvermögen und andererseits als produktiv-schöpferische Potenz der Persönlichkeit. Im Erkenntnisaspekt befähigt sie dazu, das Menschliche, die Menschen, ihr Fühlen, Streben, Meinen, Verhalten, Tun und Lassen zu verstehen, soziale Zusammenhänge zu durchschauen und die Funktion sozialer Institutionen und Mechanismen zu begreifen« (S. 203).

Den produktiv-schöpferischen Aspekt bestimmt Lüssi als das Vermögen

»[…] Ideen und Vorstellungen zu entwickeln, wie soziale Verhältnisse optimalerweise sein und wie negative soziale Sachverhalte auf eine Verbesserung hin neustrukturiert werden sollen. Der Sozialarbeiter muss soziale Probleme nicht nur analysieren und verstehen, sondern produktiv mit ihnen umgehen können: Lösungsmöglichkeiten, Veränderungschancen in ihnen entdecken, ihnen positive Alternativen entgegensetzen und Wege finden, wie dieselben sich verwirklichen lassen« (S. 204).

7. Moralische Integrität
Moralische Intelligenz zeigt sich bei Lüssi in persönlicher Wahrhaftigkeit und ethischer Wertungssicherheit. Persönliche Wahrhaftigkeit bedeutet:

»Der Sozialarbeiter soll ein aufrichtiger, gradliniger Mensch sein, der Fehler, die er gemacht hat, zugibt, statt andere damit zu belasten; der zu dem steht, was er sagt, und seine Versprechen einhält; der andere nicht hintergeht oder verrät und der sich nicht durch Schmeichelei oder Geschenke bestechen lässt« (S. 206 f.).

Über ethische Wertungssicherheit verfügt ein*e Sozialarbeiter*in, wenn er/sie »[…] sicher zwischen dem, was ethisch zulässig und dem, was ethisch unzulässig ist, unterscheiden kann [...]« und wenn er/sie »[...] imstande ist, ohne große Mühe inneren Tendenzen, ethisch Unzulässiges zu tun, zu widerstehen« (S. 207).

Die Beschreibungen und Begründungen der von Lüssi formulierten Persönlichkeitsmerkmale mögen an manchen Stellen zu anspruchsvoll oder auch provokativ klingen, aber sie bieten insgesamt eine wichtige Orientierungshilfe für die Haltungen von Sozialarbeiter*innen. Interessant ist in diesem Zusammenhang, dass die Persönlichkeitsbildung in den Studiengängen der Sozialen Arbeit in Deutschland so gut wie keinen Raum einnimmt. Folgt man den Ausführungen von Lüssi zur Bedeutung von Persönlichkeitsmerkmalen, müssten die Hochschulen auch Orte sein, an denen Studierende nicht nur ihr professionelles Wissen und Können lernen, sondern auch sich selbst (kennen)lernen und weiterentwickeln. Lüssi geht davon aus, dass alle von ihm genannten Persönlichkeitsqualitäten – wenn auch nicht bei jedem*r im gleichen Umfang – bei Sozialarbeiter*innen vorhanden sein müssen. »Es darf nicht sein, dass einem Sozialarbeiter ein solches berufsnotwendiges Persönlichkeitsmerkmal abgeht und er nicht ernsthaft an sich arbeitet, um diesem Mangel abzuhelfen« (Lüssi 2001, S. 191).

Von Spiegel (2013) hat solche sozialarbeiterischen Persönlichkeitsmerkmale zu folgenden Kompetenzen der beruflichen Haltungen zusammengefasst:

Reflexive Arbeit an der beruflichen Haltung
- Reflexion individueller Berufswahlmotive
- Reflexion individueller Wertestandards
- reflektierter Umgang mit Emotionen
- Entwicklung einer moralischen Kompetenz

Orientierung an beruflichen Wertestandards
- Akzeptanz individueller Sinnkonstruktionen
- Achtung der Autonomie und Würde der Adressat*innen
- Ressourcenorientierung
- anerkennende Wertschätzung
- demokratische Grundhaltung

Reflektierter Einsatz beruflicher Haltungen
- Ausbildung einer beruflichen Identität
- reflektierter Einsatz konzeptionell geforderter Haltungen (S. 97 f.)

Der DBSH hat sich ausführlich mit berufsethischen Fragen befasst und das Ergebnis als *Berufsethische Prinzipien* (Deutscher Berufsverband für Soziale Arbeit 2014) veröffentlicht. Vielfach ist Sozialarbeiter*innen gar nicht bekannt, dass solche berufsethischen Grundlagen für ihr berufliches Handeln existieren. Dabei können diese außerordentlich hilfreich sein, um das eigene berufliche Handeln zu reflektieren, wie der folgende Auszug zu den allgemeinen Grundsätzen beruflichen Handelns zeigt:

»1.1. Professionsangehörige müssen über ein wissenschaftliches Studium im Rahmen der Sozialen Arbeit verfügen. Der Einsatz der Professionsangehörigen erfolgt grundsätzlich im Berufsfeld der Sozialen Arbeit.
1.2. Der Status des Professionsangehörigen kann unterschiedlich sein (u. a. Beschätige_r und Selbstständige_r).
1.3. Die Professionsangehörigen bieten eine Dienstleistung, die von jedem Menschen unabhängig einer ethnischen und persönlichen Herkunft, des Geschlechts, der Religion oder Weltanschauung, des Alters, einer Behinderung oder sexuellen Identität in Anspruch genommen werden kann. Die Professionsangehörigen haben die Pflicht, jegliche Diskriminierung zu unterlassen und der Diskriminierung durch andere entgegenzuwirken und diese nicht zu dulden.
1.4. Die Professionsangehörigen ermöglichen, fördern und unterstützen durch ihr professionelles Handeln in wertschätzender Weise Menschen zu ihrer Selbstbestimmung und Teilhabe. Daraus ergibt sich die Verpflichtung zur Stärkung und Befreiung der Menschen.
1.5. Die Professionsangehörigen begegnen den Menschen mit Respekt und schützen die Menschen vor Angriffen, Schikanen, menschenunwürdigen Interventionen und Aktionen.
1.6. Die Professionsangehörigen distanzieren sich von Gewalt.
1.7. Die Professionsangehörigen treten für die Verwirklichung der Rechte von Menschen ein, wo immer diese bedroht sind.
1.8. Die Professionsangehörigen evaluieren ihre berufliche Praxis auf Basis der anerkannten Methoden der Sozialforschung.
1.9. Die Professionsangehörigen beforschen und entwickeln Theorien der Sozialen Arbeit weiter und nutzen Sozialwissenschaften, Geisteswissenschaften und indigenes Wissen.
1.10. Die Professionsangehörigen bedienen sich wissenschaftlicher Methoden, um eigene Erfahrungen und Kenntnisse aufzuarbeiten und um neue Handlungsorientierung auf der Grundlage dieser Analyse zu generieren.
1.11. Die Professionsangehörigen wirken an der Förderung des sozialen Wandels mit, machen dies öffentlich und unterstützen bei Lösungen. Dabei arbeiten sie auf lokaler, nationaler und internationaler Ebene mit allen Beteiligten zusammen.
1.12. Die Professionsangehörigen sind aufgefordert, politische Prozesse zu initiieren und zu begleiten, aktiv an Planungsprozessen der Öffentlichen Hand mitzuwirken

(z. B. Sozialplanung, Jugendhilfeplanung, Wohnungsbau, Inklusion, Integrationsplanung usw.) sowie die hierfür benötigten Kräfte zu mobilisieren.
1.13. Die Professionsangehörigen respektieren stets den Wert und die Würde ihrer eigenen Person, damit sie auch anderen mit demselben Respekt begegnen können« (Deutscher Berufsverband für Soziale Arbeit 2014, S. 33).

Hier seien noch weitere Quellen genannt, die als Vorlagen für sozialarbeiterische Haltungen dienen können:
- die UN-Menschenrechtscharta (www.menschenrechtserklaerung.de)
- die UN Behindertenrechtskonvention (www.behindertenrechtskonvention.info)
- Menschenbilder in Religionen und Philosophie
- das Grundgesetz für die Bundesrepublik Deutschland (www.bundestag.de/grundgesetz)

4.2 Wissen

Von Spiegel (2013) unterscheidet verschiedene Formen des Wissens, die in der Sozialen Arbeit von Bedeutung sind und hier nur skizziert werden:

- Wissenschaftliches Wissen

  »Wissenschaftliches Wissen unterscheidet sich von Alltagswissen durch die methodische Vorgehensweise, die Systematisierung von Erkenntnissen und die Norm der interpersonellen Überprüfbarkeit von Aussagen bzw. Ergebnissen« (S. 46).

- Beschreibungswissen

  »Beschreibungswissen bezeichnet Kenntnisse über die Beschaffenheit einer akuten Situation oder eines Problems. Es ist ›diagnostisches‹ Wissen, weil es dazu beiträgt, möglichst angemessen einzuschätzen ›was der Fall/das Problem ist‹ und dann zu entscheiden, was wie zu tun ist« (S. 48).

- Erklärungswissen

  »Diese Wissenskategorie umfasst wissenschaftlich gewonnene sowie Alltagstheorien. [...] Fachkräfte sollten wissenschaftlich gewonnene Theorien kennen und sie zur Kontrastierung und Anreicherung ihrer erfahrungsbezogenen Alltagstheorien nutzen« (S. 85).

– Wertwissen

»Wertwissen ist ›Beurteilungswissen‹. Es soll Fachkräften helfen, ihre Praxis an übergreifenden Wertzusammenhängen auszurichten. […] Die Produktionsbedingungen des Wertwissens folgen nicht den Prinzipien der wissenschaftlichen Theorieproduktion. Es besteht vielmehr aus Postulaten, die religiösen, philosophisch-ethischen und politischen Werthorizonten entspringen und/oder aus Vorstellungen über menschliche Bedürfnisse, die durch Werte und moralisches Verhalten geschützt werden müssen« (S. 51).

– Veränderungswissen

»Das Veränderungswissen besteht […] aus einem Repertoire von Handlungsvorschlägen unterschiedlicher Reichweite […] Solche Vorschläge firmieren in der Fachliteratur unter den Begriffen ›Konzepte‹ und/oder Methoden« (S. 66).

Diese Wissensbereiche hat von Spiegel (2013, S. 97) jeweils mit Kompetenzen verknüpft und wie folgt zusammengefasst:

»Beschreibungswissen
- Kenntnis methodischer Zugangsweisen zur subjektiven Wirklichkeit der Adressaten
- Kenntnis konzeptioneller Raster der Wirklichkeitswahrnehmung
- Wissen über Wirkungen des Kontextes

Erklärungswissen
- Kenntnis grundlegender Wissensbestände
- Kenntnis arbeitsfeldspezifischer Wissensbestände
- Kenntnis der sozialpolitischen Einbindung des Arbeitsfeldes
- Wissen über Wechselwirkungen von Gesellschaft und Individuum
- Kenntnis von Gesetzen und Finanzierungsgrundlagen
- Grundkenntnisse über Organisationen

Wertwissen
- Kenntnis von Wechselwirkungen biografischer Entwicklung und moralischen Orientierungen

- Kenntnis professioneller Wertorientierungen und Handlungsmaximen
- Kenntnis arbeitsfeldbezogener Leitlinien und des Leitbildes der eigenen Organisation

Veränderungswissen
- Kenntnis arbeitsfeldspezifischer und Methodenkonzepte
- Erweiterung des methodischen Repertoires
- Kenntnis fallangemessener materieller Hilfen
- Kenntnis von Arbeitstechniken der Teamarbeit
- Kenntnis von Evaluations- und Forschungsmethoden«

4.3 Können

Im Kontext der Entwicklung der Klinischen Sozialarbeit in Deutschland haben Mühlum und Pauls (o. J.) »klinische Kompetenzen« entwickelt, die sich sehr gut eignen, um sich in der persönlichen und beruflichen Entwicklung – insbesondere unter dem Aspekt des Könnens – in der Beratung zu orientieren. Nach Mühlum und Pauls (o. J., S. 3 f.) müssen Klinische Sozialarbeiter*innen in der Beratung über folgende Fähigkeiten und Fertigkeiten verfügen:

»1. Fähigkeit zum Aufbau einer personalen Arbeitsbeziehung zu Klienten und Patienten in schwierigen Lebenslagen – einschließlich der Herstellung eines ›informierten Behandlungskonsensus‹ mit den Klienten als Voraussetzung für deren selbstbestimmtes Mithandeln (compliance).
2. Fähigkeit zur Etablierung angemessener Rahmenbedingungen für diese Arbeit: zur Konkretisierung eines für den individuellen Fall geeigneten Rahmens oder Settings, einschließlich der Bedingungen Ort/Zeit/Dauer/Frequenz, einbezogene Personen, Umfeld, konkrete Handlungen und Strategien, Finanzierung.
3. Fähigkeit zur Abklärung (Assessment, Diagnose) und differenzierten psychosozialen Indikations- und Prognosestellung, einschließlich Abgrenzung und Einleitung notwendiger Maßnahmen anderer Fachdisziplinen (wie Psychiatrie, Psychologie, Pädagogik, Medizin, Recht, Pflege) – also Kooperation im multiprofessionellen Team.
4. Fähigkeit zur Auswahl und Anwendung (ggfs. auch Vermittlung) geeigneter Beratungs- und Therapieverfahren im Setting psycho-sozialer Anwendungen. Das sind z. B. einschlägige Formen der Gesprächsführung, Krisenintervention und längerfristige sozialpädagogische sowie sozialtherapeutische Beratung, Behandlung und Begleitung von Einzelpersonen, Familien, Angehörigen und

Gruppen. Dazu gehört auch die Fähigkeit, mit spezifischen Störungsbildern angemessen umgehen zu können.
5. Fähigkeit zur Einbeziehung des sozialen Umfeldes mittels direkter und indirekter Interventionen, zum Aufbau eines Netzes sozialer Unterstützung und zur Integration des klinisch-sozialarbeiterischen Beitrages in das vorhandene professionelle Behandlungsnetz, – verbunden mit der Fähigkeit zur fachgerechten interdisziplinären bzw. multiprofessionellen Kommunikation.
6. Fähigkeit zur Nutzung des Systems sozialer Sicherung im Gesundheitsbereich mit entsprechenden rechtlichen, ökonomischen und sozialpolitischen Kenntnissen und Netzwerkkompetenzen sowie wirtschaftlichem (d. h. ressourcenschonendem) Vorgehen.
7. Fähigkeit zur Anwendung eines kompetenten Unterstützungs- bzw. Case Managements, gesundheitsdienlichen Sozialmanagements und klienten- bzw. patientenbezogener sozialer Anwaltschaft.
8. Fähigkeit zur empirischen Forschung im Hinblick auf Grundlagen, Methodik und Wirksamkeit klinisch-sozialarbeiterischer Interventionen. Im Handlungsfeld angesiedelte Praxisforschung ist die Voraussetzung der Erfassung und Systematisierung von psychosozialen Aktivitäten, ihren Kontexten und Ergebnissen. Dazu gehört die Fähigkeit der Hypothesenbildung, Datengewinnung und sachlogischen Interpretation der Forschungsergebnisse.
9. Fähigkeit zu prozessbegleitender Evaluation, zur Entwicklung und Handhabung von Qualitätssicherungsmaßnahmen sowie zur Anwendung statistischer Methoden bei der Veränderungsmessung.
10. Insgesamt: Die Fähigkeit zur Beratung, Unterstützung und Behandlung von Menschen in krisenhaften Situationen im Sinne einer geplanten, zielgerichteten, theoriegeleiteten und methodenbewussten psychosozialen Arbeit«.

5 Mit Komplexität und Durcheinander umgehen

Die Beratungspraxis stellt einen besonderen Typus von Praxis dar, der sich von anderen Praxisformen, etwa der des Hausbaus, des Autoreparierens oder des Kochens, unterscheidet. Bei der sozialarbeiterischen Beratung handelt es sich um eine Hilfepraxis, die sich zwischen Menschen – zwischen Hilfebedürftigen und Berater*innen – entfaltet. Es handelt sich um eine humane Dienstleistung, die von Personen an Personen erbracht wird.

Wer den besonderen Charakter dieser Hilfepraxis verstehen will, muss sich zu allererst vergegenwärtigen, dass Menschen keine Maschinen sind. Maschinen wie Autos oder Spülmaschinen funktionieren nach dem Prinzip von Ursache und Wirkung. Von Förster (1985) bezeichnet solche Maschinen als Trivial-Maschinen. Diese haben u. a. die Eigenschaft, dass sie sich steuern und beherrschen lassen, weil das Innenleben einer solchen Trivial-Maschine unter der Voraussetzung der Kenntnis der Teile und des Bauplans durchschaubar ist. Ist die Maschine defekt, kann sie (meistens) repariert werden. Menschen hingegen sind keine Trivial-Maschinen. Sie sind – um in der Terminologie von Förster zu bleiben – »Nicht-Trivial-Maschinen«. Eine solche Maschine stellt sich als »Black Box« dar, deren Innenleben nicht ganz durchschaubar ist, auch dann nicht, wenn man über das korrekte Wissen verfügt. Es gibt keine Kausalität und keine isolierbaren Teile. Die internen Vorgänge sind nicht berechenbar, nicht wiederholbar und nicht eindeutig.

Übertragen auf die Hilfepraxis stellt die Nicht-Trivial-Maschine den Gegenstand und das Prinzip *fallverstehender* Hilfepraxis dar. Ihre Gegenstände sind schwer fassbare körperliche, psychische und soziale Zusammenhänge, die sich nur über ein Sich-Einlassen und Verstehen erschließen lassen. Fallverstehende Handlungskompetenz stellt sich als Prozesskompetenz dar. Diese besteht beispielsweise in der Fähigkeit, sich situativ von den Fragen und Antworten der Klient*innen leiten zu lassen. »Lebendige Systeme funktionieren multikomplex auf verschiedenen Ebenen (sprachlichen, kommunikativen, handlungs- und gefühlsmäßigen, körperlichen und geistigen), sie haben Muster und sind zugleich chaotisch« (Wolff 1996, S. 13).

Es liegt auf der Hand, dass personale, von Menschen an und mit Menschen erbrachte Dienstleistungen somit einige charakteristische Eigenschaften haben, von denen hier folgende beispielhaft genannt werden:
- Hilfepraxis ist unsicher. Was heute besprochen wird, gilt vielleicht morgen nicht mehr, dafür gilt dann etwas anderes.
- Hilfepraxis ist einzigartig. Was in einem Fall funktioniert, muss noch lange nicht in einem anderen Fall funktionieren.
- Hilfepraxis ist immer schon vorbei. Sie ist irreversibel und wird nie wieder so sein, allenfalls ähnlich.
- Hilfepraxis entwickelt sich nicht aus einer geordneten und regelhaften Abfolge von Handlungen und Interaktionen zwischen den Beteiligten.
- Hilfepraxis zeigt sich vielmehr als ein Durcheinander und weist dennoch Muster bzw. Ähnlichkeiten auf.

Hilfepraxis stellt sich als ein prozessuales Geschehen dar, in welchem Probleme und Problemlösungen
- personal (in Beziehungen und Interaktionen) und
- konzeptionell (mit Bezug auf verschiedene Verstehensmodelle und -konzepte, die das Denken und Handeln orientieren)

verhandelt und ausgehandelt werden.

(i) Die bestmögliche Hilfequalität lässt sich nach dieser Konzeption von Hilfepraxis entwickeln, indem die Beteiligten im Hilfeprozess zu gemeinsamen Sinnkonstruktionen bezüglich der Probleme und möglicher Lösungen kommen.

Menschen sammeln und verwerten Erfahrungen. Sie müssen nicht immer wieder neu anfangen, sondern können auf individuelle und gesellschaftliche Wissensbestände zurückgreifen, die ihnen Handlungsfolien liefern. So sind Ähnlichkeiten im Denken und Handeln der Beteiligten zu erwarten, die sich aber nicht als geordnete und regelhafte Abfolgen von Handlungen und Interaktionen zwischen den Beteiligten darstellen.

Die fallverstehende Hilfepraxis lässt sichtbar werden, dass Praxis systematisch beobachtet und reflektiert werden muss. Denn sie ist ein interaktives Feld von Problem- und Problemlösungskonstruktionen. Sie zu verstehen bietet die Möglichkeit, Zusammenhänge zwischen Hilfepraxis und gelingender bzw. misslingender Hilfe zu durchschauen.

Vor dem Hintergrund der Herausforderungen an Sozialarbeiter*innen, in Beratungen mit komplexen Problem- und Ressourcengefügen (s. Kap. 1) umgehen zu müssen und zu können, lassen sich zwei idealtypische Handlungsmuster identifizieren: das fundierte und das experimentelle Handeln. Sie bilden die

Pole eines breiten Spektrums helfenden Handelns, zwischen denen sich konkrete Beratungspraxis jeweils entwickelt.

5.1 Fundiertes Handeln

Dieses Handlungsmuster ist durch »fundiertes Handeln« gekennzeichnet, das durch gesellschaftlich anerkannte und etablierte Verstehensmodelle (z. B. Psychoanalyse, Systemtheorie, Behaviorales Modell) sowie durch die daraus entwickelten, erprobten und bewährten Handlungskonzepte (z. B. analytische Psychotherapie, Paar- und Familientherapie, Verhaltenstherapie) geleitet wird. Der Rückgriff auf solche Modelle und Konzepte in der Hilfepraxis bietet Berater*innen Orientierung und Sicherheit.

Das fundierte Handeln ist geprägt von der Fiktion eines idealen Verlaufs des Hilfeprozesses, wonach sowohl die von Helfer*innen angebotene Problemdefinition als auch das dazugehörige Handlungskonzept von den Klient*innen jeweils akzeptiert wird und es durch deren »konstruktive Mitarbeit« im Beratungs- oder Behandlungsverlauf zu einer vollständigen Problemlösung kommt.

Je besser die Theorien (als theoretische Erklärungs- und Verstehensmodelle) und die Techniken (als Methoden und Handlungskonzepte) ausgearbeitet sind, desto erfolgreicher wird die Problemlösung sein. Die bestmögliche Hilfequalität lässt sich nach diesem Muster erreichen, wenn die Ursachen von Problemen eindeutig identifiziert und Problemlösungstechniken als verbindliche Handlungsanweisungen entwickelt und befolgt werden.

Der Grad der Etablierung solcher Modelle und Handlungskonzepte, auf denen dieses Handlungsmuster basiert, zeigt sich u. a. an differenzierten und spezifischen Beratungs- und Behandlungsmethoden und -techniken sowie in der Existenz von Berufsgruppen (z. B. Psycholog*innen und Ärzt*innen), die gesellschaftlich legitimiert sind, diese anzuwenden. Solche Modelle und Handlungskonzepte haben den Charakter von Arbeitshypothesen weitgehend verloren. Mit dem Fortschreiten der gesellschaftlichen Etablierung und Institutionalisierung erscheinen diese grundsätzlich als gültig und richtig. Das jeweilige Verstehensmodell, an dem sich das helfende Handeln orientiert, muss nicht mehr grundsätzlich infrage gestellt werden. Die fundierte Hilfepraxis ist zwar reflexiv, aber nur in sich selbst. Sie kann sich nicht (mehr) falsifizieren. Fundiert handelnde Helfer*innen können deshalb darauf vertrauen, mit den Modellen und Konzepten mögliche grundlegende Fehler in der Beratung und/oder Therapie zu vermeiden.

Fundiertes Handeln fällt durch Limitierungen auf, die sich auf vielfältige Weise zeigen.

Personale Limitierungen

Es besteht eine professionell gewollte Distanz zu den hilfesuchenden Menschen und ihren Problemen. Helfer*innen limitieren ihre Beziehungen zu den Klient*innen (Zeit, Ort, Nähe und Distanz), indem sie sich professionell abgrenzen. Die Modelle und Konzepte beinhalten jeweils Vorgaben für professionelle Helfer*innen bezüglich der Interaktionen und Beziehungen. Im Falle der psychoanalytischen Psychotherapie ist die Beziehungsgestaltung Teil der Methode. So entwerfen sich dort die Therapeut*innen als »Übertragungsfiguren«, die um eine therapeutische Wirkung zu erzielen auf vielerlei Weise Klient*innen gegenüber »enthaltsam« sein sollen, insbesondere dann, wenn diese in einer Face-to-Face-Begegnung konkrete Ratschläge zur Lösung ihrer Probleme erwarten.

Konzeptionelle Limitierungen

Durch den Rückgriff auf *ein* Verstehensmodell ist der Verstehens- und Handlungsrahmen in der Hilfepraxis eng abgesteckt. Das Konzept bleibt im Beratungsverlauf stabil. Grundsätzliche Abweichungen davon sind nicht möglich. Es ergeben sich lediglich intrakonzeptionelle Ausgestaltungsmöglichkeiten. Psychoanalytisch denkende und handelnde Ärzt*innen bzw. Psychotherapeut*innen werden die ihnen präsentierten Probleme in der Regel psychodynamisch verstehen und deuten und sich grundlegenden intrapsychischen Konflikten der Klient*innen zuwenden. Familientherapeutisch arbeitende Psychotherapeut*innen werden die ihnen präsentierten Probleme hingegen systemisch-familiendynamisch verstehen und deuten, um dann familieninterne Konflikte zum Gegenstand der Hilfepraxis zu machen.

Über das jeweils angewandte Beratungskonzept erfolgt die Einordnung der Problemphänomene und die Problemkonstruktion, sodass fundiert handelnde Helfer*innen zu »Konzepthütern« werden, die Gefahr laufen, sich nur noch begrenzt auf die komplexen soziopsychosomatischen Probleme ihrer Klient*innen einlassen zu können.

Zeitliche und örtliche Limitierungen sind ebenfalls erkennbar. So ist beispielsweise der Zeitrahmen in der stationären akuten oder rehabilitativen Behandlung fest abgesteckt. In der ambulanten Psychotherapie ist die jeweilige Dauer der Behandlung festgelegt und in der Regel auf maximal eine Stunde pro Behandlungseinheit begrenzt. Es werden Zeitintervalle festgelegt, die die Abstände zwischen den Therapiesitzungen regeln und nur in Ausnahmefällen situativ verändert werden. Die »Sprechzeiten« müssen eingehalten werden. Die Beratungs- oder Behandlungsorte sind limitiert, weil in der Regel keine Hausbesuche bzw. häuslichen psychotherapeutischen Behandlungen durchgeführt werden.

Für die Klient*innen bedeutet dies, dass sie Bedingungen erfüllen müssen. Damit die Konzepte ihre Wirkung entfalten können, müssen die Probleme der Klient*innen dazu passen. Ebenso müssen sie eine Reihe von Regeln einhalten und sich in das Hilfearrangement einfügen. Schließlich wird erwartet, dass Klient*innen zur Mitarbeit bereit und geeignet sind, indem sie auf das jeweilige Beratungs- und Behandlungskonzept vertrauen und von dessen Wirksamkeit überzeugt sind.

Im Hinblick auf die konzeptionelle Dimension von Hilfepraxis zeigt sich, dass »Passungen« hier weitgehend vorausgesetzt werden. Die Möglichkeiten zur Verhandlung zwischen Helfer*innen und Klient*innen mit dem Ziel gemeinsamer Sinnkonstruktion erscheinen als gering. Klient*innen müssen sich den konzeptionellen Vorgaben möglichst bedingungslos anschließen können. Dies gilt ebenso für die personale Dimension dieses Musters, in der Beziehungs- und Interaktionskonstruktionen vorgegeben werden und nicht als grundsätzlich verhandel- und veränderbar erscheinen.

Über fundiertes Handeln wird Komplexität reduziert. Damit wird es den Unwägbarkeiten der individuellen Lebenspraxis der Klient*innen sowie den multidimensionalen Problemzusammenhängen oft nicht gerecht. Es erfolgt eher eine systematische Ausblendung der Alltags- und Lebenssituationen, in denen die Probleme der Klient*innen auftreten und gelebt werden. Das eindimensionale, verengte und ausschnitthafte Verstehen der Helfer*innen trägt zur Atomisierung komplexer Zusammenhänge bei und ist für Klient*innen, die den professionellen Problemkonstruktionen nicht folgen können, schwer anschließbar. Es zeigt sich, dass insbesondere am Beginn gemeinsamer Hilfepraxis die Bereitschaft und/oder die Möglichkeit der Klient*innen, sich auf ein professionell vorgegebenes Behandlungskonzept einzulassen beispielsweise eine Psychotherapie zu beginnen nicht immer vorhanden ist und vorausgesetzt werden kann. Diese kann sich in manchen Fällen erst im Zeitverlauf entwickeln. In anderen scheint diese Form der Behandlung sogar ausgeschlossen.

Aus der Diskrepanz zwischen professionell vorgedachten Beratungs- und Behandlungskonzepten und den individuell unterschiedlichen Wünschen nach Hilfe sowie den Möglichkeiten der Klient*innen zum Problemverstehen und zur Problembearbeitung resultieren Störungen, die zum Abbruch der gemeinsamen Hilfepraxis führen können. Folgende Diskrepanzen lassen sich als Störfaktoren identifizieren:
- Klient*innen können den Sinn nicht erkennen. Das fundierte Beratungs- oder Behandlungskonzept ist nicht anschließbar an ihre Problemversionen, ihr Alltagssituationen und ihre Ressourcen.
- Klient*innen haben Bedenken und Ängste. Sie empfinden fundiertes Han-

deln nicht immer als Unterstützung, sondern sehen ihre persönlichen Ressourcen eher gefährdet.
- Klient*innen »machen mit«, weil es ihnen geraten wurde, ohne von der Wirksamkeit des Unterstützungsangebots wirklich überzeugt zu sein.

Die Wahrscheinlichkeit des sich gegenseitigen »Verpassens« von Klient*innen sowie Helfer*innen ist in dem Muster des fundierten Handelns relativ hoch. Mit diesem Muster gehen in der Regel Selektionen einher, die einerseits professionell beabsichtigt sind, indem z. B. in psychotherapeutischen Vorgesprächen die Behandlungsfähigkeit von Klient*innen festgestellt wird, und die sich andererseits dadurch ergeben, dass Klient*innen Behandlungen abbrechen, weil sie an den aufgestellten Hürden scheitern. Passungsstörungen entstehen auch, wenn Helfer*innen und Klient*innen in den Problemsichten und den dazugehörigen Handlungskonzepten nicht übereinstimmen (s. Kap. 6).

5.2 Experimentelles Handeln

Dieses Handlungsmuster ist durch »Experimentieren« gekennzeichnet, durch das Hilfepraxis individuell und gemeinsam mit den Klient*innen jeweils neu entworfen und forschend erfunden wird. Auch beim experimentellen Handeln bilden verschiedene Verstehensmodelle die Grundlage für die Hilfepraxis. Experimentell handelnde Helfer*innen verzichten jedoch weitgehend auf die Verwendung vorgefertigter Handlungsfolien zur Ausgestaltung ihrer Hilfepraxis. Vielmehr entfaltet sich das Muster immer wieder neu über die helfende Person in Verbindung mit ihrer Haltung, ihrem Theoriewissen und Können sowie über die Klient*innen mit ihren individuellen soziopsychosomatischen Problem- und Ressourcengefügen (s. Kap. 1). So entsteht ein weitgespannter Verstehensrahmen, in welchem helfendes Handeln zwischen verschiedenen Modellen und den dazugehörigen Handlungskonzepten einerseits sowie eigenen Entwürfen von Hilfepraxis andererseits oszilliert. Damit ergeben sich vielfältige Verstehens- und Handlungsmöglichkeiten bezüglich der Problemlagen und deren mögliche Lösungen.

Im Vergleich zu den Limitierungen im Muster des fundierten Handelns fällt dieses Muster insgesamt durch Vielfalt auf. Diese bezieht sich sowohl auf die personale als auch auf die konzeptionelle Dimension von Hilfepraxis:

Personale Vielfalt

Mit personaler Vielfalt ist gemeint, dass Berater*innen nicht auf bestimmte Beziehungs- und Interaktionsformen festgelegt sind. Idealerweise können sie verschiedene Rollen einnehmen (z. B. Berater*in, Begleiter*in, Moderator*in, Koordinator*in, Anwält*in) und sich unterschiedlich verhalten (etwa zurückhaltend, offensiv, konfrontierend oder praktische Ratschläge gebend). Auf Klient*innen wirken sie »menschlich«, weil sie mit ihnen jeweils auf besondere Weise, d. h. professionell »natürlich« kommunizieren und interagieren können.

Konzeptionelle Vielfalt

Konzeptionelle Vielfalt bedeutet, dass die Probleme nicht in *ein* Verstehensmodell eingeordnet werden. Sie werden vielmehr multidimensional gedeutet, verhandelt und behandelt. Die Komplexität des Problemgefüges wird anerkannt und bleibt bestehen. Die Basis dafür liefern verschiedene Verstehensmodelle und Handlungskonzepte, die fallspezifisch und flexibel eingesetzt werden.

Weitere Kennzeichen experimentellen Handelns sind:
- Situationsorientierung
  Experimentelles Handeln ist in mehrfacher Hinsicht situationsadäquat. Es nimmt sowohl Bezug auf die Lebenssituation der Klient*innen in ihrer Gesamtheit als auch auf die Ausschnitte des Alltags, die von den Klient*innen aktuell präsentiert werden. Damit ist helfendes Handeln jeweils auch spontan entwickelt. Es ist nicht immer vorhersehbar, in welchen Situationen und mit welchen aktuellen Problemkonstruktionen, Wünschen und Prozessfantasien Klient*innen die Beratung oder Therapie aufsuchen.
- Problemzentrierung
  Helfendes Handeln richtet sich an den von den Klient*innen jeweils vorgetragenen Problemen und nicht an den Problemkonstruktionen der Helfer*innen aus. Diese bleiben im Hintergrund. Die Hilfepraxis wird gemeinsam um die von Klient*innen benannten konkreten Probleme herum entwickelt, verhandelt und angepasst, indem nach Problemzugängen und Problembearbeitungsmöglichkeiten gesucht wird. Probleme können sowohl kurzfristig im Sinne einer Krisenintervention bearbeitet werden als auch mit einer längeren zeitlichen Perspektive.
- Ressourcenorientierung
  Die individuellen und sozialen Ressourcen der Klient*innen werden berücksichtigt und als Grundlagen für Veränderungen betrachtet. Experimentelles Handeln hat seinen Ausgangspunkt bei den Klient*innen mit ihren Problemen in je spezifischen Situationen sowie deren Möglichkeiten und Begrenzungen zum Problemverstehen und -bearbeiten.
- Prozessorientierung
  Experimentelles Handeln ist als ein offener Lern- und Erfahrungsprozess

angelegt. Weder für Klient*innen noch für Helfer*innen ist am Beginn von Hilfepraxis genau bestimmbar, was im Verlauf geschieht oder geschehen soll. Sie wissen weder genau, wie sich der Hilfeprozess entwickelt, noch wann er zu Ende geht. Änderungen sind jederzeit möglich.
- Begleitung
Begleitung wird möglich, weil es kein limitierendes Beratungs- oder Behandlungssetting gibt. Begleitung heißt zum einen, dass Klient*innen dann kommen können oder ein Hausbesuch erfolgt, wenn sie konkrete Hilfe benötigen (bspw. auch »ohne Anmeldung« in Krisensituationen). Zum anderen meint Begleitung, den Klient*innen langfristig, geduldig und verlässlich zur Seite zu stehen. Zeit zu haben, spielt in diesem Aspekt des Handlungsmusters eine große Rolle.

Experimentelles helfendes Handeln ist riskant. Es ist risikoreich, weil es die Komplexität soziopsychosomatischer Problemgefüge, aus der sich zahlreiche Unsicherheiten und Unwägbarkeiten ergeben, anerkennt und zulässt. Die genannte Vielfalt des Handelns kann in Unübersichtlichkeit umschlagen. Für dieses Handeln gibt es so gut wie keine Handlungsroutinen, sodass eher Fehler unterlaufen können (s. hierzu ausführlich Kap. 9).

Für Klient*innen ergibt sich aufgrund des breiteren Spektrums von Verstehensmöglichkeiten und der Ausrichtung der Hilfepraxis an ihren Wünschen nach Hilfe sowie ihren Ressourcen eine hohe Anschlussfähigkeit. Sie fühlen sich besonders dann verstanden und ernst genommen, wenn sie als Menschen in Situationen (Person in Environment) angesprochen werden. Dies ist die Basis für eine experimentelle Hilfepraxis, für die Klient*innen nur wenige Bedingungen erfüllen müssen. Es ist mithin ein niedrigschwelliges Hilfeangebot und eignet sich besonders für Anfänge von Hilfepraxis, da Zeit und Raum vorhanden sind, um nach passenden Problemkonstruktionen und -lösungen zu suchen.

Die Situationsorientierung und Problemzentrierung der Helfer*innen kommt den Wünschen der Klient*innen nach konkreter Hilfe entgegen, denn sie bekommen immer etwas. Nicht jede*r Klient*in ist bereit, in einer kontinuierlichen und langfristigen Beratung oder Behandlung zu den vermeintlichen Wurzeln ihres oder seines soziopsychosomatischen Problems vorzudringen. Experimentelles Handeln bietet Helfer*innen die Möglichkeit, gemeinsam mit den Klient*innen auszuloten, was diese erwarten und erwarten können, wozu sie bereit und nicht bereit sind und wieweit Lösungen gehen können.

5.3 Praxeologische Folgerungen

(i) Die praxeologische Wertung der beiden Handlungsmuster ergibt, dass das fundierte Handeln den Versuch darstellt, über die Anwendung von Theoriewissen und Beratungs- bzw. Behandlungstechniken unwägbare Praxissituationen zu kontrollieren, um komplexe Problemgefüge zu beherrschen. Experimentelles Handeln hingegen zeichnet sich durch einen forschenden Umgang mit »Nicht-Wissen« (Buchinger 1998, S. 582) aus.

Um in unsicheren Praxissituationen mit Problemen kompetent umgehen zu können, wird umsetzbares Handlungswissen bzw. Prozesskompetenz benötigt, die durch »reflection-in-action« (Schön 1983, S. 49) und »Lernen vom Erfolg« (Rosenfeld 1996, S. 9) im Hilfeprozess erworben wird. Die folgende Übersicht zeigt die Unterschiede der beiden Handlungsmuster.

Tab. 2: Handlungsmuster im Vergleich

Fundiertes Handeln	Experimentelles Handeln
Modellkonsistent, konzeptspezifisch	Klient*innenspezifisch
Konzeptionelle und personale Limitierungen	Konzeptionelle und personale Offenheit und Vielfalt
Eindimensionales Verstehen und Handeln	Multidimensionales Verstehen und multiperspektivisches Handeln
Kontrollieren unsicherer Praxissituationen	Experimentelles Umgehen mit unsicheren Praxissituationen
Beherrschen von soziopsychosomatischen Problemen (zurichtend)	Erforschen soziopsychosomatischer Probleme (offen verhandelnd)
Expert*innen durch Wissen	Expert*innen durch Prozesskompetenz
Anwenden von Theoriewissen	Generieren und Fortschreiben von Praxeologien

Die Bedeutung der Einzigartigkeit des Einzelfalls wird deutlich. Hilfepraxis kann zwar erfasst und reflektiert werden, indem Muster generiert werden, doch diese können nur dazu dienen, fallvergleichend und fallübergreifend Gemeinsamkeiten und Unterschiede zu erkennen. Diese Muster lassen sich aber nicht in der gleichen Form zum gleichen Zweck wiederverwenden. Praxis (und Theorie) wird immer wieder neu erzeugt, d. h. zwischen den Beteiligten ausgehandelt und erfunden. Es gibt deshalb keine eindeutigen Handlungsanleitungen, auf die zurückgegriffen werden kann, um »richtig« zu handeln. Es können höchstens Orientierungshilfen gegeben werden. Praxishandeln in der Beratung lässt sich nicht vollständig planen, allenfalls antizipieren, um dann im konkreten Fall doch ganz anders zu verlaufen.

Insofern kann es keine universelle Praxeologie der Beratung geben. Vielmehr sind viele Praxeologien zu entwickeln, die gemeinsame Nenner sowie Spezifika für die jeweiligen Tätigkeitsfelder und Arbeitssituationen haben. Es ist aufgrund des langjährigen Bestehens professioneller Sozialarbeit anzunehmen, dass die verschiedenen Hilfepraxen in der Sozialarbeit bereits über entwickelte, erprobte und bewährte Praxeologien verfügen, die in der Literatur nach wie vor gefordert werden. Dorfman (1996) verwendet für dieses Phänomen den Begriff »practice wisdom«, das sie als »body of knowledge, primarily gleanded from clinical experience, that is transmitted by supervisors, peers and other experts« (S. 9) kennzeichnet. Möglicherweise wird »practice wisdom« nur nicht an die interessierte Fachöffentlichkeit transportiert. Zumindest ist nicht erkennbar, dass reflektierte Praxis einen zentralen Platz in der Sozialarbeitsliteratur hat.

Die von Schön (1983) entwickelte »Epistemologie von Praxis« stellt sich einer Praxis, die durch »complexity, uncertainty, instability, uniqueness and value-conflict« (S. 39) gekennzeichnet ist und die sich mit technischer Rationalität weder erfassen noch abbilden lässt. Sie trifft damit den Typus sozialarbeiterischer Praxis im Zentrum. Den Kern der Schön'schen »Epistemologie von Praxis« (S. VIII) bildet der Reflexionstypus des »reflection-in-action« (S. 49), mit dem Praktiker*innen als »reflektierende Praktiker*innen« zu Forscher*innen im Handlungsvollzug ihrer eigenen Praxis werden. Sie generieren Praxistheorien, die permanent weiterentwickelt werden, ohne zu Theoriewissen zu erstarren, das für praktisches Handeln bedeutungslos ist: »When someone reflects-in-action, he becomes a researcher in the practice context. He is not dependent on the categories of established theory and technique, but constructs a new theory of the unique case« (S. 68).

6 Beratung strukturieren

(i) Angesichts der Gefahr für Berater*innen, sich in den komplexen und unübersichtlichen Problem- und Ressourcengefügen der Ratsuchenden sowie den Hilfewünschen und -angeboten zu verlieren, ist es ratsam, den Beratungsprozess zu strukturieren – so gut es eben geht – und sich im Beratungsverlauf fortlaufend zu vergewissern, in welcher Phase sich die Beratung befindet.

Wenn beispielsweise zu schnell Lösungswege und Lösungen »angeboten« werden, ohne die Klient*innen angemessen in den Findungsprozess einzubeziehen und deren Eigensinn zu beachten, besteht die Gefahr, dass Klient*innen Hilfeprozesse abbrechen oder sich möglichen Lösungen verweigern.

Klient*innen der Psychosozialen Beratungsstelle des ISG, die über lange Problem- und Hilfegeschichten verfügen, berichten häufig über Abbrüche von psychosozialen Beratungsangeboten, Psychotherapien, ärztlichen Behandlungen, Klinikaufenthalten, Reha-Verfahren usw. Aus den Erzählungen und Berichten der Klient*innen geht hervor, dass solche Abbrüche oftmals mit fehlenden Passungen einhergehen (s. hierzu ausführlich Kap. 5).

(i) Passungen beziehen sich in der Beratung auf zwei Dimensionen:
a) Die personale Dimension zeigt an, dass Klient*in und Berater*in sich einig sind, wie sie miteinander umgehen, kommunizieren und sich verstehen.
b) Die konzeptionelle Dimension zeigt an, dass Berater*in und Klient*in sich einig sind, wie die sozialen Probleme zu verstehen sind und welche Wege zu deren Lösung beschritten werden sollen.

Wenn solche Passungen nicht gegeben sind, ist die Gefahr groß, dass die professionellen Hilfeangebote scheitern. Aus gescheiterten Hilfeangeboten wird von professionellen Helfer*innen allzu oft vorausgesetzt, dass die Klient*innen oder Patient*innen die angebotenen Hilfen problemlos akzeptieren und bereitwillig mitmachen. Dabei wird übersehen, dass solche Passungen nicht einfach »da« sind, sondern vielfach im Dialog zwischen Ratsuchenden und Berater*innen erarbeitet und arrangiert werden müssen.

Idealerweise lassen sich Beratungsprozesse in vier Phasen einteilen, die im Folgenden vorgestellt werden. Die Phasen kommen in jedem Beratungsprozess vor, jedoch lässt sich nicht sagen, wie lange diese Phasen jeweils andauern. Manchmal benötigen Klient*innen eine lange Anfangsphase, die sich über mehrere Termine hinziehen kann, um ihr Anliegen formulieren zu können. Manchmal ist die Anfangsphase kurz, etwa wenn Klient*innen wissen, was sie benötigen, sie motiviert sind und die gewünschte Unterstützung von den Berater*innen geleistet werden können.

Auch für jede einzelne Beratungsstunde im Rahmen eines Beratungsprozesses mit mehreren Terminen gilt das Phasenmodell. Es muss stets auf die aktuelle Lage und Befindlichkeit von Klient*innen geschaut werden, ob es noch um das Problem geht, das in der letzten Sitzung besprochen wurde, oder um ein anderes und welche Erfahrungen mit besprochenen Lösungswegen gemacht wurden. Außerdem muss es einen Abschied geben.

Auch Sozialarbeiter*innen, die von vornherein wissen, dass sie mit Klient*innen nur einen einzigen Termin mit begrenztem Zeitumfang haben werden (etwa im Krankenhaussozialdienst), können das Phasenmodell verwenden, um die wenige zur Verfügung stehende Zeit bestmöglich zu gliedern und so zu nutzen, dass Klient*innen am Gesprächsende informiert sind oder zumindest Hinweise auf weiterführende Unterstützungsmöglichkeiten und Institutionen erhalten haben.

6.1 Beratung vorbereiten

Einem Beratungsgespräch geht idealerweise eine Vorbereitung des*r Berater*in voraus. Pantuček (1998, S. 5) schreibt dazu:

»Klienten haben ein Recht darauf, daß sie nicht Opfer einer Fließbandabfertigung werden. Die Gesprächszeit gehört ihnen, der Berater soll mit seinen Gedanken konzentriert beim Fall sein und seine ganze Aufmerksamkeit dem Klienten und seinen Schwierigkeiten, Hoffnungen und Anliegen widmen können. Die Gesprächsvorbereitung dient der Absicherung dieser Voraussetzungen für ein gutes professionelles Gespräch«.

Zur Vorbereitung auf ein Beratungsgespräch gehört insbesondere:
- den Raum vorzubereiten (ggf. Schreibtisch aufräumen, Getränke bereitstellen, lüften),
- Notizen des Beratungsverlaufs und insbesondere des letzten Gesprächs zu lesen, ggf. Themen und Anknüpfungspunkte markieren und Strategien für das kommende Gespräch entwerfen,

- benötigte Unterlagen (z. B. Anträge, Bescheide, Gutachten) bereitzulegen,
- Störquellen zu beseitigen (z. B. Telefon und Handy stumm- oder ausschalten),
- für den Fall, dass das Beratungsgespräch (mit Einverständnis der Klient*innen) für Ausbildungs-, Supervisions- oder Forschungszwecke audiovisuell aufgezeichnet werden soll, die Funktionsfähigkeit der Geräte zu prüfen,
- die Augen zu schließen, durchzuatmen, sich zu sammeln und ggf. eine Entspannungsübung wie z. b. die Progessive Muskelentspannung (kostenlose Downloads im Internet) durchzuführen.

6.2 Beratung anfangen

Sich mit Anfängen von Beratungen zu befassen, ist in allen Feldern der Sozialen Arbeit unerlässlich.

ⓘ Oft sind Sozialarbeiter*innen die ersten Anlaufstellen, wenn Menschen psychosoziale Hilfen suchen. Da ist es besonders wichtig, die Ratsuchenden so zu empfangen, dass sie ermutigt werden, Vertrauen entwickeln können und Fortsetzungen möglich werden.

Es ist fatal, wenn sich Klient*innen beim »ersten Anlauf« nicht unterstützt fühlen und entmutigt werden, ggf. weitere Hilfen in Anspruch zu nehmen. Manchmal sind Sozialarbeiter*innen auch die letzten Anlaufstellen für Menschen in psychosozialen Notlagen. Dies ist beispielsweise dann der Fall, wenn sie mit Etikettierungen wie »austherapiert« oder »fehlende Motivation« versehen sind und bereits lange Problemgeschichten mit vielerlei gescheiterten Hilfeversuchen hinter sich haben. In solchen Fällen haben Sozialarbeiter*innen die Chance, das Vertrauen der Hilfesuchenden so zu gewinnen, dass diese einen erneuten Unterstützungsversuch wagen. Auf dieser Basis können dann auch ggf. weitergehende Hilfen vermittelt werden wie z. B. ein Arztbesuch oder ein Termin bei der Schuldnerberatung.

Dass Anfänge von Beratungen unterschiedlich zu gestalten sind, beschreiben Germain und Gitterman (1999). Sie unterscheiden zwischen erbetenen, angebotenen und verordneten Diensten. Im Unterschied zu Anfängen bei freiwilliger Inanspruchnahme von Beratungsangeboten müssen sich Sozialarbeiter*innen bei verordneten Diensten (z. B. Bewährungshilfe, gerichtlich angeordnete Beratungen im Jugendamt) darauf einstellen, dass sie bei den betroffenen Menschen nicht willkommen sind. Germain und Gitterman (1999, S. 120) geben für die Gestaltung eines Beratungsanfangs in sog. Zwangskontexten konkrete Hinweise:

»– Bereiten Sie sich darauf vor, dass der Klient Sie als eine potentielle Bedrohung erlebt
– Antizipieren Sie Kampf und Widerstand
– Seien Sie offen und aufrichtig bezüglich des Auftraggebers des Mandats, potentieller Konsequenzen bei Nichtbefolgen und der Grenzen professioneller Autorität
– Geben Sie die Bedingungen für die Beendigung des Mandats an
– Markieren Sie die Grenzen der Vertraulichkeit der Information
– Teilen Sie die Ihnen zugängliche Information mit
– Zeigen Sie Mitgefühl für die Person angesichts der Lebensstressoren
– Finden Sie Bereiche, in denen die Gemeinsamkeit der Interessen den Interessenkonflikt überwiegt«.

In der Anfangsphase von Beratungen geht es im Wesentlichen darum, eine Arbeitsbeziehung zwischen Sozialarbeiter*in und der*m Ratsuchenden herzustellen. Diese ist Voraussetzung, damit Ratsuchende Vertrauen entwickeln und über ihre Probleme offen sprechen können. Im Gespräch geht es dann hauptsächlich darum, das Anliegen und die Erwartungen der ratsuchenden Person zu klären. Sozialarbeiter*innen müssen in der Anfangsphase auch prüfen, ob sie für die Problembearbeitung zuständig sind, sich kompetent fühlen und Ressourcen für eine weitergehende Beratung haben oder ob die Ratsuchenden an andere Institutionen und Helfer*innen delegiert werden müssen. Die Anfangsphase endet, wenn das Anliegen benannt und der Wunsch nach Hilfe und Unterstützung ausgesprochen ist. Findet das besprochene Hilfeangebot bei der ratsuchenden Person Zustimmung, kann die Fortsetzung der Beratung beginnen.

Die Aufgaben von Berater*innen in der Anfangsphase lassen sich wie folgt skizzieren:
– Freundliche Begrüßung
– Blickkontakt
– Platz oder Platzwahl anbieten
– Eigene Qualifikation benennen
– Funktion und Zuständigkeit erklären
– Aufgaben der Einrichtung erläutern
– Falls Notizen gemacht werden: erläutern, warum und zu welchem Zweck
– Hinweis auf Schweigepflicht und Datenschutz
– Interesse an der Person und ihrer Problemlage zeigen
– Aufmerksamkeit, Hilfsbereitschaft und Anteilnahme signalisieren
– Das Anliegen klären
  • Einstiegsfrage stellen (Was führt Sie zu mir? Mit welchem Anliegen kommen Sie zu mir? Vielleicht erzählen Sie mir erstmal ein bisschen …)

- Neugierig, offen und respektvoll zuhören
- Nachfragen, wenn etwas nicht verstanden worden ist
- Die eigene Position finden
  - Was kann an Hilfen angeboten werden?
  - Welche zeitlichen Ressourcen stehen für die Beratung zur Verfügung?
  - Welche Rolle will sie/er übernehmen?
- Fortsetzungen ermöglichen
  - Fortführen der begonnenen Beratung (Übergang zur Verhandlungsphase)
  - Verabredungen treffen
  - Ggf. Delegation an spezialisierte Einrichtungen (mit der Bitte um erneuten Kontakt, wenn das dortige Angebot nicht zusagt)

6.3 Probleme und Lösungswege verhandeln

(i) Bevor es im Beratungsprozess zur Bearbeitung von Problemstellungen und zu Lösungen kommen kann, müssen sich Sozialarbeiter*innen vergewissern, ob Klient*innen und sie die gleiche – oder zumindest eine ähnliche – Problemsicht haben und ob sie sich über das Beschreiten der Lösungswege einig sind.

Wenn es beispielsweise um ein Kind geht, das in der Schule »auffälliges Verhalten« zeigt, und eine Schulsozialarbeiterin als Hilfeangebot eine Familienberatung empfiehlt, die Eltern aber weder erkennen können, dass ihr Kind auffällig ist, noch was das mit ihnen zu tun haben soll, muss verhandelt werden. Solange solche Diskrepanzen bestehen, müssen beide Seiten miteinander verhandeln, bis Problemsichten und Lösungswege übereinstimmen. Erst wenn Klient*innen mithandeln können, wird der Beratungsprozess koproduktiv.

Wenn Sozialarbeiter*innen unter Zeit- und Handlungsdruck stehen, kann es passieren, dass mit Klient*innen nicht verhandelt wird oder werden kann. Stattdessen werden dann (vorschnell) Lösungen angeboten, die möglicherweise von den Klient*innen nicht akzeptiert werden, sie überfordern oder nicht zu deren Alltags- und Lebenssituation passen. Immer wieder kommt es vor, dass Klient*innen zu schnell in eine psychotherapeutische Behandlung oder in eine Rehabilitationsmaßnahme delegiert werden, ohne dass sie selbst überzeugt sind, dass diese Hilfen für sie wirklich hilfreich sind. Infolge dessen werden solche Angebote häufig abgebrochen oder innerlich »boykottiert«.

»Wenn KlientInnen den guten Absichten der SozialarbeiterInnen nicht folgen können und Hilfeangebote als nicht hilfreich empfinden, geht es nicht voran. Im besten Fall wird erneut verhandelt und im schlechtesten Fall geben die KlientInnen auf und kommen nicht mehr in die Beratung. Deshalb ist diese Phase von besonderer Bedeutung für das Gelingen von Beratungen.

Kein Vertrag, keine Vereinbarung kommt ohne vorherige Verhandlung zustande, und sei sie noch so rasch erledigt. Erst die vorangehende Verhandlung unterscheidet den Kontrakt von einem Diktat: Der Vertrag benötigt die Zustimmung beider Partner und diese beiderseitige Zustimmung muß ausgehandelt werden« (Pantuček 1998, S. 21).

Das Verhandeln von Problemen und Lösungen kann von kurzer Dauer sein, aber eben auch sehr langwierig, etwa wenn es um Menschen mit psychischen Erkrankungen geht, die keine Einsicht haben, dass sie erkrankt sind, und deshalb Hilfeangebote ablehnen.

Wesentliche Voraussetzung für solche Verhandlungen ist das Vorhandensein einer tragfähigen Arbeitsbeziehung zwischen Berater*in und Klient*in. Die Beratungspraxis wird in dieser Phase wesentlich von der Bereitschaft der Sozialarbeiter*innen getragen, sich immer wieder neu und individuell mit den Klient*innen und deren Problemlagen zu befassen sowie sich verlässlich und weitgehend bedingungslos als Ansprechpartner*innen zur Verfügung zu stellen. Dann fühlen sich Klient*innen in ihren Situationen ernst genommen und verstanden. Solche personalen »Investitionen« von Sozialarbeiter*innen entsprechen den Vorstellungen und Erwartungen der Klient*innen und machen trotz unterschiedlicher Problemsichten Fortsetzungen in der Beratung möglich.

In dieser Phase bestehen die Aufgaben der Berater*innen insbesondere darin:
– die Arbeitsbeziehung zu pflegen (sich interessieren, zuhören, mitfühlen ...),
– Vorschläge zum Problemverstehen und möglichen Lösungen zu unterbreiten,
– Denkanstöße und Impulse für einen Perspektivwechsel zu geben, damit Klient*innen auf neue Gedanken kommen und beginnen, neue Ideen zu ihren Problemen und möglichen Lösungen zuzulassen,
– aufmerksam zu registrieren, wie Klient*innen auf Vorschläge reagieren (Mimik, Gestik, Worte, Taten),
– mit dem Eigensinn der Klient*innen respektvoll umzugehen und zugleich Veränderungen anzuregen.

Pantuček empfiehlt zudem, Klient*innen konkrete Handlungsmöglichkeiten zu eröffnen:

»Sehr häufig gehen Einsichten den Handlungen nicht voraus, sondern stellen sich erst ein, wenn jemand einmal etwas anderes zu tun versucht hat. Es ist daher produktiver, Klienten *Handlungsangebote* zu machen, als sie von einer bestimmten

Sichtweise zu ›überzeugen‹. Auch wenn KlientInnen das Handlungsangebot, den Handlungsvorschlag nicht sofort annehmen, für sich akzeptieren, so haben sie ihn doch registriert und können es in Hinkunft in ihre Überlegungen einbeziehen. Sozialarbeiter berichten nicht so selten von Klienten, die einen Handlungsvorschlag im Beratungsgespräch zwar heftig ablehnen, später aber doch verwirklichen. Ich habe oben schon darauf hingewiesen, daß sich die Wirkung eines Beratungsgesprächs oft noch gar nicht im Gespräch selbst, sondern erst später im Alltag zeigt« (Pantuček 1998, S. 30).

6.4 Probleme bearbeiten und Lösungen finden

(i) Diese Phase der Beratung kann beginnen, wenn zwischen Berater*innen und Klient*innen Passungen bestehen, sodass sich der Beratungsprozess als ein Handeln in Gegenseitigkeit bzw. als Koproduktion darstellt (s. hierzu ausführlich Kap. 5). Dies ist der Fall, wenn beide Seiten sich einig über die Problemsichten (Wie sind die Probleme zu verstehen?) und die Vorstellungen zur Problemlösung (Wie kann das Problem gelöst werden?) sind.

Darüber hinaus ist von Bedeutung, ob es Klient*innen möglich ist, im Beratungsprozess mitzuhandeln, d. h. ob die Lösungsschritte zu den Möglichkeiten und Begrenzungen ihres Denkens und Handelns passen. Klient*innen verfügen über unterschiedliche persönliche und soziale Ressourcen zum Problemverstehen und zur Problembearbeitung. Diese müssen im Hilfeprozess berücksichtigt werden. Die Beratungspraxis muss sich darauf beziehen und ausgerichtet werden, weil diese Ressourcen die Basis bilden, auf der Lösungen möglich werden können. Schließlich ist von Bedeutung, dass Lösungsvorschläge zu den Alltags- und Lebenssituationen der Klient*innen passen, dort anschlussfähig sind und auch gelebt werden können. Die Aufgaben von Berater*innen bestehen in dieser Phase insbesondere darin:

- darauf zu achten, dass die oben skizzierten Passungen im Beratungsprozess fortbestehen, und ggf. im Dialog mit Klient*innen »Kurskorrekturen« vorzunehmen,
- mit Klient*innen Vorschläge zu Problemlösungen zu erarbeiten, Wege zur Problemlösung zu verabreden und abzugleichen, ob die Schritte hilfreich waren und ggf. andere Wege zu beschreiten,
- Klient*innen zu ermutigen, Schritte in Richtung Problemlösungen zu gehen,
- Fortschritte in der Problembearbeitung zu erkennen und dies den Klient*innen rückzumelden,

- Klient*innen zu befähigen und zu stärken (z. B. durch alltags- und problembezogene Übungen, Trainings),
- Klient*innen bei Bedarf tätig zu unterstützen (s. Kap. 8.3),
- die Aktivitäten von Klient*innen anzuerkennen und zu loben.

6.5 Beratung beenden

(i) Wann der richtige Zeitpunkt für die Beendigung einer Beratung gekommen ist, muss individuell herausgefunden und bestenfalls dialogisch zwischen Berater*innen und Klient*innen besprochen werden. Keinesfalls ist eine Beratung erst dann beendet, wenn das zu bearbeitenden Problem zu 100 % gelöst ist und seit mindestens einem Jahr nicht mehr besteht.

Darauf machen Sickendiek et al. (2008) aufmerksam:

»Beratung besteht in den allerseltensten Fällen in der stellvertretenden ›Lösung‹ von Problemen und Konflikten. Beratung ist bereits hilfreich, wenn KlientInnen neue Interpretationsweisen für Schwierigkeiten kennenlernen, einzelne Bewältigungsressourcen besser einsetzen können, Ideen für einen anderen Umgang mit Belastungen und Konflikten entwickeln oder ihren Lebensalltag zuträglicher und stressfreier gestalten können, auch wenn grundlegende Belastungen kaum auszuräumen sind. Dabei müssen BeraterInnen wie KlientInnen Unvorhersagbarkeit, Unsicherheit ebenso wie Widersprüchlichkeiten und Dilemmata aushalten lernen. Die Anerkennung der Grenzen von Beratung erleichtert realistische Zielsetzungen und verhindert unnötige Enttäuschungen von KlientInnen« (S. 224).

Wenn es sich um eine längere und intensive Beratung handelt, bei der die Anzahl der Gespräche nicht vorab festgelegt wurde, beginnt die Endphase dann, wenn Klient*innen die erarbeiteten neuen Strategien zur Problembearbeitung in aktives Handeln umsetzen und erste positive Erfahrungen verbuchen können. Im Idealfall sprechen Berater*innen das Ende der Beratung frühzeitig an, sodass Klient*innen beginnen können, sich auf das Beratungsende vorzubereiten. Sie vergrößern nach und nach Zeitintervalle zwischen den Beratungsgesprächen, sodass Klient*innen mehr und mehr ohne Beratung auskommen können und müssen. Allerdings gestalten sich solche Endphasen nicht immer so, wie idealerweise angedacht. Es gibt zahlreiche Versionen des – zumindest aus Sicht von Berater*innen – unerfreulichen Endens in Beratungen, auf die Berater*innen vorbereitet sein sollten.

Hier einige Beispiele:

- Klient*innen kommen nicht mehr, nachdem über das nahende Ende der Beratung gesprochen wurde.
- Klient*innen beginnen Streit mit den Berater*innen.
- Klient*innen »erfinden« neue Probleme, um zu signalisieren, dass die Beratung noch nicht enden darf.
- Klient*innen verleugnen, dass über das Ende der Beratung gesprochen wurde.
- Klient*innen beginnen, die Beratung und die Berater*innen abzuwerten (»hat eh nichts gebracht«).

Diesem unterschiedlichen Umgang mit dem anstehenden Ende der Beratung ist gemeinsam, dass es sich um Versuche handelt, mit dem Schmerz, der Wut und der Trauer über das nahende Ende umzugehen. Wer sich mit Berater*innen streitet, hat gute Gründe, die Beratung nicht mehr fortzusetzen und kann sich auf diese Weise leichter verabschieden. Wenn die Beratung nichts gebracht hat, weil die Berater*innen inkompetent sind, sind dies ebenfalls gute Gründe, die Beratung von sich aus zu beenden und sich etwas Besseres zu suchen. Berater*innen müssen solche Versuche der Klient*innen erkennen, sie ernst nehmen und sowohl damit umgehen können als auch über Fertigkeiten verfügen, solche Situationen gar nicht erst entstehen zu lassen. Germain und Gitterman vergleichen die Stadien der Ablösung in der Beratung mit denen, die für den Umgang mit dem Sterben beobachtet wurden. Es handelt sich um die Stadien

»Verleugnung und Vermeidung, negative Gefühle, Trauer und schließlich Erleichterung. Jedes Stadium hat seine eigenen Aufgaben, obwohl nicht jeder Klient jedes Stadium durchläuft oder sie nicht in der genannten Reihenfolge durchläuft. Einige erleben keines dieser Stadien« (Germain u. Gitterman 1999, S. 467).

Germain und Gitterman (1999, S. 481.495) geben für den professionellen Umgang mit den genannten Phasen folgende konkrete Hinweise, die im Folgenden in Auszügen vorgestellt werden:

»Hilfe bei Verleugnung und Vermeidung
- Werden Sie sich über ihre eigenen Gefühle klar
- Stellen Sie für das Stadium der Vermeidung genügend Zeit zur Verfügung
- Rufen Sie die Realität häufig und beharrlich ins Gedächtnis
- Geben Sie Ihre eigenen Gefühle zu erkennen
- Benutzen Sie visuelle Hilfen, wie z. B. einen Kalender
- Geben Sie Unterstützung und die Versicherung Ihrer Fürsorglichkeit

Hilfen bei negativen Gefühlen
- Werden Sie sich über ihre eigenen Gefühle klar
- Ermutigen Sie negative Gefühle und gehen Sie ihnen nach
- Akzeptieren Sie den Ausdruck negativer Gefühle
- Stützen Sie den Klienten, wenn er Ärger zum Ausdruck bringt [...]
- Vermitteln Sie Vertrauen in den Klienten und in die professionelle Beziehung

Hilfen bei Gefühlen der Trauer
- Werden Sie sich über ihre eigenen Gefühle klar
- Ermutigen und unterstützen Sie den Ausdruck von Trauer und Bedauern
- Teilen Sie Ihre eigene Trauer und Ihr Bedauern mit
- Vermeiden Sie die Flucht in fröhliche Aktivitäten [...]

Fertigkeiten bei der Beendigung des Hilfeprozesses: Die Erleichterungsphase
- Laden Sie dazu ein, die gemeinsame Arbeit zu rekapitulieren
- Heben Sie Stärken und Erfolge hervor [...]
- Halten Sie Rückschau über die geleistete Arbeit und die gewonnenen Erfahrungen [...]
- Geben Sie Gelegenheit für letzte Verabschiedungen«.

7 Ressourcen und Probleme erkennen

(i) Jede Form Sozialer Arbeit benötigt Informationen zum jeweiligen Problem und zum sozialen Kontext, in dem das Problem entstanden ist, sowie zu den Ressourcen, die dieser soziale Kontext zur Problemlösung enthält.

Der sozialarbeiterischen Perspektive auf die Person in ihrer Umwelt (Person in Environment) folgend, sind für die Soziale Arbeit als Beratung Informationen zur Alltags- und Lebenssituation von Klient*innen von herausragender Bedeutung.

– *Alltagssituation* meint die aktuelle Situation, in der sich soziale Probleme ergeben haben und in der Hilfe benötigt wird. Eine unerwartete Arbeitslosigkeit oder eine akute schwere Erkrankung können den Alltag einer Familie, die ansonsten in sicheren Verhältnissen lebt, gravierend belasten sowie rasche und vorübergehende Unterstützungen erforderlich machen.

– *Lebenssituation* meint die Gesamtsituation einer Person mit ihrer ganzen Lebensgeschichte, ihren Ressourcen und Defiziten. Wenn jemand keinen Schulabschluss erworben hat und über Jahre mehr oder weniger dauerhaft Transferleistungen bezogen hat, sind die Anstrengungen, ihn »in Arbeit zu bringen«, ungleich aufwändiger und langwieriger als bei jemandem, der über einen höheren Bildungsabschluss, eine Berufsausbildung und eine ansonsten nahtlose Erwerbsbiografie verfügt.

Der Terminus »Lebenssituation« wird hier als Synonym für Begriffe wie »Lebenslage« oder »Lebensbedingung« gebraucht, die in der sozialwissenschaftlichen Literatur uneinheitlich verwendet werden, aber dennoch ähnliche Bedeutungen haben. Lebenssituationen schließen sowohl Zuweisungskriterien wie Alter, Geschlecht und Bildung ein, die die Lebenssituation insgesamt vorstrukturieren, als auch Spielräume zur individuellen Ausgestaltung, die sich aus individuellen Ressourcen- und Belastungsverteilungen (Berger u. Hradil 1990) ergeben und in denen sich das Alltagshandeln der Menschen entfaltet.

Konkrete Lebenssituationen stellen sich jeweils als einzigartig, multidimensional und damit hoch komplex dar. Es handelt sich dabei um individuelle Lebensgeschichten, Lebensentwürfe und Alltagssituationen, die sich mit soziodemografischen Angaben zum Alter, Geschlecht, Familienstand usw. nur unzureichend erfassen und beschreiben lassen.

Einzelaspekte (z. B. Biografie, Partnerschaft, Familie, Arbeit, finanzielle Lage) sind unterschiedlich zu gewichten und somit jeweils unterschiedlich bedeutungsvoll. Bezogen auf den Aspekt der Arbeitslosigkeit kann es sein, dass für eine Person ihre langjährige Arbeitslosigkeit nicht (mehr) bedrohlich ist. Für eine andere hingegen kann der Aspekt »Arbeitslosigkeit« eine existenzielle Bedeutung haben, wenn aufgrund einer psychischen Erkrankung der Verlust des Arbeitsplatzes z. B. als Busfahrer*in droht und deshalb seine/ihre berufliche Zukunft gefährdet ist.

Vor diesem Hintergrund wird deutlich, dass Sozialarbeiter*innen jeweils sehr genau erkunden müssen, welche Aspekte der Lebenssituation als problematisch und unterstützungsbedürftig einzustufen sind und welche nicht. Wie zeigen sich die persönlichen und sozialen Defizite, die professionell zu beseitigen sind? Und welche persönlichen und sozialen Ressourcen der ratsuchenden Menschen können dazu hilfreich genutzt und ausgebaut werden?

Die Beantwortung solcher Fragen benötigt Ruhe und Zeit, die Sozialarbeiter*innen nicht immer zugestanden wird oder die sich Sozialarbeiter*innen manchmal selbst nicht nehmen. In der Aus- und Weiterbildung wird der Einsatz von Anamneseverfahren von Sozialarbeiter*innen oftmals als zu zeitaufwändig – und deshalb nicht praxistauglich – abgelehnt. Von den gleichen Sozialarbeiter*innen wird aber zugestanden, dass sich eine aufwändige Sammlung von Daten als Basis für die sich anschließenden Interventionen rechnen könnte. Es ist bedauerlich, dass aktuell in der sozialarbeiterischen Praxis offenbar entweder keine Spielräume bestehen oder sie nicht genutzt werden, um Erfahrungen mit systematischen Anamnese- oder Diagnoseverfahren zu sammeln.

In Akutkrankenhäusern kommt es häufig vor, dass Sozialarbeiter*innen der Sozialdienste gefordert sind, für Patient*innen, die entlassen werden sollen, innerhalb kürzester Zeit eine angemessene häusliche oder stationäre Weiterversorgung zu arrangieren. Die »verspätete Zuweisung« der Patient*innen zum Sozialdienst hat zur Folge, »dass der gesamte Prozess der nachstationären Versorgungsorganisation [...] beeinträchtigt ist« (Adolph, Streibelt, Gödecker-Geenen u. Keßler 2017, S. 39). Die fehlende Zeit führt zu gravierenden Einschränkungen des sozialarbeiterischen Handelns.

Von Sozialarbeiter*innen wird u. a. beklagt, dass
– eine angemessene Anamnese nicht möglich ist,
– die Organisation von Anschlussheilbehandlungen erschwert ist,
– die Suche nach geeigneten Pflegeheimen nur eingeschränkt möglich ist,

- die Einbeziehung von Angehörigen bzw. Bezugspersonen nicht oder nur begrenzt möglich ist und
- das Wunsch- und Wahlrecht der Patient*innen eingeschränkt ist (Adolph et al. 2017, S. 39).

Aus fachlicher Sicht müssten Sozialarbeiter*innen an der Schnittstelle zwischen stationärer und ambulanter Versorgung dagegen ausreichend Zeit und Gelegenheit haben:
- das Gespräch mit den Patient*innen zu suchen und zu erkunden, wie sich bspw. Beeinträchtigungen zeigen (Selbsteinschätzung) und was ihre Wünsche zur anschließenden Versorgung und Unterstützung sind,
- das Gespräch mit Ärzt*innen und Pflegepersonal im Krankenhaus zu suchen (Fremdeinschätzung) und deren Sicht zu erfragen,
- ggf. das Gespräch mit ambulanten Pflegediensten zu suchen, um zu erkunden, welche pflegerischen und hauswirtschaftlichen Leistungen diese erbringen können,
- ggf. das Gespräch mit der Hausärztin/dem Hausarzt zu suchen und zu erkunden, ob die medizinische Versorgung sichergestellt werden kann,
- ggf. Gespräche mit Angehörigen, Nachbar*innen, Freund*innen zu führen und zu erkunden, wer in welchem Umfang welche Unterstützung leisten kann,
- ggf. mit Erlaubnis der Patient*innen Wohnungen zu begehen, um z. B. die Barrierefreiheit zu prüfen,
- um zu prüfen, welche Hilfsmittel angeschafft und welche Dienstleistungen installiert werden müssen (Hausnotruf, Essen auf Rädern, Rollator, Pflegebett),
- ggf. die Begutachtung der Patientin durch den Medizinischen Dienst der Krankenkasse zwecks Ermittlung des Grades der Pflegebedürftigkeit nach § 15 SGB XI einzuleiten.

Die so investierte Arbeit und Zeit mündet in einem individuell passgenauen Versorgungs- und Unterstützungsangebot. Damit einhergehen – wie zu vermuten ist – sowohl eine höhere Zufriedenheit und Lebensqualität auf der Seite der Patient*innen als auch eine höhere Arbeitszufriedenheit bei den professionellen Helfer*innen. Kostenintensive »Drehtüreffekte«, wie z. B. wiederholte Einweisungen ins Akutkrankenhaus aufgrund unzureichender ambulanter Versorgung, könnten auf diese Weise mit hoher Wahrscheinlichkeit verringert werden.

An dieser Stelle sei noch deutlich darauf hingewiesen, dass die Sammlung von Informationen problemangemessen erfolgen muss. Bei einer hilfesuchenden Person, die lediglich eine Information zu einer Leistung der sozialen Pflegeversicherung haben möchte, darf beispielsweise keine aufwändige soziale Anamnese, etwa mit biografischen Daten, erhoben werden. In dem Fall ist es völlig ausreichend, die gewünschte Information zu geben und ggf. noch auf die Voraussetzungen zur Inanspruchnahme von Leistungen nach SGB XI hinzuweisen sowie nach der Leistungsberechtigung zu fragen. Sollte sich daran ein größerer Informations- und Beratungsbedarf zeigen, muss natürlich entsprechend umfangreicher gefragt werden.

7.1 Offenes Gespräch

Das offene Gespräch, in dem im Rahmen der Sozialanamnese Informationen von Klient*innen erhoben werden, ähnelt dem narrativen Interview in der qualitativen empirischen Sozialforschung. Klient*innen werden in einer Eingangsfrage gebeten, zu erzählen, wie es zu dem Problem gekommen ist, das sie in der Beratung besprechen möchten. Etwa so: »Wie hat das denn bei Ihnen mit dem Trinken angefangen? Vielleicht erzählen Sie einfach ein bisschen dazu ...« Für die Erzählung muss den Klient*innen genügend Zeit gegeben und dabei in Kauf genommen werden, dass solche Erzählungen nicht stringent und beim Thema bleibend verlaufen. Sie erweisen sich als ein »Durcheinander«, das es im und nach dem Gespräch zu ordnen gilt. Wenn die Erzählung zu Ende ist – zu erkennen an Äußerungen wie »Tja, so war das« oder »So ist es bis heute geblieben« – können Berater*innen nachfragen, was sie nicht verstanden haben, und durch Nachfragen weitere Erzählungen in Gang setzen.

Berater*innen, die auf diese Weise arbeiten, haben den großen Vorteil, dass sie tiefe Einblicke in die Wirklichkeiten, Verstehens- und Sichtweisen von Klient*innen erhalten. Allerdings um den Preis, dass die Informationen »roh« sind und erst aufbereitet (d. h. geordnet und gedeutet) werden müssen. Ein anderes Problem kann sich ergeben, wenn trotz größter Aufmerksamkeit nicht alle in den Erzählungen enthaltenen Aspekte gehört und ggf. notiert werden konnten.

Für Klient*innen ist diese Art des Gesprächs meist sehr angenehm. Sie fühlen sich ernst genommen und gehört, weil sie ihre Geschichten so erzählen können, wie sie es auch im Alltag tun würden, und weil sie das erzählen können, was ihnen wichtig ist. Dies ist ein Vorteil gegenüber standardisierten Anamneseverfahren, wie z. B. Fragebögen, die vorgefertigte Fragen und Antwortmöglichkeiten enthalten und sich nicht unbedingt mit den Relevanzkriterien der Klient*innen decken.

Es muss darauf hingewiesen werden, dass solch ein offenes Gespräch dann sinnvoll ist, wenn eine lange Arbeitsbeziehung zwischen Berater*in und Klient*in möglich und nötig ist. Das ist z. B. der Fall beim Einzug in eine therapeutische Wohngemeinschaft, am Beginn einer Entwöhnungsbehandlung, im Betreuten Wohnen für Menschen mit psychischen Erkrankungen oder der stationären Behindertenhilfe (hier sind ggf. die kognitiven Fähigkeiten der Klient*innen zu berücksichtigen und eine entsprechend leichte Sprache zu verwenden). Das offene Gespräch eignet sich hier besonders, damit sich Berater*innen einen eigenen Eindruck von den Klient*innen verschaffen können – jenseits der meist bereits vorhandenen Akten, Anträge, Diagnosen, Gutachten etc. Dabei können sich erhebliche Diskrepanzen zwischen den Zuschreibungen und dem tatsächlichen Verhalten und Anliegen der Klient*innen zeigen.

7.2 Fokussiertes Gespräch

Nicht ganz so offen sind Anamnesegespräche, die einen Problembereich fokussieren und sich an einem Leitfaden orientieren, in welchem die Fragebereiche (z. B. Familie, Arbeit, Finanzen etc.) in Stichworten aufgeführt sind. Ähnlich wie im problemzentrierten Interview in der qualitativen empirischen Sozialforschung werden dazu offene Leitfragen gestellt, die den Ratsuchenden ermöglichen, frei darauf zu antworten bzw. zu erzählen. Im Unterschied zum offenen narrativen Gespräch wird bei dieser Form des Interviews der Verlauf mehr strukturiert und das Problemfeld mehr fokussiert. Geht es z. B. um Fragen der Gesundheit oder der Familie, werden die Dimensionen dieser Bereiche im Gespräch ausgelotet und das Problemfeld (z. B. Familienkonflikte) angesteuert.

In einer familienorientiert arbeitenden Beratungsstelle werden – wenn es sich um gravierende Probleme wie heftige Konflikte zwischen Partner*innen, Sucht, Gewalttätigkeit oder Schulversagen handelt – etwa folgende grundlegende Daten zur Familie erhoben:
- Familiengeschichte (Wie lange gibt es die Familie schon? Gab es »Vorläufer«?)
- Familienphase (Gibt es Kinder? Wie alt sind die Kinder? Sind die Kinder bereits aus dem Haus?)
- Familienmitglieder und -struktur
- Beziehungsqualität (zwischen Erwachsenen und ggf. Kindern, generationsübergreifend)
- ggf. Hilfegeschichte der Familie
- Durchlässigkeit (Kontakte zur »Außenwelt« der Familie wie z. B. Freund*innen, Bekannte, Sportverein etc.)

7.3 Koordinatensystem

Mithilfe des Koordinatensystems nach Pauls (2011) können auf einfache Weise anhand einer Vier-Felder-Matrix auf zwei Achsen zentrale Dimensionen (bio-psycho)sozialer Probleme und Ressourcen erfasst werden. Mit der horizontalen Achse kann das Spannungsfeld »Personenorientierung versus Umgebungsorientierung« abgebildet werden und mit der senkrechten Achse das Spannungsfeld »Stärken/Ressourcen und Defizite/Belastungen«.

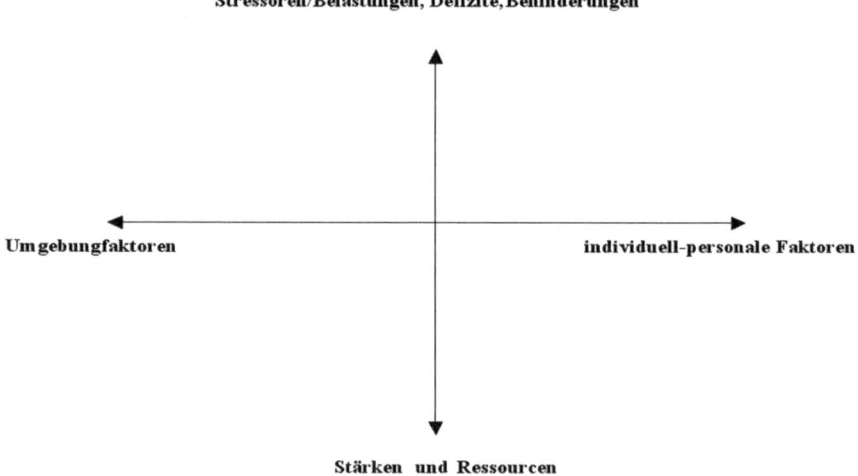

Abb. 1: Koordinatensystem (eigene Darstellung, nach Pauls 2011, S. 209)

»Die individuell-personalen Faktoren (Quadrant 2 und 4) betreffen primär biologisch-medizinische, psychologische und psycho-soziale Faktoren. Die ökosozialen bzw. Umgebungsfaktoren betreffen primär soziale und soziale-emotionale Dimensionen, wie äußere Stressoren, soziale Unterstützung, interpersonale Beziehungen, förderliche Umweltbedingungen (wie Wohnbedingungen, Erreichbarkeit und Nutzung kultureller und sozialer Einrichtungen, soziale Förderung, Qualität der Schule, Arbeit, Arbeitslosigkeit etc.)« (Pauls 2011, S. 209).

Das Koordinatensystem ist für den Anamneseprozess besonders hilfreich, da es einfach zu handhaben ist (Stichworte können im Gespräch notiert und zugeordnet werden) und Berater*innen systematisch dahingehend gelenkt werden, jeweils beide Seiten – Ressourcen und Defizite sowie individuell-personale Faktoren und Umgebungsfaktoren – zu thematisieren und zu erfassen. Es ist durchaus möglich, die »Füllungen« der Quadranten gemeinsam mit Klient*innen vorzunehmen.

7.4 Netzwerkkarte

Die Netzwerkkarte nach Pantuček (o. J.) ist ein einfach zu handhabendes Verfahren, um sich einen Überblick über das soziale Netz einer Person zu verschaffen und um deren sozialen Ressourcen und Defizite einschätzen zu können. Netzwerkkarten können leicht auf Papier (DIN A4 oder größer) gezeichnet werden. Eine sog. Ankerperson – meistens der/die Klient*in – steht im Zentrum des Blattes, das in vier Sektoren eingeteilt wird: Freund*innen/Bekannte, Familie, Schule/Beruf und professionelle Beziehungen.

»In einem zweiten Schritt werden nun die Personen des sozialen Umfelds eingetragen: Je wichtiger diese Person ist, desto näher wird das Symbol für diese Person zur Ankerperson gezeichnet. Besteht zwischen zwei Personen Kontakt, werden diese mit einer Linie verbunden. Dadurch entsteht Stück für Stück ein Netz, das in den Sektoren unterschiedlich stark ausgeprägt sein kann« (Pantuček 2009, S. 188).

Der Vorteil einer »handgemachten« Netzwerkkarte besteht darin, dass weitere Dimensionen, die für den/die Klient*in relevant sein können, visuell dargestellt werden können. Deren aktuelle Situation könnte durch gestörte oder abgebrochene Beziehungen gekennzeichnet sein, die eigentlich von großer Bedeutung sind. Dann könnten diese Beziehungen entsprechend markiert und betont werden. Ein anderes Beispiel ist, solche Personen und Beziehungen besonders kenntlich zu machen, die bei der Bearbeitung einer bestimmten Problematik hilfreich oder störend sein könnten. Zudem ist es möglich, Notizen zu den besonderen Eigenschaften von Personen und Notizen handschriftlich hinzuzufügen.

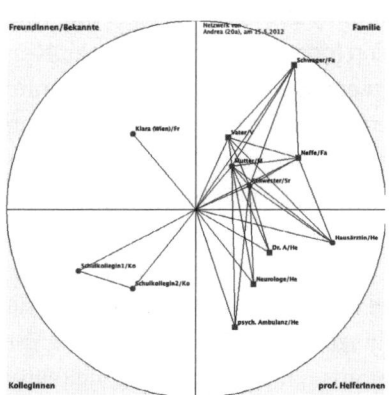

Abb. 2: Netzwerkkarte (easyNWK 2018), © Peter Pantuček-Eisenbacher

Eine andere Möglichkeit besteht darin, die Netzwerkkarte digital am Computer zu erstellen. Dies ist mit der Software *easyNWK* möglich, die unter der Internetadresse www.easynwk.com kostenlos heruntergeladen werden kann. Mithilfe eines

Manuals kann die Erstellung und Handhabung der Netzwerkkarte leicht erlernt werden. Vorteilhaft bei der Erstellung einer digitalen Netzwerkkarte ist, dass automatisch auch die Netzwerkdichte berechnet wird. Sie dient »[…] als relevante Größe für die Beurteilung der Funktionalität von Netzwerken« (Pantuček 2012, S. 203). Von Nachteil ist jedoch, dass weder Sektoren ergänzt noch Beziehungen als »hilfreich«, »belastend« oder »konflikthaft« bewertet werden können.

Die Auswertung der Netzwerkkarte kann anhand der sich zeigenden Auffälligkeiten in den Positionen von Personen und Beziehungen »frei« (hypothesenbildend) interpretiert werden oder sich an Begriffen aus der Netzwerkforschung orientieren wie:

»Star   Mitglied mit sehr vielen Verbindungen zu anderen Mitgliedern. […]
Gatekeeper Gatekeeper sind Mitglieder, die den Informationsfluss von einem Netzwerksektor zum anderen kontrollieren.
IsolierteR Mitglied ohne Beziehungen zu anderen Netzwerkmitgliedern. Isolierte spielen als unbefangene BeraterInnen eine wichtige Rolle, um die Autonomie der Ankerperson zu stützen« (Pantuček 2009, S. 195).

Die Beziehungsformen lassen sich unterscheiden in:

»uniplexe/multiplexe Beziehungen
Diese Unterscheidung spricht die Zahl von Rollen an, in denen sich die BeziehungspartnerInnen begegnen. Multiplexe Beziehungen sind dadurch gekennzeichnet, dass die Beziehungspartner füreinander mehrere Funktionen erfüllen; multiplexe Beziehungen haben keine klaren Grenzen, sind diffus, dauerhaft, in sich wenig differenziert, tendieren zur Ausschließlichkeit. Bei Belastungen besteht die Gefahr, dass die Beziehung wegen Überlastung einer Person völlig abgebrochen wird. Uniplexe Beziehungen hingegen erfüllen nur eine Funktion (oder wenige Funktionen). Mehrere uniplexe Beziehungen im Netzwerk sind gegenüber Belastungen resistenter als wenige (oder gar nur eine) multiplexe Beziehungen: Die Belastung verteilt sich auf mehrere UnterstützerInnen, der Ausfall einer Unterstützerin oder eines Unterstützers hat keine dramatischen Folgen für die Leistungsfähigkeit des Netzwerks.

direkte und indirekte Interaktion
Unter direkter Interaktion wird hier face-to-face Kontakt verstanden. Dieser ist für die Funktionalität von Beziehungen nicht unbedingt erforderlich. Vor allem die Entwicklung der Telekommunikation und des Internets hat die Bedeutung indirekter Interaktion für personenzentrierte soziale Netze erheblich wachsen lassen […].
starke und schwache Beziehungen

Starke Beziehungen haben eine hohe Interaktionsfrequenz und sind dauerhaft, reziprok, intensiv. Sie sind ggf. schnell verfügbar, Netzwerke aus vorrangig starken Beziehungen vermindern aber die Freiheitsgrade beträchtlich. In schwache Beziehungen sind Personen weniger involviert« (Pantuček 2009, 195 f.).

Die Netzwerkkarte ist ein Instrument der »kooperativen Diagnostik« (Pantuček 2012, S. 219) und kann sehr gut gemeinsam mit Klient*innen erarbeitet werden. Für diese kann es sehr eindrucksvoll sein, zu sehen, wie ihr Netzwerk gefüllt oder auch nicht gefüllt ist. Bei vielen Klient*innen der Psychosozialen Beratungsstelle des ISG machen die »professionellen Beziehungen« den größten Teil von Netzwerken aus. Der Bereich »Freunde/Bekannte« weist dagegen oft nur wenige Personen und manchmal auch gar keine Person auf. Es kann Klient*innen sehr traurig machen, wenn sie erkennen, wie klein und brüchig ihre Netzwerke sind. Berater*innen sollten darauf vorbereitet und in der Lage sein, solche Befunde nicht als Niederlage, sondern als Herausforderung zu werten (s. hierzu Abschnitt über das Umdeuten in Kap. 8.3).

Die Erstellung einer Netzwerkkarte muss nicht in einer Beratungssitzung erledigt werden. Manchmal fallen Klient*innen später noch Personen ein, die vergessen wurden, oder es kommen Beziehungen zu neuen Personen hinzu, die dann ergänzt werden können. Wenn es ein Ziel der Beratung ist, das Netzwerk einer Person zu vergrößern, kann es sehr beeindruckend sein, Netzwerkkarten im Sinne eines Vorher-Nachher am Ende der Beratung zu vergleichen.

7.5 Inklusionschart

Das Inklusionschart ist ein sozialdiagnostisches Instrument, das insbesondere dafür geeignet ist, sich als Berater*in rasch eine Übersicht über die soziale Situation einer Person zu verschaffen. Mithilfe des Inklusionscharts kann sehr schnell erkannt werden, in welchen Aspekten der Lebenssituation eine professionelle Unterstützung angezeigt ist und in welchen nicht. Das Inklusionschart wurde von Pantuček entwickelt und liegt inzwischen in der vierten Version (IC4) vor. Das Inklusionschart kann hier aus Platzgründen nicht komplett abgebildet und beschrieben werden. Es empfiehlt sich deshalb, die Internetseite www.inklusionschart.eu aufzurufen. Dort sind alle Informationen zum IC4 und seiner Anwendung nachzulesen und das Instrument kann kostenlos heruntergeladen werden. Die Lebenssituation wird in kompakter Form mithilfe von drei Achsen erfasst:

Achse 1: Inklusion in Funktionssysteme

Auf dieser Achse wird anhand verschiedener Funktionssysteme mit einer vierstufigen Skala erfasst, ob eine Person inkludiert oder exkludiert ist (Teilhabe voll, weitgehend, mangelhaft, exkludiert). Die Funktionssysteme gliedern sich in Rechtsstatus, Arbeitsmarkt, Sozialversicherung, Geldverkehr, Mobilität, Bildungswesen, medizinische Versorgung, Medien und Adressierbarkeit. Im Manual wird erläutert, welche Bedeutung die Funktionssysteme haben. Dort heißt es z. B. zur Adressierbarkeit:

»Anders als die allgemeine soziale Adressabilität von Personen, welche in den verschiedenen Subsystemen entlang unterschiedlicher Marker funktioniert, ist hier die konkrete Adressierbarkeit einer Person in dem Sinne gemeint, inwieweit sie für Organisationen und Personen erreichbar ist.

Volle Inklusion hinsichtlich der Adressierbarkeit ist gegeben, wenn die Person in den verbreiteten Medien für Person-Person-Kommunikation (Briefverkehr, Telefon, SMS, E-Mail) über zugängliche Adressen verfügt und selbst über diese Medien an bzw. von Organisationen, Personen und Personengruppen ihrer Wahl ohne unübliche Einschränkungen Nachrichten aussenden und empfangen kann und dies auch tut.

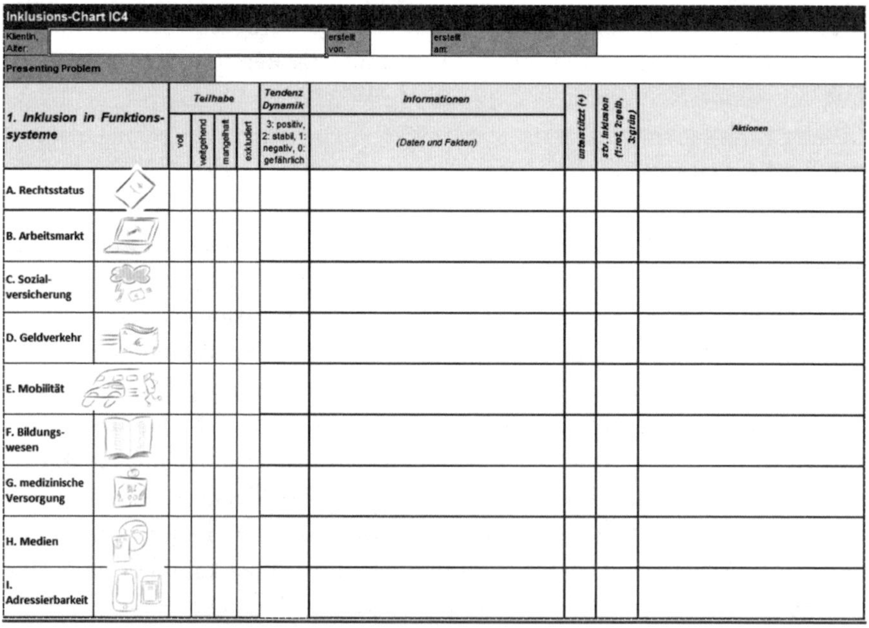

Inklusions-Chart IC4

Klientin, Alter: | erstellt von: | erstellt am:

Presenting Problem

1. Inklusion in Funktionssysteme	Teilhabe				Tendenz Dynamik	Informationen	unterstützt (+)	stv. Inklusion (1:rot, 2:gelb, 3:grün)	Aktionen
	voll	weitgehend	mangelhaft	exkludiert	3: positiv, 2: stabil, 1: negativ, 0: gefährlich	(Daten und Fakten)			
A. Rechtsstatus									
B. Arbeitsmarkt									
C. Sozialversicherung									
D. Geldverkehr									
E. Mobilität									
F. Bildungswesen									
G. medizinische Versorgung									
H. Medien									
I. Adressierbarkeit									

Abb. 3: Inklusionschart 4, Inklusion in Funktionssysteme (Pantuček-Eisenbacher u. Grigori 2016, © Peter Pantuček-Eisenbacher)

Exkludiert sind Personen, die über keine Adressen verfügen bzw. keinen Zugang zu den Medien der Person-Person-Kommunikation haben oder die diesen Zugang nicht nutzen. Es sind ihnen nur face-to-face-Kontakte möglich.

Zwischenstufen ergeben sich z. B. durch unregelmäßige Erreichbarkeit, Erreichbarkeit auf oder aktive Nutzung von nur einzelnen Kanälen oder durch Adressen, die nur auf dem Umweg über Dritte abrufbar sind« (Pantuček-Eisenbacher u. Grigori 2016, S. 17).

Ergänzt werden Aspekte der Dynamik bzw. der Entwicklung in den aufgeführten Funktionssystemen, also etwa, ob die Tendenz positiv (3), stabil (2), negativ (1) oder gefährlich (0) ist.

Achse 2: Existenzsicherung

Mit der Achse 2 werden vier Dimensionen der Existenzsicherung erhoben: Wohnen, Güter des Alltags, Sicherheit und lebensweltlicher Support. Diese werden ebenfalls mit einer vierstufigen Skala (adäquat, weitgehend, mangelhaft, nicht gewährleistet) eingeschätzt. Die Entwicklungen in den aufgeführten Bereichen werden mit positiv (3), stabil (2), negativ (1) und akut (0) vermerkt. In der gesonderten Spalte (Substitution in Prozent) wird jeweils ergänzend eingeschätzt und festgehalten, in welchem Ausmaß eine Person bei der Existenzsicherung auf Substitute (= Ersatzleistungn wie z. B. Sozialhilfe, Heimunterbringung) angewiesen ist.

Achse 3: Funktionsfähigkeit

Mit der Achse 3 wird die Funktionsfähigkeit einer Person anhand der Dimensionen Gesundheit, Kompetenzen und Sorgepflichten eingeschätzt. Zur Bewertung wird eine vierstufige Skala eingesetzt mit den Werten sehr gut (4), eingeschränkt (3), mangelhaft (2) und gefährdend (1). Die Entwicklung wird mit positiv (3), stabil (2), negativ (1) und akut (0) eingeschätzt. Ergänzend kann eine Einschätzung des sozialen Funktionsniveaus nach der GAF-Scale vorgenommen werden: »Die GAF-Scale ist dem DSM-IV Klassifikationssystem entnommen und bildete dessen Achse V« (Pantuček-Eisenbacher u. Grigori 2016, S. 29).

Auch das Inklusionschart kann gemeinsam mit Klient*innen bearbeitet werden. Es kann im Beratungsverlauf verwendet werden, um Änderungen oder Stagnationen in der Lebenssituation zu registrieren und ggf. eine Neuausrichtung der Beratungsarbeit vorzunehmen.

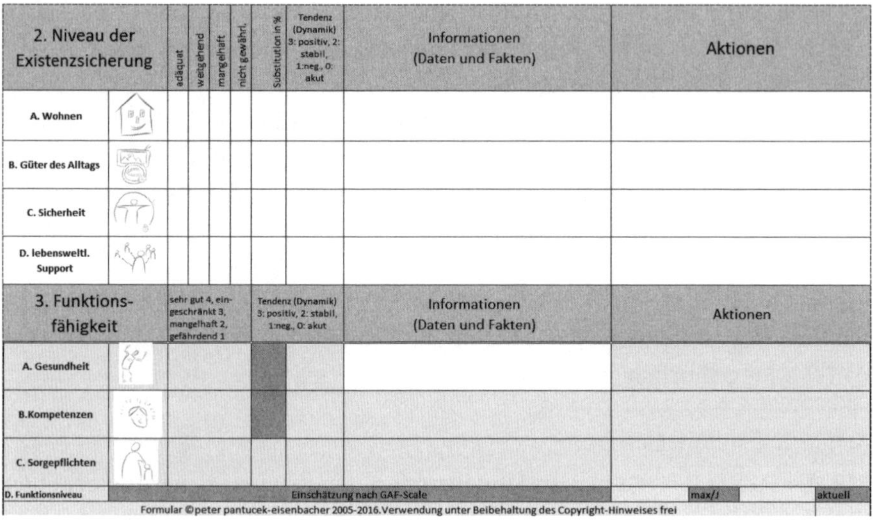

2. Niveau der Existenzsicherung	adäquat	weitgehend	mangelhaft	nicht gewährt	Substitution in %	Tendenz (Dynamik) 3: positiv, 2: stabil, 1: neg., 0: akut	Informationen (Daten und Fakten)	Aktionen
A. Wohnen								
B. Güter des Alltags								
C. Sicherheit								
D. lebensweltl. Support								

3. Funktions- fähigkeit	sehr gut 4, eingeschränkt 3, mangelhaft 2, gefährdend 1	Tendenz (Dynamik) 3: positiv, 2: stabil, 1: neg., 0: akut	Informationen (Daten und Fakten)	Aktionen
A. Gesundheit				
B. Kompetenzen				
C. Sorgepflichten				
D. Funktionsniveau	Einschätzung nach GAF-Scale		max/1	aktuell

Formular © peter pantucek-eisenbacher 2005-2016. Verwendung unter Beibehaltung des Copyright-Hinweises frei

Abb. 4: Inklusionschart 4, Niveau der Existenzsicherung und Funktionsfähigkeit (Pantuček-Eisenbacher u. Grigori 2016, © Peter Pantuček-Eisenbacher)

7.6 Biografischer Zeitbalken

Der Biografische Zeitbalken ist ein Instrument zur Erfassung von Biografien von Klient*innen in folgenden Dimensionen:

»Dimension Familie
In der Dimension Familie werden alle Ereignisse eingetragen, die das familiäre Setting verändern: Geburt und Tod wichtiger Bezugspersonen, Partnerschaften, Heirat und Trennung der Eltern etc.

Dimension Wohnen
In der Dimension Wohnen werden Änderungen im Wohnsetting erfasst. Das Setting ändert sich nicht nur durch Umzug, sondern auch dadurch, dass Personen den Haushalt verlassen (z. B. Auszug von Geschwistern oder eines Elternteils) oder neu dazukommen (z. B. Geburt von Geschwistern). Einzutragen ist also nicht nur der Wohnort, sondern sind auch die weiteren Personen im Haushalt.

Dimension Bildung
In dieser Dimension werden vom Kindergarten über die Schulausbildung bis zu Studium oder Berufsausbildungen alle Bildungsaktivitäten erfasst.

Dimension Arbeit
Die Arbeitskarriere umfasst alle bezahlten Tätigkeiten und Arbeitsplatzwechsel, auch jene in der Firma.

Dimension Gesundheit
In der Zeile Gesundheit werden (auch vorübergehende) Krankheiten bzw. Beeinträchtigungen der physischen und psychischen Funktionsfähigkeit dargestellt.

Dimension Behandlung/Hilfe
Die Zeile Behandlung/Hilfe dient der Darstellung nennenswerter medizinischer, sozialarbeiterischer, psychotherapeutischer und ähnlicher Hilfe. Längere stationäre Aufenthalte erscheinen auch in der Dimension ›Wohnen‹.

Dimension ›Sonstiges‹ und unbenannte Zeile
Neben den sechs obligatorischen Zeilen können dem Kontext entsprechend noch ein bis zwei weitere Zeilen hinzugefügt werden. Die Zeile ›Sonstiges‹ dient vorerst dazu, biographisch wichtige Ereignisse aufzunehmen, die nicht in die obligatorischen Zeilen passen. Hier können z. B. gravierende Umweltereignisse verzeichnet werden (z. B. Kriege, Umweltkatastrophen, Wirtschaftskrisen, politische Umbrüche« (easyBiograph 2017).

Diese Dimensionen sind auf einer vertikalen Achse untereinander angeordnet. Die zur jeweiligen Dimension gehörenden Ereignisse werden dagegen auf einer horizontalen Achse eingetragen, die als Zeitstrahl (beginnend mit dem Geburtsjahr) angelegt ist. Der untenstehende Ausschnitt zeigt beispielhaft Ereignisse in der Dimension Familie.

Abb. 5: Biographischer Zeitbalken (easybiograph 2017, © Peter Pantuček-Eisenbacher)

Auch dieses Verfahren kann gemeinsam mit Klient*innen durchgeführt werden. Der Zeitbalken kann individuell auf einem Papierbogen angefertigt oder am Computer mit der Software *easyBiograph* erstellt werden. Diese kann auf der Internetseite www.easybiograph.com kostenlos heruntergeladen werden. Dort finden sich auch Hinweise zur Anwendung und Analyse.

Hier sei darauf aufmerksam gemacht, dass Berater*innen sich darauf einstellen müssen, dass Ereignisse für Klient*innen mit schmerzhaften Erinnerungen und Gefühlen verbunden sein können. Berater*innen sollten diese zulassen und zugleich dafür sorgen können, dass die Klient*innen sich am Ende des Beratungsgespräches erleichtert und nicht zusätzlich belastet fühlen (s. Kapitel 8.3).

Dieses Instrument eignet sich für Beratungen, Begleitungen und Betreuungen, die sich über einen langen Zeitraum erstrecken, beispielsweise in stationären Einrichtungen oder Wohngemeinschaften. Wenn mehrere Personen und Professionen an der langfristigen Unterstützung einer Person beteiligt sind, kann der Biografische Zeitbalken als Grundlage für einen besseren Informationsaustausch und besserer Kooperation dienen.

8 Handlungsfähig sein

Im Folgenden werden einige Haltungen, Fertigkeiten und Techniken vorgestellt, die sich in Beratungen als hilfreich erwiesen haben. Beim Einsatz von Techniken muss darauf geachtet werden, dass diese zu den Beratungsthemen und zum Beratungssetting passen, den Klient*innen als sinnvoll und hilfreich erscheinen und von Berater*innen sicher angewendet werden können.

(i) Methoden und Techniken sind lediglich als Hilfsmittel in der Beratung zu verstehen, um den Beratungsprozess in Gang zu setzen, voranzubringen und Lösungen zu erarbeiten. Die Anwendung solcher Techniken darf nicht losgelöst von der jeweiligen Haltung der Beraterin oder des Beraters erfolgen.

»So klingen z. B. Fragen nach Ausnahmen vom Problem oder nach Ressourcen wenig authentisch bzw. erhalten beim Klienten kaum eine gewünschte Wirkung, wenn die grundlegende Haltung der Fachkraft eher defizit- bzw. problemorientiert statt ressourcen- und lösungsorientiert ist. Beratungsmethoden werden […] als Übersetzungen der Haltung ins konkrete Handeln und somit in die unmittelbare Interaktion zwischen Sozialarbeiter und Klient verstanden. So ist etwa das Verbalisieren emotionaler Erlebniseindrücke als Methode eingebettet in eine empathische und wertschätzende Grundhaltung und wird erst durch diese wirksam« (Albrecht 2017, S. 56).

8.1 Haltungen finden

Die Bedeutung der Persönlichkeit von Sozialarbeiter*innen und die allgemeinen berufsethischen Grundlagen für die Entwicklung von Haltungen wurden bereits in Kapitel 4 vorgestellt. Immer gilt es jedoch, solche allgemein formulierten Haltungen für jeden konkreten Beratungsanlass nutzbar zu machen. Dazu kann es für Sozialarbeiter*innen hilfreich sein, konkrete Fragen an sich zu stellen und sich zu prüfen:
- Bin ich bereit und aufmerksam für die Beratung? (Fühle ich mich gesund? Bin ich ausgeruht?)

- Habe ich mich angemessen vorbereitet (Unterlagen gesichtet, nachgedacht, Supervisionsergebnisse einbezogen)?
- Kann ich diesem Menschen und seinem Problem bzw. Anliegen gerecht werden (wenn es sich z. B. um einen vermeintlichen Täter im Rahmen häuslicher Gewalt handelt)?
- Kann ich ggf. vorhandene Vorurteile reflektieren und mich offen auf die Beratungssituation einlassen (wenn es sich bspw. um eine Person mit anderer sexueller Identität handelt)?
- Bin ich die geeignete Fachkraft? (Oder muss jemand hinzugezogen werden bzw. an eine andere Fachkraft delegiert werden?)
- Kann ich die Autonomie der*s Klient*in achten (etwa in Zwangskontexten)?
- Kann ich meine Zuversicht und mein Vertrauen auf Entwicklungspotenziale bewahren und angemessen mit Stillstand und Rückschlägen im Beratungsprozess umgehen?

8.2 Echt bleiben

In der Psychosozialen Beratungsstelle des ISG haben das Vorhandensein und Signalisieren von Interesse an den ratsuchenden Menschen sowie die Hilfsbereitschaft der Berater*innen einen hohen Stellenwert im Vergleich zum Training und Einsatz von Beratungstechniken. Die konkrete Beratungsarbeit folgt eher dem von Lüssi (2001, S. 276) beschriebenen »Natürlichkeitsprinzip«. Sozialarbeiter*innen handeln demnach

»[...] gegenüber den Problembeteiligten in einer natürlichen, nicht-artifiziellen Weise. Interaktionsform und Arbeitssetting der Sozialarbeit sind der alltäglichen Lebenspraxis der Menschen, insbesondere derjenigen von Unterschichtsangehörigen, angepasst. Sie haben möglichst wenig methodisch-technische Künstlichkeit (›Artifizialität‹), entsprechen also weitgehend der gewöhnlichen normalen Art menschlichen Umgangs und sind insofern ›natürlich‹«.

Damit unterscheiden sich so handelnde Sozialarbeiter*innen von anderen helfenden Berufsgruppen wie etwa den Psycholog*innen, die in den klassischen psychotherapeutischen Settings eine ganze Reihe artifizieller Techniken (etwa die paradoxe Intervention in der systemischen Therapie, die kommunikative und die emotionale Enthaltsamkeit der Therapeut*innen in der Psychoanalyse) und Rahmenstrukturen (etwa die Dauer und Häufigkeit der Sitzungen, keine Durchführung von Hausbesuchen) einsetzen. Lüssi geht davon aus, dass Sozialarbeiter*innen mit den Leuten in der »Sprache des Alltags« reden und »allermeist ohne irgendwelche formellen Gesprächsregeln« (S. 277) auskommen.

»Solche sind in den seltenen Fällen bei gewissen Verhandlungsgesprächen angebracht (zur Beschränkung auf gewisse Themen, zum Schutz vor verbalen Aggressionen, zur Einübung konstruktiven Kommunizierens, zur Aufrechterhaltung der Gesprächsordnung etc.), doch das dergestalt künstlich strukturierte Gespräch ist für die Sozialarbeit untypisch« (S. 277).

Da der Eindruck entstehen könnte, dass ein »natürlich-sozialarbeiterisch« geführtes Beratungsgespräch weniger wert bzw. hilfreich sein könnte als ein »artifiziell-psychotherapeutisch« geführtes Gespräch, schließt Lüssi mit zwei Bemerkungen:

»1. Dass eine Gesprächsmethode in unserem Wortsinn ›natürlich‹ ist, bedeutet keineswegs, sie sei *qualitativ* weniger wert als eine, die wir ›künstlich‹ nennen. Hochartifizielle Therapieverfahren sind natürlicheren nicht grundsätzlich überlegen – sie haben keine generell erhöhte Erfolgsquote.
2. Dass sich sozialarbeiterischen Beratung durch ihre ausgesprochen natürliche (äußere und innere) Form von der Psychotherapie unterscheidet, hindert sie nicht, *therapeutische Wirkung* auf den Klienten auszuüben. Es kommt vor, dass der Sozialarbeiter einem Menschen in wenigen Beratungsgesprächen zu mehr psychischer Gesundung verhilft, als es (beispielsweise) der Psychoanalytiker in vielen Therapiestunden zu tun vermochte« (S. 396).

Viele Sozialarbeiter*innen kennen Fälle, in denen die »natürlich« praktizierte Sozialarbeit den Vergleich mit psychotherapeutischen Behandlungen nicht scheuen muss. Zumal damit auch Menschen erreicht werden, die bei größtem Hilfe- und Unterstützungsbedarf in klassischen psychotherapeutischen Settings scheitern.

In diesem Spannungsfeld entwickelt sich in den letzten Jahren die Klinische Sozialarbeit in Deutschland, der es im Kern darum geht, eine spezifisch sozialarbeiterische Therapieform zu entwickeln, mit der insbesondere Menschen mit gravierenden soziopsychosomatischen Problemgefügen, die oftmals schwer zu erreichen sind, behandelt werden können. Eine solche Sozialtherapie (vgl. Pauls 2011; Ortmann, Röh u. Ansen 2017; Lammel u. Pauls 2017) muss sich von psychotherapeutischen Settings deutlich unterscheiden und insbesondere die Bearbeitung von »Außenweltproblemen« (Herwig-Lempp u. Kühling 2012, S. 53) ausdrücklich einschließen. Dazu ist eine Reihe ganz konkreter Fragen zu klären:

»Ist es therapeutisch, wenn eine Sozialtherapeutin oder ein -therapeut eine Klientin oder einen Klienten als Unterstützung zum Jobcenter begleitet, weil ein Bescheid Fragen aufwirft, die die Klientin oder der Klient sich dort nicht zu stellen traut, was wiederum für sie einen enormen Stress auslöst, der wiederum in eine psychische Krise führt? Ist es therapeutisch, wenn eine Sozialtherapeutin oder ein Sozialtherapeut Hausbesuche macht, um mit einem Klienten an der Gestaltung seines Wohnraumes und seiner sozialen Beziehungen zu arbeiten, wenn dieser immer wieder von seinen Freunden, mit denen er in seiner Wohnung trinkt, ausgenutzt wird? Darf sie oder er bei der Formulierung eines Widerspruchs oder bei einem Antrag auf Grundsicherung behilflich sein und wenn ja, was ist daran therapeutisch? Wie unterscheidet sich Sozialtherapie von der nicht-therapeutischen Sozialarbeit?« (Ortmann u. Röh 2017, S. 8)

8.3 Fertigkeiten nutzen und Techniken (zurückhaltend) einsetzen

Die folgenden Ausführungen zu den Fertigkeiten der Berater*innen und Techniken, die im Beratungsprozess zum Einsatz kommen können, sind lediglich als Anregungen zu verstehen, die insbesondere dann zum Einsatz kommen können, wenn der Beratungsprozess stagniert.

Zuhören

Klient*innen aufmerksam zuhören zu können, ist eine wichtige Voraussetzung für das Gelingen von Beratung. Wenn Berater*innen den Klient*innen dabei auch noch signalisieren können, dass sie deren Fragen und »Geschichten« aufmerksam zuhören, werden diese ermuntert, noch ausführlicher und genauer zu erzählen. Die Techniken des aktiven Zuhörens können insbesondere am Beratungsbeginn hilfreich sein.

»Viele Menschen finden schon diese unterstützende Form des Zuhörens als Hilfe. Beim aktiven Zuhören ist man auf die Erzählende und die Erzählung konzentriert. Die Beraterin verzichtet weitgehend darauf, selbst Meinungen zu äußern und völlig auf das Erteilen von Ratschlägen. Vielmehr gibt sie immer wieder zu erkennen, daß sie noch bei der Sache ist, daß sie der Erzählung folgt und daß sie versteht, worum es der Erzählerin geht« (Pantuček 1998, S. 7).

Straß (2007, S. 188) warnt jedoch, solche Techniken losgelöst von Haltungen einzusetzen. Dann könne es passieren, »[…] dass diese Techniken leicht etwas Fassadenhaftes haben und dadurch nicht authentisch wirken. Damit aber bewirken sie genau das Gegenteil von den gewünschten Wirkungen«. Die folgende Aufzählung der Techniken bezieht sich eng auf die Ausführungen von Straß (2007, S. 188–190) und ist als Anregungen zu verstehen »[…] die die Auseinandersetzung und Vertiefung der eigenen Haltung nicht ersetzt« (S. 188):

»– Nonverbale Aufmerksamkeitsreaktionen (Einsatz der Körperhaltung, Blickkontakt, einladende Bewegungen, Mimiken, Lautäußerungen wie ›Ah‹, ›Mhm‹)
– Ermutigung zum Ausdruck von Gefühlen, Einstellungen, Überzeugungen und anderen Äußerungen über innere Prozesse (›Erzählen Sie …‹, ›Was empfinden Sie dabei?‹)
– Rückfragen bei Unklarheiten (bei unklaren Sachverhalten, Kontexten, Gefühlen)
– Zurückhaltung und Schweigen (Mitgehen beim Schweigen ist eine tiefe Form des Zuhörens und Verstehens)
– Kurze bestätigende Äußerungen (›Das verstehe ich‹, ›Ihr Ärger ist wirklich nachvollziehbar‹)
– Zusammenfassungen in eigenen Worten (Paraphrasieren) (Zusammenfassung des Gesagten, vergewissern, ob das Problem richtig verstanden wurde)
– Verbalisieren wahrgenommener Gefühle, Inhalte und Be-Deutungen (Ich-Botschaften formulieren. ›Ich nehme … wahr‹, ›bei mir fühlt es sich an wie …‹)
– Aufgreifen von Schlüsselwörtern, Bildern und Metaphern (Aufgreifen von Wörtern, Metaphern die von KlientInnen im Gespräch immer wieder verwendet werden)
– Aufgreifen sprachlicher Muster (sprachliche Muster aufgreifen und nach Bedeutung fragen) (alle Techniken von Straß 2007, S. 188; Erläuterungen in Klammern sind gekürzt).«

Fragen

Genauso wichtig wie aufmerksames Zuhören in der Beratung ist das Stellen guter Fragen.

»Fragen sollen Gefühls- und Denkprozesse sowie Aktivitäten bei den Klienten anregen. Sie sollen ermutigen, neue Perspektiven zu sehen und kreativ zu ›verstören‹. Sie sammeln Informationen, verdeutlichen Muster, zeigen Wirklichkeitskonstruktionen auf, induzieren Lösungsideen und erreichen Aufmerksamkeit. Fragen dienen der Diagnostik und sind zugleich Interventionen« (Beushausen 2016, S. 253).

Grundsätzlich eignen sich alle offenen Fragen. Die sog. W-Fragen (wie?, wodurch?, wann?, wer?, woher?, was? usw.) sind besonders geeignet, weil Klient*innen darauf mehr als nur mit »Ja« oder »Nein« antworten müssen und so deren eigene Sicht auf Probleme und mögliche Lösungen besser erkennbar wird.

In der Fachliteratur sind eine ganze Reihe spezieller Fragetechniken beschrieben, von denen im Folgenden einige vorgestellt werden.

Pantuček (1998) beschreibt beispielsweise Kategorien und Techniken für Nachfragen, die insbesondere im Übergang von der Problemdarstellung durch die ratsuchende Person zur gemeinsamen Konstruktion eingesetzt werden können. Sie sind hilfreich, um das geschilderte Problem oder die Situation der Klient*innen besser verstehen zu können. Dazu zählen:

»Fragen zur zeitlichen Einordnung: ›wann ist das geschehen?‹; ›wann zum letzten Mal?‹; ›seit wann …‹.
Fragen zur Frequenz: ›… kommt das oft vor?‹; ›… wie oft? Täglich? Oder seltener?‹
Fragen nach dem Anlaß der Kontaktaufnahme: ›Soweit ich verstanden habe, haben Sie dieses Problem schon länger – wieso haben Sie sich nun entschlossen, zu kommen?‹.
Fragen nach bisherigen Lösungsversuchen: ›Sie haben vermutlich schon versucht, … (konkret formulieren). Wie haben Sie das getan und welche Erfahrungen haben Sie dabei gemacht?‹; ›… haben Sie schon woanders Hilfe gesucht?‹; ›Hat Sie schon jemand anderer darauf angesprochen?‹
Fragen nach den Erwartungen: ›Was denken Sie, daß ich für Sie tun kann?‹; ›Was müßte ich tun, damit Sie mit der Unterstützung zufrieden sind?‹
Fragen nach dem genauen Ablauf: ›Was passiert genau, wenn Sie einen Streit haben?‹
Fragen nach Ausnahmen: ›… ist es manchmal auch anders?‹; ›… gelingt es Ihnen manchmal, das anders zu machen?‹; ›Wie ist das dann genau?‹
Fragen nach dem Kontext: ›… wer ist davon noch betroffen?‹; ›worauf wirkt sich das aus?‹
Fragen nach Basisdaten: ›… leben Sie allein?‹; ›Sind Sie berufstätig?‹; …
Fragen nach dem sozialen Netz: ›Haben Sie Verwandte/Freunde, die Ihnen helfen könnten?‹; ›Zu wem können Sie gehen, wenn sie Hilfe brauchen?‹ etc.
Verständnisfragen: ›Ich habe das nicht ganz verstanden, könnten Sie es mir bitte erklären?‹« (Pantuček 1998, S. 10)

Wimmer, Buchacher, Kamp und Wimmer (2012, S. 120) benennen Fragetechniken, die helfen, »[…] schneller zum Kern des Problems zu kommen und Klarheit für den Klienten und den Beratungsgegenstand zu gewinnen«. Diese Fragen können dann hilfreich sein, wenn der Zeitrahmen der Beratung begrenzt ist. Sie unterscheiden zwischen Fragen, die das Thema auffächern, und solchen, die das Thema fokussieren:

»1. Thema auffächern
- Öffnende Fragen:
  Wie schaut Ihre Situation gegenwärtig aus?
  Wo gibt es Unterstützung/Probleme?
- Weiterführende Fragen:
  Was sind/waren die Folgen daraus?
- Verständnis-/Transparenzfragen:
  Was ist noch wichtig?
  Wovon haben Sie bisher noch nicht berichten können?

2. Fokussieren, auswählen, bewerten, entscheiden
- Eingrenzende Fragen:
  Welche der genannten Fragen sollten wir heute auf jeden Fall bearbeiten?
  Welche Bedingungen muss ein Lösungsmodell unbedingt erfüllen?
- Abschließende Fragen:
  Was werden Sie jetzt konkret tun?
  Wie zufrieden sind Sie mit den gemeinsam erarbeiteten Ergebnissen?«
(Wimmer et al. 2012, S. 120).

Skalierungsfragen sind im Beratungsprozess hilfreich, um z. B. das Ausmaß und die Intensität von Problemen, positiven und negativen Gefühlen oder auch Fortschritten im Problemlösungsprozess für die Beteiligten sichtbar zu machen. Eine Skalierungsfrage besteht aus zwei entgegengesetzten Werten. Wenn die Frage lautet: »Wie zufrieden sind sie insgesamt mit ihrer Lebenssituation?«, könnte auf einer Skala von 0 bis 10 der Wert 0 bedeuten, dass die antwortende Person ganz und gar unzufrieden ist. Der Wert 10 hieße hingegen, dass die antwortende Person ganz und gar mit ihrer Lebenssituation zufrieden ist.

Auf ähnliche Weise funktionieren Prozentfragen. Hier würden der einzuschätzende Problem- oder Lösungsbereich von 0 = »gar nicht« bis 100 = »voll und ganz« reichen. Auch Schulnoten können verwendet werden, wenn z. B. die Qualität einer Beziehung oder die Zufriedenheit mit einer Dienstleistung bewertet werden soll.

Straß (2007, S. 133) empfiehlt, bei der Entscheidung über die zu beschreibenden Werte die Gesprächspartner*innen aktiv einzubeziehen: »Am besten die Gesprächspartner/in definiert, was für sie 0 oder 10 bedeutet. So erfährt man schon etwas darüber, in welchen Dimensionen die Gesprächspartner/in Themen betrachtet und angeht«.

Schweigen

In Beratungen kommt es häufig vor, dass Klient*innen als Reaktion auf eine Frage schweigen. Wenn das Schweigen für Berater*innen unangenehm ist – und das ist es für viele Anfänger*innen – und diese das Schweigen nicht aushalten können, werden rasch neue Fragen oder Nachfragen gestellt. Besser ist es, das Schweigen auszuhalten. Das Schweigen der Klient*innen muss nämlich nicht bedeuten, dass Berater*innen falsche Fragen gestellt haben und für das Schweigen »verantwortlich« sind. Vielmehr lässt sich das Schweigen als ein produktiver »Suchprozess nach neuen Be-Deutungen, Be-Wertungen, Erklärungen, Erzählungen, Gefühlen und Verhaltensmöglichkeiten« (Straß 2007, S. 182) verstehen. Widulle (2012) gibt einige Interpretationen zu Gesprächspausen sowie Anregungen zum Umgang und zitiert Weisbach (2008, S. 71):

»*Natürliches Schweigen* betrifft zwei Drittel alles Schweigens. Dies sind ›Du-bist-dran‹- oder ›Ich-denke-nach‹-Pausen. Hier kann man im Gespräch weiterverfahren oder sich entspannt zurücklehnen und warten, bis der Gesprächspartner den Kontakt wieder aufnimmt.
  Peinliches Schweigen entsteht, wenn einem Teilnehmer etwas unangenehm ist. Hier hilft es, das Gefühl zu thematisieren und verstehend zuzuhören. Das vermutete Gefühl anzusprechen, ist in der Regel hilfreich. Vorsicht gilt allerdings in Gruppengesprächen, wenn das Risiko des Bloßstellens besteht.
  Hilfloses Schweigen entsteht, wenn es keine Worte gibt für eine Schwierigkeit oder ein Gefühl oder wenn Widerstand oder Verhärtung im Gespräch um sich greifen. Hier hilft die Bitte, sich mitzuteilen: ›Erzählen Sie mir doch, was gerade in Ihnen vorgeht …‹
  Lähmendes Schweigen in Gruppengesprächen oder Teamsitzungen kann ein Hinweis auf kalte, d. h. erstarrte oder lähmende Konflikte, mangelndes inneres Engagement oder Störungen in der Hierarchie sein: Hier hilft Metakommunikation und Thematisieren der Störung.
  Bewusstes Schweigen der Gesprächsführung kann allen Teilnehmern Gelegenheit zum Nachdenken, zur Äußerung und freier Rede geben.
  Schweigen als Verlangsamen kann aus temporeichen Auseinandersetzungen die Energie nehmen.
  Wer *unsicher ist*, weshalb eine Gesprächspause entstanden ist, kann sich metakommunikativ versichern: ›Es geht Ihnen etwas durch den Kopf.‹ Oder auch: ›Dich beschäftigt doch etwas.‹« (Widulle 2012, S. 107).

Statt den Gesprächsfluss mit weiteren Fragen rasch wieder in Gang zu bringen, empfiehlt es sich für Berater*innen, die sich unsicher sind, was das Schweigen zu bedeuten hat, nach der Bedeutung des Schweigens zu fragen: »Was bedeutet Ihr Schweigen?«, »Was geht gerade in Ihnen vor?« und die Beratung entlang der darauf gegebenen Antworten fortzusetzen.

Fühlen

Gefühle von Klient*innen und Berater*innen spielen in Beratungsprozessen eine große Rolle. »Gefühle sind ein essenzieller Bestandteil menschlichen Erlebens und Handelns. Mit der Thematisierung von Gefühlen dringt das Gespräch tiefer ins psychische Erleben von Menschen ein« (Widulle 2012, S. 107). Wenn bei Klient*innen Gefühle verbal oder körperlich spürbar »auftauchen«, sollten Berater*innen damit möglichst souverän umgehen und diese ansprechen und zulassen können. Gefühle wie Trauer, Wut, Heiterkeit oder Sorge erkennen, benennen und ausdrücken zu können, ist ein Zeichen psychischer Gesundheit. »Mal alles rauslassen können«, tut den Menschen meist gut. Deshalb sollte, wenn Ratsuchende in der Beratung beispielsweise zu weinen beginnen, dies von Berater*innen auch zugelassen und ausgehalten werden und nicht gleich mit der Überreichung eines Taschentuchs »weggewischt« werden.

Berater*innen können Gefühle auch direkt ansprechen (aber nicht provozieren), wenn sie merken, dass Klient*innen dies von sich aus vermeiden oder dazu nicht in der Lage sind. Etwa: »Ich kann mir vorstellen, dass sie darüber ganz schön traurig sind.« oder: »… hat Ihnen das gutgetan? Fühlten Sie sich besser?« Berater*innen können auch ihre eigenen Gefühle zum Anlass nehmen und bei den Klient*innen nachfragen, ob es ihnen ähnlich geht, etwa: »Ich merke gerade, wenn Sie das so erzählen, dass ich ganz ärgerlich werde. Wie geht es Ihnen denn damit, dass sie so verletzt worden sind?«

Allerdings setzt dies voraus, dass Berater*innen ihr eigenes Gefühlsrepertoire kennen (auch die Gefühle, die nicht gern gelebt werden) und die eigenen wie auch die Gefühle anderer Menschen nicht als bedrohlich erleben. Berater*innen dürfen in Beratungssitzungen Gefühle zeigen. In der sozialarbeiterischen Beratung darf gemeinsam mit Klient*innen geweint und gelacht werden.

Ordnen

Wenn es sich um komplexe soziale Probleme oder soziopsychosomatische Problemgefüge (s. Kap. 1.4) handelt, fehlt Klient*innen oft die Übersicht über das Ausmaß der Probleme und der zu nutzenden Ressourcen bzw. Strategien zur

Bearbeitung. Deshalb kann es hilfreich sein, zusammen mit den Klient*innen Probleme und Ressourcen zu ordnen, damit eine Übersicht entsteht, die planvolles Handeln ermöglicht. Bewährt haben sich dabei folgende Vorgehensweisen: Die Probleme werden zunächst benannt und aufgeschrieben. Dann werden Probleme, die sich ähneln, zu Kategorien wie z. B. Gesundheit oder Finanzen gebündelt. Anschließend kann gemeinsam überlegt werden, welche Probleme am dringendsten bearbeitet werden müssen und welche nicht unbedingt sofortiges Handeln erfordern. Im Verlauf der Beratung kann dann immer wieder geschaut werden, ob sich die Hierarchie der Dringlichkeit verändert hat. Dann muss ggf. eine andere Rangfolge erarbeitet werden. Für Klient*innen ist diese Form der Ordnung außerdem hilfreich, weil sie erkennen können, was bereits erledigt werden konnte oder was sich in Arbeit befindet. Genauso können Berater*innen mit den Ressourcen von Klient*innen verfahren, die den Problemen gegenübergestellt werden.

Wenn Klient*innen ihre Post über einen längeren Zeitraum nicht geöffnet haben, ist es hilfreich, dass Berater*innen und Klient*innen Briefe gemeinsam öffnen, lesen, bewerten und nach Themen sortieren. Dann kann ein Aktenordner angelegt werden, in dem die Korrespondenz entsprechend systematisch abgeheftet, und eine Liste mit den dringlich zu erledigenden Aufgaben erstellt werden. Allein dass Briefe geöffnet, gelesen und bewertet wurden, erleichtert viele Klient*innen sehr. Sie erleben sich nicht mehr als ohnmächtig und hilflos und gewinnen Zuversicht, dass sie wieder handlungsfähig werden und ihr Leben in den Griff kriegen.

Dass das Ordnen auch für Berater*innen hilfreich sein kann, zeigt Buß (2017) im Kontext der Beratung von Klient*innen mit unübersichtlichen soziopsychosomatischen Problemgefügen. Hier besteht die Gefahr, dass angesichts der Unübersichtlichkeit und Vielschichtigkeit von Problemen Themen in der Beratung verlorengehen. Aus diesem Grund hat Buß eine Übersicht in Tabellenform entwickelt, mit der es möglich wird, alle angesprochenen Themen aufzunehmen und sie, so gut es eben geht, sozialen, psychischen und somatischen Problemdimensionen zuzuordnen. Im Beratungsverlauf kann für jede Sitzung eingetragen werden, welche Themen angesprochen wurden, und zugleich farbig markiert werden, ob es eine positive Entwicklung gibt (grün), ob es unsicher ist, wie das Problem zu bewerten ist (orange), oder ob das Problem als kritisch bzw. dringlich bewertet werden muss (rot).

Tab. 3: Übersicht und Entwicklung von Problemfeldern (modifiziert nach Buß 2017)

Dimension	Problemfeld	19.11	26.11.	10.1	14.1.
Somatisch	Übergewicht	x		x	
	Schwangerschaftsabbruch	x	x		
	Hoher Alkoholkonsum			x	
	...				
Psychisch	Depression	x		x	
	Trauer nach Trennung		x	x	x
	Ängste				
	...				
Sozial	Arbeitslosigkeit	x	x	x	x
	Schulden	x	x	x	
	Einsamkeit	x		x	x
	...				

Visualisieren

In engem Zusammenhang mit dem Ordnen von Problem- und Ressourcenanteilen steht das Visualisieren. Auf einem Flipchart, am PC oder auch schlicht auf einem DIN-A4-Blatt können Beratungsinhalte in Schriftform, als Zahlen oder als Bilder dargestellt werden. Dies hilft Klient*innen, Informationen besser aufzunehmen, zu verstehen und zu behalten. Zudem kann es ihre Aufmerksamkeit und Mitwirkung fördern.

Visualisiert werden kann zum Beispiel:
- die finanzielle Situation (monatliche Einnahmen, Ausgaben, Schulden, Haushaltsbudget),
- ein Genogramm zur Familienstruktur: Wer gehört dazu? Wie sind die Beziehungen untereinander? (vgl. Beushausen 2012),
- das soziale Netzwerk mit Hilfe einer Netzwerkkarte (s. Kap. 7.4),
- Ereignisse im Zeitverlauf mit Hilfe eines Biografischen Zeitbalkens (s. Kap. 7.6),
- eine Übersicht über einzelne Problemfelder und mögliche Zusammenhänge (s. Abschnitt »Ordnen«, S. 137 ff.),
- Problemhierarchien: Was ist dringlich anzugehen? Was kann noch warten? (s. Abschnitt »Ordnen«, S. 137 ff.),
- eine Darstellung von Wochen- und Tagesstrukturen,
- eine Gegenüberstellung von Defiziten und Ressourcen,
- Erfolge, die in der Beratung erzielt werden konnten.

Informieren

Die Bereitstellung und Weitergabe von Informationen mag auf den ersten Blick als eine leichte Aufgabe erscheinen. Es ist jedoch zu bedenken, dass Informationen entscheidende Weichen stellen können für den Beginn und Verlauf von Versorgungs- und Unterstützungsverläufen. Im Falle benötigter Information zum Thema Pflegebedürftigkeit kann beispielsweise allein schon der Hinweis auf einen Pflegestützpunkt entscheidend für die weitere Versorgung sein, denn dort sind alle Informationen rund um das Thema Pflege gebündelt (Begutachtung, Hilfe zur Pflege nach SGB XII, ambulante und stationäre Pflegedienste u. v. a. m.), sodass im besten Falle von dort ein optimales Pflegearrangement eingerichtet werden kann.

Viele Klient*innen der Sozialen Arbeit sind schlecht informiert über:
- das System der sozialen Sicherung in Deutschland (Gesetze, Strukturen, Leistungen),
- Anlaufstellen, um sich orientierende Informationen zu holen (z. B. Bürgerämter, Bürgertelefon),
- Beratungsangebote (z. B. zu Fragen der Berentung, Kündigung, Miete),
- Selbsthilfeorganisationen und -gruppen (z. B. für Alleinerziehende, Kranke und Menschen mit Behinderungen),
- Angebote zur Fort- und Weiterbildung (z. B. Volkshochschulen),
- Angebote für Freizeit und Kultur (z. B. Mehrgenerationenhäuser, Familienzentren, Sportvereine).

Abgesehen davon, dass Hilfestrukturen und -angebote in Deutschland oftmals unübersichtlich und schwer zu erkunden sind, erschweren folgende Merkmale von Ratsuchenden die Inanspruchnahme von hilfreichen Angeboten und Leistungen:
- Sprachbarrieren (wenn gar nicht oder unzureichend deutsch gesprochen und verstanden wird),
- Sinnesbehinderungen (Seh- und Hörprobleme),
- geistige Behinderungen,
- die Unfähigkeit, lesen und schreiben zu können,
- fehlende Informationsträger in den sozialen Netzwerken der Ratsuchenden,
- fehlende oder unzureichende Suchstrategien der Ratsuchenden (z. B. im Internet).

Weil der Zugang zu Hilfeangeboten insbesondere für die o. g. Gruppen erschwert ist, hat die Soziale Arbeit hier die Aufgabe, gewünschte Informationen zu

beschaffen und in angemessener Form zu Verfügung zu stellen. Mögliche Beeinträchtigungen der Ratsuchenden sind dabei zu erkunden und zu berücksichtigen. Das Weitergeben von Informationen kann geschehen durch:
- Visualisieren (s. o.),
- Verwenden Leichter und Einfacher Sprache,
- klare Benennung von Hilfen,
- genaues Aufzeigen von Institutionen (Stadtplan),
- Unterstützung durch Sprachdolmetscher*in oder Gebärdensprachdolmetscher*in,
- Hinweise auf seriöse Websites.

Das Internet bietet inzwischen eine Fülle sehr guter Informationen zu sozialen und gesundheitlichen Themen. Es kann auch hilfreich für Klient*innen sein, das gezielte Recherchieren im Internet mit Berater*innen zu üben und zu lernen, welche Qualitätsmerkmale zu beachten sind.

Wenn Klient*innen an andere Fachstellen oder Fachkräfte delegiert werden, sollte dies immer mit dem Angebot erfolgen, dass die Klient*innen wiederkommen sollen, wenn ihnen die dort angebotenen Hilfemaßnahmen nicht zusagen. Auf diese Weise kann verhindert werden, dass Klient*innen »verloren« gehen, weil sie sich nicht erneut in die Beratung trauen.

Für den Fall, dass Sozialarbeiter*innen nicht oder nur unzureichend über die gewünschten Informationen verfügen, empfiehlt Pantuček (1998, S. 14):

»Besser als falsch zu informieren (weil man sich einer Sache nicht völlig sicher ist), ist es allemal, dem Klienten gegenüber die eigene Unsicherheit einzugestehen und sich selbst vorerst kundig zu machen (›Das kann ich selbst jetzt nicht so aus dem Stegreif beantworten, da muß ich erst nachfragen oder nachsehen‹). Abgesehen vom geringeren Risiko, eine Fehlinformation zu geben, mindert eine solche Vorgangsweise das Vertrauen der Klienten gegenüber der Beraterin auch nicht. Klienten wissen, daß auch Expertinnen nicht allwissend sein können«.

Erklären

Vor allem die im vorausgehenden Punkt zum »Informieren« angesprochenen Bevölkerungsgruppen benötigen aus den gleichen Gründen auch Erklärungen, um bestimmte Sachverhalte und Zusammenhänge zu verstehen.

»Klienten sind bei ihrer Suche nach Lösung der Alltagsprobleme mit verschiedenen Professionen und Institutionen, mit diversen *Fachsprachen* und *Bearbeitungslogi-*

ken konfrontiert. Ihr Arzt, ihre Therapeutin, die Psychologin, der Lehrer des Kindes, der Beamte beim Sozialamt sprechen mit den Klienten manchmal unverständlich, manchmal zu wenig, sprechen in Fachsprachen oder aus ihrer Position heraus. Es bleibt den Betroffenen überlassen, das, was sie dort gehört oder erlebt haben, sich nun selbst zu erklären, in ihren Alltag zu integrieren, daraus Schlußfolgerungen zu ziehen. Sie konfrontieren ihre Sozialarbeiter mit dem, was sie bei anderen Experten erlebt und gehört haben oder bringen in die Beratung Schriftstücke mit, die sie erhalten haben. Ihre Frage dazu ist: Was bedeutet das, was bedeutet es für mich, wie kann ich das verstehen, wie kann und soll ich mich dazu verhalten?« (Pantuček 1998, S. 15)

Im Rahmen solcher Beratung müssen häufig folgende Themen erklärt werden:
– Zusammenhänge zwischen gesetzlichen Regelungen und den Sozial- und Gesundheitsleistungen (Wo ist etwas geregelt? Wie kommt es zu der Höhe einer Geldleistung? Warum ist eine Hilfe abgelehnt worden?)
– Bescheide von Behörden und Gerichten (Rechtsgrundlagen, Fristen, Möglichkeiten des Widerspruchs und der Klage vor einem Gericht)
– Korrespondenz mit Gläubigern (Ratenkäufe, Vermieter, Strom- und Gasanbieter)
– Wirkungen (Therapieverfahren, Drogen, Medikamente, Reha-Maßnahmen)
– Konsequenzen aus Verhaltensweisen der Klient*innen (Leistungskürzungen, Abbruch von Therapie, Inkassoverfahren)

Immer geht es auch darum, gemeinsam mit den Klient*innen nach Wegen zu suchen, um Probleme zu lösen oder, im Sinne von Sofortmaßnahmen, zumindest so zu abmildern, dass existenzbedrohende Konsequenzen (Räumungsklage, Haft etc.) vermieden werden.

Im Prozess des Erklärens sollten sie Hilfsmittel verwenden, um Dinge anschaulich darstellen zu können. Dazu gehören insbesondere das Visualisieren, das Verwenden Leichter Sprache und ggf. das Hinzuziehen von Sprach- oder Gebärdendolmetscher*innen.

Indem Sozialarbeiter*innen ihren Klient*innen Sachverhalte und Zusammenhänge erklären und Wege zur Problemlösung aufzeigen, haben sie auch eine deeskalierende Funktion. Wenn Klient*innen aufgebracht und wütend über aus ihrer Sicht zu Unrecht ergangene Bescheide sind, können Erklärungen, mit denen behördliches Handeln nachvollziehbar wird, und das Aufzeigen von Wegen, wie ggf. dagegen angemessen vorzugehen ist, wesentlich zur Beruhigung und Versachlichung der Situation beitragen.

Rat geben

Die Rolle von Psychotherapeut*innen in der Psychotherapie ist in der Regel von Sparsamkeit mit Interventionen und Ratschlägen gekennzeichnet. So heißt es im Gutachten des wissenschaftlichen Beirats Psychotherapie zur wissenschaftlichen Anerkennung der Systemischen Therapie zu den Haltungen von Therapeut*innen:

»Die Grundhaltung beinhaltet eine unterstellte Autonomie der Mitglieder des Systems und eine hohe Selbstverantwortung. Es wird davon ausgegangen, dass sich Veränderung oft selbst aus den ungenutzten Ressourcen des Systems einstellt, sodass Interventionen und Ratschläge nur sparsam gegeben werden« (Wissenschaftlicher Beirat Psychotherapie nach § 11 PsychThG 2008, S. 4).

In der sozialarbeiterischen Beratung lässt sich angesichts der vielfach geringen individuellen und sozialen Ressourcen der Klient*innen und der Dringlichkeit ihrer Beratungsanliegen eine solche Sparsamkeit nicht durchhalten. Herwig-Lempp und Kühling (2012, S. 53) begründen dies:

»Soziale Arbeit hat es mit vielen handfesten Problemen zu tun. Geldmangel, Kündigung der Wohnung, Stromabstellung und Arbeitslosigkeit sind für unsere KlientInnen nicht nur Probleme der Innenwelt. Sie sind häufig besonders drängend. SozialarbeiterInnen müssen auf die Probleme der Außenwelt und der Innenwelt eingehen, in beiden Bereichen unterstützen sie mit ihren Hebammendiensten die KlientInnen dabei, Lösungen und Bewältigungsstrategien zu entwickeln«.

In der sozialarbeiterischen Beratung herrscht deshalb vielfach ein hoher Handlungsdruck, wenn es um akute Probleme (Gefahr im Verzug) mit weitreichenden Konsequenzen geht (z. B. Räumungsklage), und/oder Klient*innen die Konsequenzen ihres bisherigen Nichthandelns nicht erkennen und einsehen können (z. B. Pfändung). Dann ist Handeln dringend geboten. In solchen und ähnlichen Situationen erwarten Menschen »[…] Ratschläge, was zu tun ist, und sind enttäuscht, wenn sie ausbleiben« (Germain u. Gitterman 1999, S. 178). Lüssi hält das Ratgeben nicht nur in Sachfragen, sondern auch in persönlichen Lebensfragen für sinnvoll. Der/die Klient*in

»[…] kommt zu einem Fachmann in sozialer Problemlösung, nicht zu einem Psychotherapeuten, und ist selten motiviert, sich von ihm ›bloß‹ in das eigene Innere führen zu lassen, auf dass er dort durch intensive Selbstreflexion den gesuchten Rat selbst finde« (Lüssi 2001, S. 400).

Je nachdem, wo sich Ratschläge auf der Dringlichkeitsskala, »[…] beginnend beim Vorschlagen, über das Drängen und schließlich Warnen bis hin zum Insistieren« (Germain u. Gitterman 1999, S. 178) bewegen, können Ratschläge mal eher weich, mal bestimmter formuliert werden. Ratschläge sollen in jedem Fall helfen, Klient*innen handlungsfähig zu machen, und niemals das Gefühl vermitteln, sie würden »entmündigt«. Ob Klient*innen allerdings Ratschläge befolgen oder nicht, liegt nicht in der Hand von Berater*innen. Einige Beispiele für die Formulierung von Ratschlägen sind:
- Ich schlage Ihnen vor, …
- Ich kann mir vorstellen, dass Ihnen das … guttun würde
- Sie könnten mal versuchen, …
- Aus meiner Sicht wäre es momentan am besten, wenn …
- Erfahrungsgemäß passiert dann …, deshalb rate ich Ihnen dringend …
- Wenn Sie jetzt nicht aktiv werden, kann das ernsthafte Folgen für Sie haben, deshalb rate ich Ihnen …

Navigieren

Die Berater*innen sind diejenigen, die den Beratungsprozess letztlich steuern und »auf Kurs halten«. Solche Navigationsaufgaben beziehen sich auf ganz unterschiedliche Dimensionen der Beratung und bestehen u. a. darin:
- Einschätzungen zum Hilfebedarf vorzunehmen,
- den zeitlichen Rahmen der Beratung abzustecken,
- darauf zu achten, dass in einer Familien- oder Gruppenberatung alle Beteiligten angemessen zu Wort kommen,
- Strategien zur Vorgehensweise zu entwickeln,
- Methoden und Techniken auszuwählen,
- Klient*innen Aufgaben zu stellen,
- die Übersicht über den Beratungsprozess zu behalten und das Ziel anzusteuern.

Natürlich bedeuten solche Führungsentscheidungen nicht, dass Klient*innen diese ohne Widerrede akzeptieren müssen. Vielmehr müssen diese im Dialog geprüft und besprochen werden, bevor im Idealfall Berater*innen und Klient*innen in der Zielsetzung und dem Vorgehen in der Beratung übereinstimmen (s. Kap. 6).

Navigationsfunktionen von Berater*innen können erschwert werden, wenn Klient*innen sich nicht an die verabredeten »Spielregeln« halten und beispielsweise angetrunken oder unter Drogeneinfluss zur Beratung erscheinen, regelmäßig zu spät kommen oder den verabredeten Zeitrahmen nicht einhalten und mit immer neuen Problemschilderungen das Ende der Beratungssitzung hinauszögern.

Ebenso kommt es vor, dass Klient*innen sich in ihren Problemschilderungen, einer pausenlosen Mitteilsamkeit und Details verlieren können und schwer zu bremsen sind. Das kann Klient*innen guttun und ist in der Beratung akzeptiert, wenn es sich um ein »angestautes Ausdrucksbedürfnis« (Noyon u. Heidenreich 2013, S. 122) handelt. Dies ist oft der Fall, wenn Klient*innen im Alltag über keine aufmerksamen Zuhörer*innen und Gesprächspartner*innen für ihre Problemgeschichten verfügen. Dann wird die Beratungssituation genutzt, um »mal richtig Dampf abzulassen«. Wenn sich dies aber häuft und als Muster des Dauerredens erweist, muss seitens der Berater*innen gehandelt werden. Noyon und Heidenreich (2013, S. 126) beschreiben dazu zwei »Don'ts«, also Dinge, die Berater*innen nicht tun sollten:

»– Vorwurfvolle und unfreundliche Grundhaltung beim Unterbrechen (›Sagen Sie mal, merken Sie nicht, dass Sie reden wie ein Buch? Ich komme hier gar nicht zu Wort!‹)
– Sich dem Redefluss tatenlos ergeben (›Ich schalte einfach auf Durchzug, irgendwann ist die Stunde schon rum.‹)«

Stattdessen muss der Beratungsprozess aktiv und direkt gesteuert werden, ohne dass es zum Abbruch der Beratung kommt, weil Klient*innen sich persönlich angegriffen und nicht verstanden fühlen. Wimmer et al. (2012, S. 122) geben dazu konkrete Hinweise zum Vorgehen, das sich auch bei anderen Störfaktoren (wie oben skizziert) anwenden lässt:

»– Beschreiben Sie genau, welches Verhalten Sie stört. Konkret, keine Verallgemeinerungen, möglichst mit Belegen und Beispielen. Ihr Gegenüber sollte keine andere Wahl haben, als (wenigstens innerlich) zur Beschreibung JA zu sagen. Die exakte Beschreibung ist die Voraussetzung für den Erfolg des Gesprächs.
– Machen Sie klar, welche Auswirkungen das beschriebene Verhalten auf Sie oder den Beratungsfortschritt und die Erfolgschancen der Beratung hat. Auch hier sollten Sie noch ein JA abholen können.
– Formulieren Sie, was dieses Verhalten bei Ihnen auslöst. Wählen Sie geeignete Gefühlsvokabeln: ›Es irritiert mich, stört mich, ich kenne mich nicht aus, es enttäuscht mich‹, bis hin zu ›Das ärgert mich!‹
– Mit dem Appell, was Sie sich wünschen, schließen Sie ab: ›Ich möchte / erwarte / hoffe, dass…‹«

Die Stärke dieser Form der Rückmeldung, die wiederum Gegenstand der Verhandlungen zwischen Berater*innen und Klient*innen über die Form und die Inhalte der Beratung sein muss, liegt »[…] in der Kritik des Verhaltens und nicht der Person und dass Sie in der Mitteilung von Ihrem Gefühl ausgehen. Das wird meist sehr ernst genommen« (Wimmer et al. 2012, S. 123).

Umdeuten

Das Umdeuten – auch »Reframing« genannt – ist eine Haltung und Technik, mit der Berater*innen ihren Klient*innen (überraschende) neue Sichtweisen auf die Problemlagen eröffnen können. Aus Krisen, die von Klient*innen als Niederlagen empfunden werden und denen sie hilflos ausgeliefert sind, werden durch eine Umdeutung Chancen, die sie ergreifen können.

Das Umdeuten eröffnet den Klient*innen andere, bisher nicht bedachte Perspektiven und macht sie vor diesem Hintergrund wieder handlungsfähiger. Beispiele dafür sind:
- Ein Paar, das sich andauernd streitet und in der Frage, ob sie sich trennen sollten, nicht vorankommt, zeigt im Streit, dass sie Interesse aneinander haben und Energie zwischen den beiden vorhanden ist, hinter der sich möglicherweise die Liebe versteckt.
- Ein Mann, der unvermittelt schuldlos arbeitslos geworden ist und darüber wütend und traurig zugleich ist, hat Zeit, sich zu erholen, sich neu »aufzustellen«, sich beruflich zu verändern, sich fortzubilden und neue Chancen zu nutzen.
- Eine Frau, die mit ihren Kindern den gewalttätigen Ehemann verlassen hat, sich schämt, sich schuldig und verunsichert fühlt, hat einen mutigen Schritt getan, den sich viele Frauen nicht zu gehen trauen. Im Frauenhaus kann sie andere Frauen in ähnlicher Situation kennenlernen und hat nun die Chance, zusammen mit ihren Kindern ein »sicheres Leben« beginnen zu können, und kann dabei auf die Unterstützung professioneller Helfer*innen zählen.
- Ein Mann, der die Beratung aufsucht und dies als persönliche Niederlage empfindet, hat erkannt, dass er Hilfe benötigt und sich so vor Überforderung bewahrt. Indem er sich Unterstützung holt, zeigt er seine Stärke. Viele erkennen gar nicht, dass sie Hilfe benötigen und geraten deshalb in immer größere Not.

Das Umdeuten darf im Beratungsprozess nicht wie eine künstliche Technik wirken, die sich Berater*innen mühsam angeeignet haben, sondern muss wie selbstverständlich vorkommen können. Berater*innen müssen das Umdeuten deshalb üben. Die folgenden Beispiele sollen dazu einladen:

»- »aggressiv – oder eben: durchsetzungsfähig, wehrt sich, kämpferisch, sagt seine Meinung
- ängstlich – oder eben: vorsichtig, zurückhaltend, umsichtig beobachtend, abwägend
- langsam – oder eben: ruhig, geht das eigene Tempo, nimmt sich Zeit
- haut zu Hause ab – oder eben: geht momentan eigene Wege, zeigt grossen Freiheitsdrang, ist auf Erkundungstour
- schwänzt die Schule – oder eben: organisiert sich Freiräume, setzt andere Prioritäten, nimmt sich eine Auszeit
- prügelt sich herum – oder eben: verschafft sich Respekt, kämpft um Anerkennung, lässt sich nichts gefallen« (Zentrum für angewandte Erlebnispädagogik, o. J., S. 18).

Allerdings reicht es nicht aus, lediglich die Technik des Umdeutens zu erlernen. Vielmehr kommt es darauf an, sich auch eine entsprechende Haltung zu erarbeiten.

»Wie andere Versuche der Umdeutung verliert auch das Reframing seine Wirksamkeit, wenn der Klient das Gefühl bekommt, seine Sorgen werden vom Berater nicht ernst genommen. Vor der Anwendung dieser Technik der Problem- und Lösungskonstruktion sollte der Berater daher durch das Ansprechen von Gefühlen und durch aktives empathisches Zuhören den Klienten davon überzeugt haben, daß er seine Sicht der Dinge *ernst nimmt*, akzeptiert, sich auch der negativen Seiten der Situation bewußt ist« (Pantuček 1998, S. 18).

Tätig unterstützen

Manche Klient*innen der Sozialen Arbeit benötigen mehr als nur »Wegweisungen« im Sinne von: »Sie können sich dorthin wenden ...«, »Schreiben Sie einen Brief ...«, »Lassen Sie sich das dort bestätigen ...«, »Sie müssen nur früher aufstehen«. Wenn solche An- und Aufforderungen von Klient*innen (wiederholt) nicht befolgt werden, kann dies ein Zeichen für Überforderung sein. Es darf in sozialarbeiterischen Beratungen nicht erwartet werden, dass Ratsuchende immer vollständig handlungsfähig sind und Aufgabenstellungen motiviert, strukturiert und strategisch bewältigen können.

Deshalb ist es sehr hilfreich, wenn Berater*innen ihren Klient*innen tätige Unterstützung anbieten. Damit ist gemeint, dass Berater*innen aktiv mitwir-

ken, wenn es darum geht, dass Klient*innen Ideen und Vorhaben, die im Rahmen der Beratung entwickelt wurden, in die Tat umsetzen. Tätiges Unterstützen kann verschiedene Funktionen haben. Klient*innen können beispielsweise tätig darin unterstützt werden, einen Anfang zu wagen und etwas in Gang zu setzen. Sozialarbeiter*innen können dann:
- zusammen mit einer*m Klient*in anfangen, deren/dessen Wohnung aufzuräumen und Müll zu entsorgen,
- zusammen mit einer*m Klient*in eine erste Bewerbung schreiben,
- zusammen mit einer*m Klient*in beginnen, die seit Wochen oder gar Monaten nicht mehr geöffneten Briefe zu öffnen und zu lesen,
- zusammen mit einer*m Klient*in üben, ein Telefonat (z. B. Psychotherapietermin) zu führen, und beim Telefonat als Unterstützung zugegen sein.

Klient*innen können in der Organisation des Alltags unterstützt werden. Dazu gehört beispielsweise:
- zusammen mit einer*m Klient*in einkaufen zu gehen,
- zusammen mit einer*m Klient*in oder mit mehreren Klient*innen eine Mahlzeit zuzubereiten und gemeinsam zu essen,
- zusammen mit einer*m Klient*in einen Haushaltsplan aufzustellen, Geld einzuteilen und Überweisungen zu tätigen.
- Klient*innen bei der Kindererziehung zu unterstützen (Spielen, Hausaufgaben, Ernährung etc.)

Klient*innen können von Berater*innen begleitet werden, beispielsweise:
- zu Ämtern, ins Jobcenter, in Arztpraxen, ins Krankenhaus etc.,
- beim Erstbesuch von Treffpunkten (Nachbarschaftstreff, Generationenhaus, Tagesstätten etc.),
- beim Erstbesuch von Essenstafeln.

Diese alltagsbezogenen und lebenspraktischen Unterstützungsformen dürfen nicht als professionsferne »Haushaltshilfen« missverstanden und missbraucht werden. Sie dienen vielmehr dazu, dass Klient*innen in ihrem Alltag, ohne dass ein spezielles Beratungssetting arrangiert werden muss, Fähigkeiten wieder oder neu erlernen können. Und sie signalisieren ihnen zugleich, dass Berater*innen wirklich an ihrer Seite sind. Solche Formen tätiger Unterstützung, die vielfach in Einzel- und Familienhilfen praktiziert werden, sind in der sozialarbeitswissenschaftlichen Literatur zur Beratung bisher noch nicht ausreichend berücksichtigt und gewürdigt worden.

Eine weitere Facette tätiger Unterstützung ist das »Sich-Kümmern«. In der Psychosozialen Beratungsstelle des ISG ist damit insbesondere die Sorge um

Klient*innen gemeint, die sich darin zeigt, dass Berater*innen auch von sich aus – meist telefonischen – Kontakt zu Klient*innen suchen. Dies ist u. a. der Fall:
- wenn Klient*innen nicht zu einem Beratungstermin erschienen sind und sich nicht abgemeldet haben,
- wenn Klient*innen sich in Krisensituationen befinden,
- wenn Klient*innen nach langer Arbeitslosigkeit wieder zu arbeiten beginnen,
- wenn Klient*innen beispielsweise nach einem Krankenhausaufenthalt oder einer stationären Rehabilitationsmaßnahme wieder nach Hause kommen.

Den Hintergrund für dieses Vorgehen bildet die Erkenntnis, dass etliche Problem- und Hilfegeschichten von Klient*innen – zumal wenn es sich um langjährige Verläufe handelt – durch Unterbrechungen und Abbrüche gekennzeichnet sind. Diese haben einerseits ihre Ursache darin, dass Klient*innen manchmal nicht oder nur mit großen Mühen in der Lage sind, Hilfen kontinuierlich zu suchen und in Anspruch zu nehmen. Andererseits wird von Helfer*innen und Institutionen zu oft erwartet, dass Klient*innen sich von sich aus melden. Tun sie dies dann nicht, drohen sie aus dem Blickfeld zu geraten und verloren zu gehen.

Bei solch nachgehenden Hilfen ist allerdings besonders darauf zu achten, dass Klient*innen nicht unter Druck geraten, sodass sie gegen ihren Willen – v. a. den engagierten Berater*innen zuliebe – die Beratung in Anspruch nehmen. Angesichts der oftmals fehlenden sozialen Unterstützung durch Partner*innen und/oder Familie soll durch das Sich-Kümmern der Eindruck bei den Klient*innen bestärkt werden, dass sie mit ihren Problemen nicht alleingelassen sind, sondern Menschen an ihrer Seite haben, die (professionell) um sie besorgt sind und sich um sie kümmern.

Bei der Gewährung tätiger Unterstützung muss insbesondere bedacht werden, dass viele Menschen allein leben und in ihrem sozialen Umfeld niemanden haben, der/die sie tätig unterstützt und sich um sie kümmert. Für eine bestimmte Zeit und einen bestimmten Anlass, etwa bei der Bewältigung einer Krise, können Sozialarbeiter*innen diese Lücke professionell füllen.

Befähigen

(i) Mit Befähigen sind hier alle Aktivitäten von Berater*innen gemeint, die dazu beitragen, Menschen, die sich machtlos, hilflos und fremdbestimmt fühlen, zu unterstützen, damit diese wieder Vertrauen in das eigene Vermögen zur Lebensgestaltung und damit Macht über sich und ihr Leben gewinnen.

Herriger (2009, o. S.) spricht in diesem Zusammenhang von »erlernter Hilflosigkeit und Demoralisierung«, die gekennzeichnet sind durch:

»- das mangelnde Vertrauen in die eigenen Ressourcen;
- die Geringschätzung des Wertes der eigenen Meinung;
- das Gefühl des Aufgeliefert-Seins und die Erfahrung der eigenen sozialen Verletzlichkeit;
- das Gefühl des Abgeschnitten-Seins von wertschätzender Anerkennung und sozialer Teilhabe;
- das Gefühl der Zukunftsverschlossenheit und einer lähmenden Resignation«.

Leitidee des Befähigens ist das Konzept des Empowerments, das im Kontext von Beratung zusammengefasst als professionelle Unterstützung von Selbstbestimmung zu verstehen ist. Für die Realisierung des Befähigens sind weniger bestimmte »Begleitungstechniken« erforderlich als unabdingbar ein besonderes Verständnis professioneller Grundhaltungen in der Sozialen Arbeit als Beratung. Herriger kennzeichnet diese als:

»(1) ›sharing power‹: Die Abkehr von Paternalismus und ›fürsorglicher Belagerung‹
- der Verzicht auf vorschnelle Expertenurteile im Hinblick auf ›Problemdeutungen‹ und ›stellvertretende Problemlösungen‹ für den Klienten
- ein geduldiges Sich-Einlassen auf die Situationsdeutungen, Lebensentwürfe und Zukunftsvorstellungen des Klienten
- die Abkehr von (entmündigender) Verantwortungsübernahme; die Ermutigung des Klienten zu Eigentätigkeit und Selbstverantwortung.

(2) Respekt vor der Autonomie des Betroffenen und Kooperation ›auf Augenhöhe‹
- professionelle pädagogische Arbeit als dialogisch-reflexive Verständigung zwischen Partnern (eine ›kollaborative‹ Arbeitsbeziehung ›auf Augenhöhe‹);
- pädagogische Arbeit auch als ›konfrontativer Spiegel‹: Konfrontation der Selbstwahrnehmung des Klienten mit kontrastierender Fremdwahrnehmung – dies auf der Basis eines festen Vertrauensfundamentes
- das Eröffnen von ›Testfeldern‹ für das Entdecken von eigenen Stärken und für die Erprobung von Selbstbestimmung und Eigengestaltung
- eine (Team-)Reflexion von ungerechtfertigten Hilflosigkeitsunterstellungen und ›Entmündigungsfallen‹.

(3) Die Mentoren-Rolle der professionellen Helfer
Für die neue berufliche Rolle von ›Empowerment-ArbeiterInnen‹ finden sich in der Literatur unterschiedliche Begrifflichkeiten: Assistent – Unterstützer – Begleiter. Ich möchte hier den Begriff ›Mentor‹ vorschlagen.
   Mentorenschaft als ›kundige Lebensweg-Begleitung‹

- Vertrauter, Unterstützer und mutmachender Orientierungshelfer
- Lebenswelt-Analytiker und kritischer Lebensinterpret
- Netzwerker, Ressourcendiagnostiker, Ressourcenmobilisierer
- Dialogmanager und Konfliktmediator
- Institutions- und Organisationsentwickler« (Herriger 2009, o. S.).

Alle Aktivitäten des Befähigens sind fortlaufend zu prüfen, ob sie mit diesen Grundhaltungen und dem Ziel der Förderung der Selbstbestimmung der Klient*innen übereinstimmen.

Lösungen fokussieren

Die lösungsfokussierte Beratung leitet sich aus der Lösungsfokussierten Kurzzeittherapie (De Shazer u. Dolan 2016) ab und stellt ein eigenständiges Therapie- bzw. Beratungskonzept dar, das weniger theoriebasiert ist, als vielmehr aus den Erfahrungen psychotherapeutischer Praxis entwickelt wurde. Im Gegensatz zu anderen Therapie- und Beratungskonzepten liegt der Fokus – wie der Name bereits sagt – im Hilfeprozess hier von Beginn an darauf, nach möglichen Problemlösungen zu suchen, anstatt sich intensiv mit dem Ergründen von Problemen auseinanderzusetzen. Als Leitlinien für das praktische lösungsorientierte Handeln in Therapie und Beratung dienen mehrere Lehrsätze, die im Folgenden kurz vorgestellt werden (die folgenden Zitate beziehen sich dabei auf De Shazer u. Dolan [2016]):
- Was nicht kaputt ist, muss man auch nicht reparieren.
Dieser Lehrsatz ist eine Absage an

»[...] therapeutische Schulen, die eine Therapie empfehlen, obwohl sich die Lage des Klienten gebessert hat, um z. B. ›Wachstum‹ zu fördern, um ›Erreichtes zu konsolidieren‹ oder um ›tiefer liegende Bedeutungen und Strukturen‹ zu erkennen« (S. 23).

In der lösungsfokussierten Arbeit heißt es dagegen: »Wenn kein Problem vorliegt, sollte auch keine Therapie durchgeführt werden« (S 23).
- Das, was funktioniert, sollte man häufiger tun.
Wenn im Therapie- oder Beratungsverlauf »[...] deutlich geworden ist, was funktioniert, kann der Klient seinen Erfolg reproduzieren und die Lösung kann sich entfalten« (S. 23).
- Wenn etwas nicht funktioniert, sollte man etwas anderes probieren.
Im Gegensatz zu Konzepten, nach denen es »[...] eher am Klienten liegt und nicht an der Therapie oder Theorie, wenn es ihm nicht besser geht (er also

das Problem nicht löst) [...]« (S. 23), funktioniert es in der Kurzzeittherapie dagegen so: »Wenn der Klient einen Hausaufgabenvorschlag oder ein Experiment nicht umsetzt, lässt man die Aufgabe fallen und schlägt stattdessen etwas anderes vor« (S. 23).
- Kleine Schritte können zu großen Veränderungen führen.
Mit diesem Lehrsatz ist gemeint:

»Sobald eine kleine Veränderung vorgenommen worden ist, führt dies zu einer Reihe weiterer Veränderungen, was dann wiederum andere Veränderungen nach sich zieht, und dies mündet allmählich ohne großen Bruch in eine viel umfassendere Veränderung des Systems« (S. 24).

- Die Lösung hängt nicht zwangsläufig mit dem Problem direkt zusammen.
Mit diesem Lehrsatz wird zum Ausdruck gebracht, dass in der lösungsfokussierten Arbeit

»[...] sehr wenig oder überhaupt keine Zeit darauf verwendet wird, den Ursprung oder das Wesen des Problems zu ergründen, die Pathologie des Klienten zu eruieren oder dysfunktionale Interaktionen zu analysieren« (S. 24).

Vielmehr richtet sich der Blick auf die Gegenwart und die Zukunft.
- Die Sprache der Lösungsentwicklung ist eine andere als die, die zur Problembeschreibung notwendig ist.
Im Gegensatz zur problemfokussierten Sprache, die eher »[...] negativ gefärbt und auf die Vergangenheit [...]« (S. 25) gerichtet ist, »[...] ist die Sprache, in der Lösungen formuliert werden, im Allgemeinen eher positiv gefärbt, erwartungsvoll und auf die Zukunft gerichtet [...]« (S. 25).
- Kein Problem besteht ohne Unterlass. Es gibt immer Ausnahmen, die genutzt werden können.
Mit diesem Lehrsatz wird angesprochen, »[...] dass Menschen bei ihren Problemen immer Ausnahmen erleben, auch wenn es nur kleine sind, und dass diese Ausnahmen genutzt werden können, um kleine Veränderungen vorzunehmen« (S. 25).
- Die Zukunft ist sowohl etwas Geschaffenes als auch etwas Verhandelbares.
Hiermit wird zum Ausdruck gebracht, dass der Mensch nicht »[...] als Gefangener seiner Verhaltensweisen [...]« (S. 25) betrachtet wird. Vielmehr wird damit gesagt, »[...] dass die Zukunft ein Ort der Hoffnung ist, an dem die Menschen ihr Schicksal selbst in die Hand nehmen« (S. 25).

Es spricht nichts dagegen, die der lösungsfokussierten Beratung zugrunde liegende Idee und einzelne Elemente des Konzepts auch in Beratungen zu verwenden, die nicht durchgängig auf Lösungen fokussiert sind. Allerdings ist es ratsam, solche Elemente nur dann zu verwenden, wenn die Berater*innen in ihrer Haltung mindestens überzeugt davon sind, dass Lösungsfokussierung und die damit verbundenen Techniken für die Klient*innen hilfreich sind und dies den Klient*innen auch vermitteln können. Im besten Fall haben sich Berater*innen in lösungsfokussierter Beratung fortgebildet.

Die folgenden kleinen Beispiele zeigen die Unterschiede zwischen der Problem- und Lösungssprache und sollen einladen, Sprache und Gedanken gezielt im Sinne der Lösungsfokussierung zu nutzen.

»Problemsprache	Lösungssprache
– Was läuft falsch?	– Was funktioniert?
– Wer ist schuld?	– Wie wird es besser?
– Fokus auf Vergangenheit	– Fokus auf Zukunft
– Defizite analysieren	– Ressourcen entwickeln
– Gründe, warum es nicht funktioniert	– Wege, erste Schritte
– Langwierige Beschreibung des Problems	– Inspirierende Ideen zur Lösung
– Haltung des ›Besserwissens‹	– Offen für Neues
– Fehler suchen	– Catch them, when they are good!
– Kritik wird oft persönlich genommen.	– Kritik als Impuls für Verbesserungen
– Das Glas ist schon halb leer.	– Das Glas ist noch halb voll.« (Wimmer et al. 2012, S. 216)

Da sein

Manchmal kommt es in der Psychosozialen Beratungsstelle des ISG vor, dass Klient*innen Beratungstermine verabreden und einhalten, ohne dass über einen längeren Zeitraum genau zu ergründen ist, mit welchem konkreten Anliegen sie kommen und was genau sie mit den Berater*innen besprechen möchten. Zwar haben Berater*innen den verständlichen Wunsch nach möglichst klarer Problembenennung, drängen die Klient*innen aber nicht und – das ist wichtig – drohen auch nicht mit dem Ende der Beratung. Bei solchen Klient*innen handelt es sich zumeist um Menschen, die über langjährige – und nicht immer positive Erfahrungen – mit diversen Hilfesystemen verfügen und den Alltag allein bestreiten. Es ist in der Beratungsstelle noch nicht genau entschlüsselt,

wie es zu solchen Situationen kommt und wie bestmöglich mit ihnen umzugehen ist. Allerdings gibt es dazu folgende Hypothesen:
- Die Klient*innen kommen deshalb gern in die Beratung, weil sie im Alltag niemanden haben, der/die ihren »Geschichten« Aufmerksamkeit schenkt und ihnen aktiv zuhört. Mit jemandem auf diese Weise reden zu können, tut ihnen gut.
- Vor dem Hintergrund ihrer erlebten Enttäuschungen in verschiedenen Versorgungs- und Unterstützungssystemen »testen« Klient*innen möglicherweise, ob die Berater*innen verlässlich für sie da sind und es wirklich gut mit ihnen meinen. Sie nähern sich der Beratung – als Problembearbeitung – also vorsichtig an und benötigen dafür Zeit.

Herwig-Lemp und Kühling (2012, S. 54) gehen davon aus, dass das »Einfach-nur-da-Sein« die am meisten unterschätzte Handlungsart in der Sozialen Arbeit darstellt:

»Wenn SozialarbeiterInnen anwesend sind, beobachten, zur Verfügung stehen als Ansprechpartner, ohne dass sie sichtbar als SozialarbeiterIn aktiv sind oder dass unmittelbar eine Veränderung angestrebt wird: dies reicht von der bloßen Anwesenheit (›Rumsitzen‹) in der Wohngruppe, dem gemeinsamen Fernsehen und dem Kinobesuch über das Angebot einer Teestube, der öffentlichen Sprechzeit und dem scheinbar zwecklosen Kaffeetrinken bis hin zum Begleiten zum Arztbesuch oder dem gemeinsamen Abwaschen. Was wie Alltag aussieht und zuweilen beneidet (›Nichtstun – und dafür noch bezahlt werden‹) oder gar belächelt (›Das kann ja jeder!‹) wird, ist notwendig, sinnvoll und – wenn gut gemacht – auch tatsächlich harte Arbeit und gar nicht so einfach: Dieses Da-Sein verfolgt gleich eine Reihe von Absichten und Zwecken, im scheinbar absichtslosen Nebeneinander passiert viel. Hierzu gehört auch, dass es Aufgabe von SozialarbeiterInnen ist, Geduld zu haben und Missstände zuweilen (erst einmal) aushalten zu müssen, also keine Veränderung herbeiführen zu können, auch wenn sie dringend wünschenswert wäre«.

Handlungsansätze des »Da-Seins« finden sich z. B. in der Methode der Streetwork oder im Konzept der akzeptierenden Drogenarbeit, sind aber in ihrer Bedeutung insbesondere für Menschen, denen es schwerfällt, Hilfebedarfe deutlich zu signalisieren und zu formulieren, bisher noch nicht systematisch sozialarbeitswissenschaftlich gewürdigt worden.

8.4 Mit schwierigen Situationen umgehen

Schwierige Situationen in Beratungsprozessen lassen sich nicht vermeiden. Die Praxis der Beratung stellt sich jeweils als einzigartig, unberechenbar und unsicher dar (s. Kap. 5), sodass sich allenfalls Muster erkennen lassen, nach denen sich Klient*innen mit ähnlich gelagerten Problemen auch berechenbar verhalten. So können Berater*innen sich auf Schwierigkeiten einstellen und diese bestenfalls gar nicht erst entstehen lassen. Insofern kann es immer wieder zu Situationen kommen, die sich für Berater*innen und Klient*innen als schwierig erweisen und einen erfindungsreichen Umgang erfordern. Noyon und Heidenreich (2013) haben sich ausführlich mit schwierigen Situationen in Therapie und Beratung befasst und insgesamt dreißig Problemlösungs- bzw. Umgangsvorschläge erarbeitet. Zu den schwierigen Situationen zählen beispielsweise Antriebslosigkeit, Intellektualisieren, Machtkampf, Plaudermodus bei Klient*innen und Suizidalität.

Für die Entwicklung angemessener Strategien im Umgang mit schwierigen Beratungssituationen ist es bedeutsam, aus welchem theoretischen Blickwinkel die Situation und insbesondere das Verhalten der Klient*innen betrachtet wird. So kann dies mit einem psychodynamischen Verständnis als »Widerstand«, also die unbewusste »Verweigerung« von Änderungen auf Seiten der Klient*innen, gedeutet werden. Widerstände können vielfältige Formen annehmen und sich z. B. zeigen in

»Intellektualisieren, ›immer etwas Dramatisches zu berichten haben‹, den Faden verlieren, Themenwechsel, Weghören, Wegschauen, Müdigkeit, Gereiztheit, in symbolischen Bildern sprechen, passive Anpassung (z. B. wenn Klienten nur oberflächlich kooperieren), zu spät kommen, Termine nicht einhalten, aktive Rebellion (z. B. sich nicht an die verabredeten Bedingungen halten, vorzeitig das Gespräch beenden, sich albern zeigen), vergessen, das Problem bei anderen sehen, Geheimhaltung betonen, vermeiden Gefühle zu zeigen u. a.« (Beushausen 2016, S. 216).

Miller und Rollnick (2015) verwenden für solche Phänomene statt des Begriffs »Widerstand« den Begriff der »Dissonanz«. Nach ihrer Auffassung legt der Begriff »Widerstand« nahe, dass die Verantwortung für das Auftreten allein bei den Klient*innen liegt:

»Es ist, als würde man damit dem Klienten vorhalten, er sei ›schwierig‹. Selbst wenn man ihm keine Absicht unterstellt, sondern von unbewussten Abwehrmanövern ausgeht, kreist das Konzept des Widerstands dennoch um pathologische

Prozesse, die möglicherweise beim Klienten ablaufen, und misst zwischenmenschlichen Faktoren zu wenig Bedeutung bei. Die Phänomene [...] ergeben sich aus dem Kommunikationsstil oder werden zumindest in starkem Maße von ihm beeinflusst. Je nachdem, wie der Therapeut vorgeht, verstärken sie sich oder schwächen sich ab« (Miller u. Rollnick 2015, S. 232).

Mit dem Begriff »Dissonanz« möchten sie kennzeichnen, dass etwas zwischen Berater*in und Klient*in nicht stimmt und sie sich beispielsweise über das zu bearbeitende Problem und das Vorgehen nicht einig sind. Zeichen für Dissonanzen sind z. B., »wenn der Klient Ihnen widerspricht, Sie unterbricht oder das, was Sie sagen ignoriert oder abtut« (Miller u. Rollnick 2015, S. 236).

Mit dem in diesem Buch entwickelten Verständnis gelingender Beratungspraxis lassen sich schwierige Situationen als Passungsstörungen verstehen. Aus dieser Perspektive stellt sich das Verhalten der Klient*innen als das (vorläufige) Ergebnis einer Uneinigkeit zwischen Klient*innen und Berater*innen über die Problemsichten und der möglichen Problemlösung dar. Das Mithandeln der Klient*innen im Beratungsprozess, die Passungen zu deren Denk- und Handlungsrepertoire sowie zu deren Alltagssituationen sind gestört (s. Kap. 6). Passungsstörungen in Beratungsprozessen lassen sich grundsätzlich beheben und deshalb lohnt es sich, dies zu versuchen. Anhand von drei in der sozialarbeiterischen Beratung häufig vorkommenden schwierigen Situationen soll dargestellt werden, was das bedeutet und was Berater*innen tun können, damit der Beratungsprozess fortgesetzt werden kann – und sei es nur, um sich mit Klient*innen über die Situation auszutauschen und die Beratung einvernehmlich zu beenden.

Klient*innen erscheinen wiederholt nicht zu den verabredeten Terminen – entweder mit kurzfristiger Absage vor dem Termin oder ohne sich entschuldigt oder abgemeldet zu haben.
Hier stellt sich die Frage, ob und inwieweit Berater*innen dieses Verhalten akzeptieren oder ob sie Grenzen ziehen und das Beratungsangebot zurückziehen sollen. Noyon und Heidenreich (2013) plädieren in der ambulanten Psychotherapie für klare vertragliche Regelungen für den Fall, dass Klient*innen Termine nicht einhalten, und raten, ein Ausfallhonorar festzulegen und ggf. einzufordern. Dies ist einerseits verständlich, denn für niedergelassene Psychotherapeut*innen entstehen durch das Nichterscheinen von Klient*innen Verdienstausfälle, weil »[...] sie nicht stattgefundene Stunden den Kassen nicht in Rechnung stellen dürfen« (S. 65). Andererseits ist diese strenge Handhabung bedauerlich, weil Klient*innen dadurch verärgert werden, sich abgewiesen fühlen und die Therapie möglicherweise abbrechen. In der Psychosozialen Bera-

tungsstelle des ISG zeigt sich, dass insbesondere Klient*innen mit gravierendem, langwierigem und unübersichtlichem Problemgefüge und mit größtem Hilfebedarf von solchen Therapieabbrüchen berichten.

Wenn Klient*innen sich nicht an Termine halten, wird dies in der Beratungsstelle zur Kenntnis genommen und bedauert, gleichzeitig wird aber versucht, herauszufinden, was das unregelmäßige Erscheinen und Fernbleiben bedeutet und reflektiert, wie sich ggf. die Beratungspraxis verändern müsste (eher Hausbesuche, andere Uhrzeit, flexible Terminvereinbarungen, telefonische Kurzberatungen bei dringenden Anliegen, andere Beratungsziele etc.). Es wird also versucht, den Klient*innen Brücken zu bauen und ihnen entgegenzukommen, damit sie nicht (erneut) »verloren gehen«. Wenn es dann zu einem neuen gemeinsamen Beratungstermin kommt, können neue Konditionen der Beratung ausgehandelt und ein neuer Versuch gestartet werden (vgl. Alfier 2017).

Klient*innen bleiben einfach weg, kommen nicht mehr und melden sich auch nicht ab.
Hier stellt sich die Frage, ob und in welchem Umfang Berater*innen den Klient*innen nachgehen sollen oder nicht. Um klären zu können, was zum Fernbleiben bzw. Abbruch der Beratung geführt hat, und um Veränderungen im Beratungssetting vornehmen zu können, wird in der Psychosozialen Beratungsstelle des ISG auch in solchen Fällen der Kontakt zu den Klient*innen gesucht. Klient*innen werden dazu in Abständen angerufen. Zumeist werden Nachrichten mit der Bitte um Rückruf auf dem Anrufbeantworter hinterlassen. Dabei geht es aber nicht darum, Klient*innen unter Druck zu setzten, dass sie sich verpflichtet fühlen, sich zu melden, als vielmehr darum, zum Ausdruck zu bringen, dass die Berater*innen besorgt sind, dass etwas passiert sein könnte und dass es jederzeit möglich ist, die Beratung fortzusetzen. Mit diesem Vorgehen wird den Klient*innen vermittelt, dass die Berater*innen echtes Interesse an der Unterstützung haben und nahezu bedingungslos »da sind« (s. Kap. 8.3). Dieses Vorgehen hat sich nicht in allen Fällen, aber doch in einigen bewährt. Dabei muss bedacht werden, dass es sich in diesen Fällen oft um Klient*innen handelt, die in anderen Hilfesettings gescheitert sind und sonst wohl »verloren gegangen« wären.

Klient*innen halten sich nicht an Absprachen und tun nicht das, was verabredet wurde (aufräumen, erarbeitete Tagesstruktur einhalten, Bewerbungen schreiben etc.).
Hier stellt sich die Frage, wie mit Stagnationen im Beratungsprozess umgegangen werden kann. Der wesentliche Unterschied zu den oben beschriebenen

Situationen besteht darin, dass hier Klient*innen immerhin zum Beratungstermin erscheinen. Das erhöht für Berater*innen die Chance, im Dialog mit den Klient*innen, Passungsstörungen zu identifizieren und das Beratungssetting neu zu justieren. Oft liegen die Gründe für das Nichteinhalten von Absprachen seitens der Klient*innen darin, dass sie sich mit Aufgaben überfordert fühlen, das Vorgehen in der Beratung zu schnell ist und Berater*innen zu fordernd sind. Zu bedenken ist dabei auch, dass bei Menschen mit psychischen Erkrankungen die Fülle und Dosierung von Medikamenten Aktivitäten erheblich beeinträchtigen können. Berater*innen müssen bereit sein, ihr Denken und Handeln im Beratungsprozess an den Möglichkeiten und Begrenzungen der Klient*innen zum Mithandeln auszurichten (z. B. das Tempo reduzieren, kleinere Schritte der Veränderung einleiten, gesundheitliche Beeinträchtigungen berücksichtigen).

Im Umgang mit schwierigen Situationen müssen Sozialarbeiter*innen insbesondere folgende Herausforderungen zu ihren Haltungen und Handlungen annehmen können. Sie müssen:
– geduldig sein und nicht zu viel und zu schnell erwarten,
– Kontakt herstellen und langfristig aufrechterhalten können,
– verlässlich ansprechbar und hilfsbereit sein,
– nahezu bedingungslos dialogbereit sein,
– aushalten können, dass Klient*innen den »guten« Ratschlägen nicht (sofort) folgen können,
– Respekt vor dem »Eigensinn« der Klient*innen haben und diesen aushalten können,
– mitgehen können mit Fortschritten, Rückschritten und »auf der Stelle treten« im Beratungsprozess,
– Arbeitsbeziehungen unter schwierigen Bedingungen aufbauen und halten können.

8.5 Mit Don'ts umgehen

Unter dieser Überschrift sollen einige Aspekte sozialarbeiterischer Beratung angesprochen werden, die in Beratungsprozessen grundsätzlich vermieden werden sollen. Zum einen geht es um Wünsche seitens der Klient*innen nach Nähe und privater Beziehung, zum anderen um »Fehlhaltungen« und unangemessene Kommunikationsformen der Berater*innen.

Klient*innen der Sozialen Arbeit verfügen vielfach nicht über tragfähige soziale Beziehungen (Familienangehörige, Freund*innen, Bekannte etc.), in denen sie ihre Probleme in Gegenseitigkeit besprechen können. Wenn dann

Sozialarbeiter*innen offen und natürlich mit ihnen sprechen und sich an ihren Lebens- und Alltagssituationen interessiert zeigen, sie in ihren Wohnungen aufsuchen oder sie zu Ämtern etc. begleiten, kann es passieren, dass Klient*innen dies als Zeichen von Zuneigung deuten, die über die Arbeitsbeziehung hinausreicht, und daraus Wünsche nach privaten Beziehungen und Freundschaften ableiten.

Zeichen dafür, dass Klient*innen sich mehr erwarten als eine Arbeitsbeziehung sind beispielsweise:
- Einladungen zu privaten Feiern,
- Wünsche nach Austausch von privaten Telefon- bzw. Handynummern,
- Freundschaftsanfragen bei Facebook und in anderen sozialen Medien,
- Suche nach Körperkontakten (Umarmungen, Berührungen),
- unangemessen teure Geschenke und
- der Wunsch, sich mit Berater*innen zu duzen.

Das Eingehen auf diese und ähnliche Versuche, private Kontakte und Beziehungen zu Berater*innen herzustellen, gilt grundsätzlich als »Don't« für Berater*innen! Diese müssen auf solche Situationen vorbereitet sein, um angemessen mit solchen Wünschen umzugehen. Angemessen bedeutet hier, dass Berater*innen in der Lage sein müssen, solche Ansinnen eindeutig ablehnen zu können, ohne dass Klient*innen sich dabei zurückgewiesen fühlen. Berater*innen benötigen dafür gute Argumente bzw. Erklärungen, die für Klient*innen nachvollziehbar machen, warum sie keine private Handynummer bekommen und warum Berater*innen sich nicht mit ihnen duzen möchten. Dabei sollte immer mit der Besonderheit professioneller Arbeitsbeziehungen und ihren besonderen Chancen argumentiert werden.

Allerdings kann es auch gute Gründe geben, Wünschen der Klient*innen nach Nähe und Beziehung nachzugeben. Das gegenseitige »Duzen« kann in bestimmten Kontexten, etwa in Wohngemeinschaften, in denen Menschen und Sozialarbeiter*innen über einen langen Zeitraum zusammen sind, hilfreich sein, weil Menschen sich dort solche »familienähnlichen« Arbeitsbeziehungen wünschen. Auch und gerade in solchen Fällen müssen Sozialarbeiter*innen aber auf ihre Professionalität achten und Klient*innen daran erinnern, dass es sich um Arbeitsbeziehungen handelt, die z. B. auch abrupt enden können, wenn sich beispielsweise eine Sozialarbeiterin, die als wichtige »Bezugsperson« fungiert, beruflich verändert und kündigt. Hier gilt es, Enttäuschungen auf Seiten der Klient*innen vorzubeugen. Letztlich müssen Sozialarbeiter*innen selbst entscheiden, wie viel Nähe sie zulassen und wieviel Distanz sie wahren möchten. Immer gilt aber: Je größer die Nähe, desto größer ist die Gefahr, sich in der helfenden Beziehung und im Beratungsprozess zu verlieren.

Ein weiteres Don't-Feld für Sozialarbeiterinnen sind Haltungen und Verhaltensweisen gegenüber ihren Klient*innen, die nicht mit den berufsethischen Prinzipien der Sozialen Arbeit vereinbar sind. Beispiele dafür sind:
- Ausübung von Macht über Klient*innen (z. B. durch Verknüpfung von Hilfen mit Bedingungen, die Klient*innen erfüllen müssen),
- Unzuverlässigkeit (nicht einhalten von Zeiten, Versprechungen),
- Missachtung der Autonomie von Ratsuchenden (z. B. durch sexuelle Übergriffe),
- Vertrauensbruch (jemand Drittes erfährt etwas über die ratsuchende Person, obwohl Vertraulichkeit vereinbart worden war),
- fehlender Respekt vor der Vielfalt des menschlichen Lebens (z. B. Diskriminierung von Menschen mit bestimmten Lebensstilen),
- Bagatellisieren von Problemen,
- Entscheidungen stellvertretend für Klient*innen zu treffen.

Bei den folgenden Textpassagen handelt es sich um kleine Ausschnitte aus den umfangreichen, vom Deutschen Berufsverband für Soziale Arbeit (2014) veröffentlichten, berufsethischen Grundlagen und Prinzipien (s. Kap. 4.1). Sie dienen hier als Beispiele für den ethischen Gegenentwurf zu den oben skizzierten unangemessenen Haltungen und Verhaltensweisen.

»3. Sozialarbeiter_innen sollten redlich handeln. Dies beinhaltet: keinen Missbrauch der Vertrauensbeziehung der Menschen, die ihre Dienste nutzen, Anerkennung der Grenzen zwischen privatem und beruflichem Leben, keine Ausnutzung der Stellung zu persönlichem Vorteil oder Gewinn« (S. 31).
»3.1. Die Professionsangehörigen achten Privatsphäre und Lebenssituation der Menschen. Sie erkennen, respektieren und fördern die individuellen Ziele der Menschen« (S. 34).
»3.8. Die Professionsangehörigen nutzen das Vertrauen, das ihnen von den Menschen entgegengebracht wird, nicht gegen sie aus. Sie machen zu Beginn der helfenden Beziehung den Menschen deutlich, wo Grenzen der Verschwiegenheit liegen« (S. 34).

Abschließend sollen noch die sog. Kommunikationssperren, »die typischen Zwölf« (Gordon 2012, S. 368), als »Don'ts« markiert werden, mit denen der Problemlösungsprozess beeinträchtigt wird. Sie stellen »die Sprache der Nicht-Annahme« dar, mit der Klient*innen signalisiert wird, dass etwas mit ihnen nicht stimmt, sie sich ändern müssen und das Problem, um das es in der Beratung gehen soll, eigentlich bedeutungslos ist.

»1. Befehlen, anordnen, auffordern
   Beispiel: ›Sie müssen das tun.‹
2. Warnen, mahnen, drohen
   Beispiel: ›Wenn Sie das nicht tun, dann …‹
3. Moralisieren, predigen, beschwören
   Beispiel: ›Ich bitte Sie, das zu tun.‹
4. Beraten, Vorschläge machen, Lösungen finden
   Beispiel: ›Die beste Lösung ist …‹
5. Durch Logik überzeugen, Vorträge halten, Gründe anführen
   Beispiel: ›Die Erfahrung/die Tatsachen sagen uns, dass …‹
6. Urteilen, kritisieren, wiedersprechen, Vorwürfe machen
   Beispiel: ›Sie sind auf dem falschen Weg.‹
7. Loben, zustimmen, schmeicheln
   Beispiel: ›Sie sind ein intelligenter Mensch mit großen Fähigkeiten.‹
8. Beschimpfen, lächerlich machen, beschämen
   Beispiel: ›Sie reden, als hörten Sie das erste Mal von der Sache.‹
9. Interpretieren, analysieren, diagnostizieren
   Beispiel: ›Das sagen Sie nur, weil Sie ärgerlich sind.‹
10. Beruhigen, Sympathie äußern, trösten, aufrichten
    Beispiel: ›Die Dinge sehen immer schlimmer aus, als sie sind.‹
11. Forschen, fragen, verhören
    Beispiel: ›Was haben Sie getan, um eine Lösung zu finden?‹
12. Ablenken, ausweichen, aufziehen
    Beispiel: ›Das hat doch auch sein Gutes.‹« (Klein 2001, S. 86 f.)

9 Qualität entwickeln

Fragen zur Entwicklung und Sicherung von Qualität in der Sozialen Arbeit haben in den letzten Jahren zunehmend an Bedeutung gewonnen. Sozialarbeiter*innen sind – beispielsweise durch Kostenträger – zunehmend gefordert, Wirkungen ihrer Interventionen nachzuweisen. Im Folgenden sollen einige einfache und unterschiedliche Möglichkeiten der Qualitätsentwicklung vorgestellt werden, die auf das Handlungsfeld »Soziale Arbeit als Beratung« zugeschnitten und mit nicht allzu großem Aufwand praktizierbar sind.

9.1 Standards beachten

Der Deutsche Berufsverband für Soziale Arbeit (DBSH) hat 2002 Qualitätsstandards für die »sozialprofessionelle Beratung« vorgelegt, die hier auszugsweise wiedergegeben werden. Sie geben eine gute Übersicht über die verschiedenen Qualitätsdimensionen in der Beratung. Sozialarbeiter*innen können daran leicht überprüfen, ob ihre Beratungsarbeit in etwa mit den Standards übereinstimmt oder abweicht, sodass nachjustiert werden muss. Die Standards gliedern sich in die »klassischen« Bereiche der Qualitätsentwicklung: Prozess-, Ergebnis-, und Strukturstandards.

»Prozessstandards
- Nachhaltigkeit
- Damit ist gemeint, dass die Wirkungen von Beratung über die momentane Problematik hinauswirken und modellhaft vom Klientel bei zukünftige Problemlagen zur eigenständigen Lösung beitragen.
- Zielgerichtet, Kontextspezifisch (Grenzen u. Möglichkeiten)
- Die Beratung ist zeitlich begrenzt
- Die Beratung erfolgt vertragsgemäß mit Personen, die Unterstützung bei einem oder mehrerer Probleme suchen (Kontrakt)
- Professionelle Grundhaltung:
- z. B. Klient bestimmt im wesentlichen Inhalte und Zeit des Lernens, Grundlage

der Beratung ist i.d.R. ein Kontrakt über Ziele bzw. gewünschte Ergebnisse, Art und Weise der Beratung, Klärung von Verantwortlichkeiten und Aufgaben, Methode
- Gemeinsame Lösungssuche
- Aufsuchende Beratung für Menschen, die nur auf diese Art erreicht und beraten werden können (z. B. im Milieu, Streetwork).

[...] **Zielsetzung von Beratung (Ergebnisstandards)**
- Ratsuchende haben Orientierungshilfen erhalten
- Ratsuchende sind in der Lage, ihren Alltag und ihr Leben zu bewältigen
- Klienten haben neue Einsichten gewonnen
- Klienten können aufgrund dieser neuen Einsichten Entscheidungen für die Gestaltung ihres Alltages treffen
- Klienten sind handlungsfähig und können Verantwortung für ihre Entscheidungen übernehmen
- Klienten haben Krisen bewältigt und können auf der Suche nach weiterer Hilfe anders begleitet werden
- Klienten haben über den entsprechenden Beratungsgrund hinaus Möglichkeiten gelernt mit ähnlichen Problemen besser umgehen zu können (Nachhaltigkeit).

[...] **Notwendige Rahmenbedingungen (Strukturstandards)**
Personale Voraussetzungen
- Beziehungsfähigkeit der Fachkräfte
- Fachkräfte verfügen über kommunikative und damit auch reflexive Fähigkeiten

Fachliche Voraussetzungen
- Abgeschlossenes Studium der Sozialarbeit/Sozialpädagogik
- Die fachliche Kompetenz wird gesichert durch die im Studium vermittelte Beratungskompetenz.
- regelmäßige Fortbildung, regelmäßige Weiterbildung in Beratung
- Supervision
- kollegiale Praxisbegleitung
- Fachberatung
- genügend Zeit für Vor- und Nachbereitung

Räumliche/technische Voraussetzungen
- Eigenes Büro bzw. abgeschlossener Beratungsraum
- Möglichkeiten, Störungen von außen abzuschalten
- Geeignete Dokumentationsinstrumente

– Notwendige technische Ausstattung (z. B. Aufnahmegerät, Flipchart)«
(DBSH 2002, S. 9–10)

Es sei darauf hingewiesen, dass diese Qualitätsstandards eher auf »Setzungen« beruhen als auf empirischen Befunden wie etwa Befragungen von Trägern, Sozialarbeiter*innen und Klient*innen. So sind u. a. Zweifel angebracht, ob die fachliche Kompetenz wirklich »[...] durch die im Studium vermittelte Beratungskompetenz« (S. 10) gesichert wird, wie es in den Standards heißt.

9.2 Praxis reflektieren

ⓘ Fallverstehende Beratungspraxis (s. Kap. 5) erfordert als qualitätssichernde Maßnahme zwingend kontinuierliche Reflexion. Es gilt für Berater*innen, mit einem »Durcheinander« an fallspezifische Besonderheiten, Widersprüchen, Dilemmata, Möglichkeiten und Unmöglichkeiten professionell bestmöglich umzugehen.

Die Gefahr ist groß, dass sich Sozialarbeiter*innen in unübersichtlichen Hilfeprozessen verlieren. Unter dem Aspekt der Qualitätsentwicklung erscheint es daher als besonders dringlich, Sozialarbeiter*innen noch mehr in ihrer Kompetenz zu befähigen, mit den Unwägbarkeiten von Praxis zurechtzukommen. Deshalb wird es insbesondere darauf ankommen, Sozialarbeiter*innen zu befähigen, sich als Forscher*innen im Handlungsvollzug, als reflektierende Praktiker*innen zu verstehen, die situativ handeln können und dabei die Übersicht behalten. Sozialarbeiter*innen müssen befähigt werden, sich selbst im Hilfeprozess zu beobachten und zu evaluieren. Schön (1983, S. 49) nennt dies »reflection-in-action« und kennzeichnet dies als den Versuch, in einem Feld großer Unwägbarkeiten und Widersprüchlichkeiten, mit ungewöhnlichen und überraschenden Situationen (neu) umzugehen, um Wege zu erkunden, über die sich (neue) Handlungsmöglichkeiten erschließen lassen. Im Kern geht es um eine Prozessspirale von verschiedenen Stufen der Wahrnehmung, des Handelns und der Überprüfung der Handlungen als eine kontinuierliche Problematisierung bzw. Evaluation von Praxis. Über kontinuierliche »reflection-in-action« sollen Berater*innen »im Gehen lernen« (Müller 1997), sich durch Selbstevaluation qualifizieren (von Spiegel 2013) und Prozesswissen und Prozesskompetenz erwerben.

ⓘ Die bestmögliche Hilfepraxis lässt sich entwickeln, wenn der Hilfeprozess von den Beteiligten reflektiert und permanent überprüft wird, ob die Beteiligten sich verstehen, wo Übereinstimmungen und Abweichungen in der Problemdefinition und der Problemlösungsstrategie bestehen und entsprechende Korrekturen vorgenommen werden. Qualität entwickelt sich fallweise im Dialog. In einen solchen dialogischen Prozess können folgende Fragen hilfreich sein:

»- Passt die angewandte Form der psychosozialen Diagnostik?
- Wurde der passende Weg der Unterstützung gewählt (Entspannungstraining, Psychotherapie, Ergotherapie, Psychoedukation etc.)?
- Werden der soziale Kontext, die Milieufaktoren, Armut, Bildung, Kultur etc. angemessen berücksichtigt?
- Passt der situative Kontext beziehungsweise das Setting? Ist eine Kurzzeitberatung, Psychoanalyse, Krisenintervention, Trennungsberatung etc. notwendig?
- Besteht eine Passung zwischen den Klientinnen und Klienten und den Beratenden bezüglich des Alters, gegenseitiger Sympathie, des Geschlechts und der Lebenserfahrungen?
- Passt der Zeitpunkt für eine Hilfe oder sollte die Hilfe zu einem späteren Zeitpunkt vereinbart werden?
- Passt der Auftrag der Institution zu den Zielen und Anliegen der Klientin, des Klienten?
- Sind ausreichende und passende Ressourcen (zeitliches Budget, Ausstattung etc.) vorhanden?
- Wird angemessen problem- und lösungszentriert sowie defizit- und ressourcenorientiert gearbeitet? [...]« (Beushausen 2017, S. 14)

Als Reflexionsformen in konkreten Beratungsprozessen bieten sich für Berater*innen an:
- sich im Handeln »über die eigene Schulter« (Heiner 1996, S. 102) sehen, um Distanz zu sich und seinem Handeln zu gewinnen bzw. »conversation with the situation« (Schön 1983, S. 76) zu führen, um in eine gedankliche Auseinandersetzung mit dem Beratungsgeschehen zu treten,
- sich mit Klient*innen über Fortschritte und Stagnationen im Beratungsgeschehen auszutauschen, um das Arbeitsbündnis und die Beratungsziele auf bestehende Kongruenzen oder Diskrepanzen zu prüfen und die Reziprozität der Perspektiven zu sichern,
- sich mit Kolleg*innen regelmäßig fallbezogen oder fallübergreifend zu Problemstellungen und Erfolgen der Beratung auszutauschen (Intervision).

9.3 Partizipation ermöglichen

Wenn Soziale Arbeit als Beratung die Teilhabe der Klient*innen fördern will, dann ist dies auch mit einem methodischen Paradigmenwechsel verbunden. So wie Teilhabe das aktive Mithandeln von Menschen an der Ausgestaltung ihrer Lebenssituationen und die Entscheidungsmacht bei allen wesentlichen Fragen der Lebensgestaltung (Wright 2012) meint, gilt es in der Beratung, die Partizipation von Klient*innen im gesamten Beratungsprozess zu ermöglichen.

Unter Qualitätsaspekten kann die Partizipation von Klient*innen hilfreich sein, um die Versorgungs- und Unterstützungsangebote hilfebedürftiger Menschen zu verbessern, welche oft einseitig von Expert*innen entwickelt wurden. Die Perspektive der Hilfesuchenden (Welche Hilfen suchen sie? Was hilft ihnen?) und deren Wirklichkeiten werden bisher zu wenig berücksichtigt, sodass es zu erheblichen Diskrepanzen in Fragen einer angemessenen Versorgung und Unterstützung kommen kann. Selbsthilfegruppen weisen z. B. auf fehlende oder unzureichende professionelle Hilfeangebote hin und sollten bei der Planung neuer professioneller Angebote gehört und beteiligt werden.

Professionelle Expert*innen definieren Qualität möglicherweise anders, als die Patient*innen/Klient*innen. In der Einbeziehung der Nutzerperspektive liegt ein großes und bisher wenig erschlossenes Potenzial für die Entwicklung bestmöglicher Hilfequalität.

Die Leitidee der Selbstbestimmung und ihre – wie es in § 1 des BTHG heißt – »volle, wirksame und gleichberechtigte Teilhabe am Leben in der Gesellschaft« von Menschen mit Behinderungen oder von Behinderung bedrohten Menschen, zeigt in der gesetzlichen Betreuung nach § 1896 BGB bereits Konsequenzen. Der UN-Fachausschuss zur Staatenprüfung hält das Instrument der rechtlichen Betreuung für nicht vereinbar mit der UN-Behindertenrechtskonvention und empfiehlt, »alle Formen der ersetzten Entscheidung abzuschaffen und ein System der unterstützten Entscheidung an ihre Stelle treten zu lassen« (Ausschuss für die Rechte von Menschen mit Behinderungen 2015). Abgesehen von dem grundsätzlich neu zu gestaltenden Betreuungswesen in Deutschland, bedeutet dies für Betreuer*innen konkret auch ein Umdenken ihrer bisherigen Praxis. Statt wie bisher stellvertretend Entscheidungen für ihre Betreuten zu treffen, etwa zu Fragen des Aufenthalts und der Gesundheitsversorgung, gilt nun:

»Alle Formen der Unterstützung bei der Ausübung der rechtlichen Handlungsfähigkeit (einschließlich intensiverer Formen der Unterstützung) müssen auf dem Willen und den Präferenzen der betroffenen Person beruhen und nicht auf dem, was für ihr objektives Wohl erachtet wird;

[...] der Kommunikationsmodus einer Person darf kein Hindernis sein, Unterstützung bei der Entscheidungsfindung zu bekommen, selbst wenn diese Kommunikation nicht-konventionell ist oder von nur wenigen Menschen verstanden wird;
[...] und der Staat hat eine Verpflichtung, die Schaffung von Unterstützungsmöglichkeiten zu erleichtern, insbesondere für Menschen, die isoliert sind und möglicherweise keinen Zugang zu den in einer Gemeinschaft allgemein vorhandenen Unterstützungsmöglichkeiten haben« (Deutsches Institut für Menschenrechte 2015, S. 8).

Welche Änderungen sich in der sozialarbeiterischen Beratung ergeben, wenn der Anspruch auf Teilhabe und Partizipation von Klient*innen eingelöst wird, zeigt zusammengefasst folgende Tabelle (modifiziert nach Wright 2012 sowie Ortmann u. Röh 2014).

Tab. 4: Konventionelle und partizipative Arbeitsweisen im Vergleich

Konventionelle Arbeitsweise	Partizipative Arbeitsweise
Hilfesuchende als Klient*innen (Hilfeempfänger*innen)	Hilfesuchende als Nutzer*innen von Angeboten, als Partner*innen (Mitgestalter*innen)
Helfer*innen als Expert*innen, die Probleme definieren und lösen	Helfer*innen als Katalysator*innen, die Problemdefinition und -lösungen anregen und moderieren
Hilfe ist eine beratende, behandelnde, erzieherische Tätigkeit.	Hilfe ist eine aktivierende, unterstützende, fordernde Tätigkeit.
Hilfe wird in einer Kommstruktur angeboten.	Hilfe wird in einer Komm- und Gehstruktur (z. B. durch aufsuchende Arbeit) angeboten.
Hilfsangebote sind normativ in Sprache und Zielsetzung.	Hilfsangebote sind lebensweltorientiert in Sprache und Zielsetzung (Setting-Ansatz).
Ziel der Beratung ist es, bestimmte Verhaltensweisen zu bewirken.	Ziel der Beratung ist es, ein selbst bestimmtes Handeln in der Problemsituation zu unterstützen (Empowerment).

Ein anderes Beispiel für eine an Teilhabe und Selbstbestimmung auszurichtende Beratungspraxis ist das in § 17 SGB IX benannte »Persönliche Budget«, das in der Regel als Geldleistung gewährt wird und es Menschen mit Behinderungen ermöglicht, die benötigten Versorgungs- und Unterstützungsleistungen selbst »einzukaufen«.

»Damit wandelt sich die Rolle (und die Selbstwahrnehmung) von Menschen mit Behinderung vom ›Fürsorge-Empfänger‹ zum ›kritischen Nutzer‹ (›choice and control‹) von Dienstleistungen. Konkret bedeutet dies:
- Abkehr von der passiven Rolle des ›Empfängers fürsorglicher Hilfe‹
- Selbstbestimmung in der Wahl von Art, Umfang und zeitlichem Setting von personenbezogener Assistenz
- Kontrolle der Dienstleistungsqualität; einklagbarer Anspruch auf Qualitätsbesserung
- flexible Anpassung der Assistenzleistungen an sich verändernde subjektive Bedarfe
- durch die Marktnachfrage: Wettbewerb, Diversifizierung und Innovation des Dienstleistungsangebots für behinderte Menschen in der Region« (Herriger 2009, o. S.).

9.4 Supervision in Anspruch nehmen

Supervision meint die Beratung und Unterstützung von Berater*innen zur Sicherung und Verbesserung ihres beruflichen Denkens und Handelns. Die Deutsche Gesellschaft für Supervision und Coaching e. V. (DGSv) formuliert folgende allgemeine Ziele von Supervision und Coaching:

»- die Erweiterung der Wahrnehmungs- und Deutungsmöglichkeiten,
- ein vertieftes Verstehen von Erfahrungen, Ereignissen und Handlungen in ihren vielfältigen Bezügen und Wechselwirkungen,
- die Erhöhung der persönlichen, sozialen und professionellen Kompetenz insbesondere zur Problemlösung in kritischen Situationen und
- selbstbewusstes, kompetentes Handeln« (DGSv 2013, S. 1).

Supervision findet in verschiedenen Settings statt, etwa als:
- Einzelsupervision (als individuelle fachliche Unterstützung, Klären persönlicher Stärken und Schwächen, Vorteil: »tiefergehende« Themen können vertrauensvoll besprochen werden),
- Teamsupervision (als Unterstützung für Teams, meist nicht fallbezogen, sondern zu Themen der Zusammenarbeit und des Miteinanders),
- Gruppensupervision (Teilnehmer*innen können aus unterschiedlichen Tätigkeitsfeldern und Institutionen kommen, breiter Erfahrungsaustausch, Erweiterung des fachlichen Handlungsrepertoires),
- Fallsupervision (im Mittelpunkt steht die fallbezogene Verbesserung der Arbeit mit Klient*innen).

Supervision wird grundsätzlich von externen Fachkräften erbracht, die über eine entsprechende Zusatzqualifikation verfügen. Da die Bezeichnung »Supervisor*in« rechtlich nicht geschützt ist, empfiehlt es sich bei der Auswahl von Supervisor*innen darauf zu achten, dass diese nach den Standards der DGSv zertifiziert sind. Damit ist sichergestellt, dass diese in Umfang und Inhalt über die dort geforderten fachlichen Qualifikationen verfügen. Die Standards können auf der Homepage der DGSv (www.dgsv.de) eingesehen werden.

Wie für die Beratung gilt auch für die Supervision, dass zwischen Supervisand*innen und Supervisor*innen Passungen bestehen müssen, wenn die Supervision erfolgreich sein soll.

Dazu ist insbesondere von Bedeutung, welches Verstehensmodell die/den Supervisor*in leitet. Eine tiefenpsychologisch-psychodynamisch begründete Supervision macht beispielsweise wenig Sinn für ein systemisch arbeitendes Team. Um Missverständnisse und enttäuschte Erwartungen zu vermeiden, empfiehlt die DGSv zehn Fragen, die Supervisor*innen so oder so ähnlich im Vorgespräch gestellt werden sollten:

»1. Wie kann die Beratung organisiert werden?
2. Was wird mit wem im Kontraktgespräch geklärt?
3. Welche Arbeitsformen und Methoden werden eingesetzt?
4. Welche fachlichen Erfahrungen und welche Feldkompetenz bringt der Coach, der Supervisor oder [die] Supervisorin mit?
5. Wie ist das Supervisions- bzw. Coaching-Konzept beschrieben?
6. Welche Überzeugungen leiten die Beraterin oder den Berater?
7. Wie sichert die Supervisorin, der Supervisor oder Coach die Qualität ihrer bzw. seiner Arbeit?
8. Wie und wann wird der Erfolg der Beratung eingeschätzt?
9. Welche interdisziplinären Netzwerke unterstützen die Supervisorin, den Supervisor oder den Coach?
10. Was ist der nächste Schritt?« (DGSv 2018)

9.5 Fälle besprechen

Fallbesprechungen können unterschiedliche Funktionen haben. Sie können zum Austausch von Informationen dienen, etwa, wenn eine Übergabe an eine*n andere*n Berater*in stattfinden soll, zur Diskussion und Lösung eines konkreten Problems in einem Beratungsprozess oder auch, um exemplarisch auf Probleme in der Versorgungs- und Unterstützung einer Region aufmerksam zu machen.

Ein Fall ist nicht der/die Klient*in selbst und sein bzw. ihr Problem. Fälle sind vielmehr als Situationen zu verstehen, in der sich Klient*innen mit ihren jeweils individuellen Problem- und Ressourcengefügen und professionelle Helfer*innen mit ihrem Denk- und Handlungsrepertoire befinden (Pantuček 2004). In jedem Fall muss eine Fallbesprechung inhaltlich und strukturiert gut vorbereitet werden. Ein Bericht über einen Fall oder eine Fallbeschreibung sollte folgende Elemente, enthalten:

- Vorstellung der beteiligten Personen (Klient*in, Berater*in etc.),
- Vorstellung des Beratungsanliegens,
- Vorstellung der Person(en), um die es geht: biografische Angaben zur aktuellen sozialen Situation (z. B. Familie, Finanzen, soziale Unterstützung, Teilhabe, Ressourcen), somatische und psychische Funktionen und Beeinträchtigungen,
- Verlauf der bisherigen Beratung und die im Verlauf aufgetretenen Veränderungen (Verbesserungen, Verschlechterungen, Abbrüche, Wiederholungen), ambulante ärztliche und psychotherapeutische Behandlungen, Krankenhausaufenthalte, Reha-Maßnahmen, andere Formen professioneller Hilfe,
- aktuelle Beratungssituation zum Zeitpunkt der Fallbesprechung.

ⓘ Fallbesprechungen unterscheiden sich von Supervisionssettings insbesondere dadurch, dass die Selbstreflexionsanteile eher in den Hintergrund rücken und Fragen nach angemessener Fachlichkeit im Mittelpunkt stehen. Dadurch bekommen Fallbesprechungen eher den Charakter einer fallbezogenen Fortbildung.

Die Beratung des Falles erfolgt grundsätzlich auf die Zukunft gerichtet und lösungsorientiert. Es soll also nicht allzu viel Energie auf die Frage: »Wie ist es dazu gekommen?« verwendet werden, sondern eher gefragt werden: »Wie kann das Problem so gelöst werden, damit die Unterstützung einer oder mehrerer Personen zukünftig besser funktioniert?« Es geht um die Entwicklung von Lösungsansätzen und die Benennung konkreter Handlungsschritte in dem zu besprechenden Fall.

Es ist hilfreich, wenn eine nicht an dem zu besprechenden Fall beteiligte Person die Leitung oder Moderation der Fallbesprechung übernimmt. Idealerweise verfügt diese über entsprechende Qualifikationen oder Erfahrungen in der Leitung von Hilfekonferenzen, Teambesprechungen etc.

Von allergrößter Bedeutung bei Fallbesprechungen ist es, keine Schuld- oder Fehlerzuweisungen an die in den Fall involvierten Helfer*innen zu formulieren, sondern konstruktiv und wertschätzend miteinander zu kommunizieren.

Auch für Fallbesprechungen gilt, dass der Datenschutz beachtet werden muss. Personenbezogene Daten müssen pseudonymisiert oder anonymisiert werden, wenn keine entsprechenden Schweigepflichtentbindungen vorliegen.

10 Auf die eigene Gesundheit achten

Sozialarbeiter*innen gehören zu einer der Berufsgruppen mit dem höchsten Risiko, an Burnout zu erkranken. Darüber, was genau unter Burnout zu verstehen ist, herrschen unterschiedliche Meinungen, die entsprechend unterschiedliche Definitionen nach sich ziehen (eine Übersicht findet sich bei Burisch 2013). So findet sich Burnout in der International Classification of Disease (ICD) lediglich im Unterkapitel Z70 bis Z76 »Personen, die das Gesundheitswesen aus sonstigen Gründen in Anspruch nehmen« (ICD 10). Burnout findet sich dort unter Z73: »Probleme mit Bezug auf Schwierigkeiten bei der Lebensbewältigung«. Als solche werden dort genannt:

»- Akzentuierung von Persönlichkeitszügen
- Ausgebranntsein [Burn-out]
- Einschränkung von Aktivitäten durch Behinderung
- Körperliche oder psychische Belastung o. n. A.
- Mangel an Entspannung oder Freizeit
- Sozialer Rollenkonflikt, anderenorts nicht klassifiziert
- Stress, anderenorts nicht klassifiziert
- Unzulängliche soziale Fähigkeiten, anderenorts nicht klassifiziert
- Zustand der totalen Erschöpfung« (ICD 10, Z73)

Für den »Alltagsgebrauch« ist es ausreichend, die Aspekte des Ausgebranntseins und der (totalen) Erschöpfung, verbunden mit vielfältigen somatischen, psychischen und sozialen Symptomen (Gehetztheit, Leistungsverminderung, geschwächte Emotionskontrolle, Krankheitsanfälligkeit und sozialer Rückzug) ins Zentrum zu rücken, wenn es darum geht, Burnout vorzubeugen oder zu bewältigen. Als Leitsymptome von Burnout gelten:

»- Emotionale Erschöpfung: ›Ich kann nicht mehr.‹
- Subjektiver oder objektiver Leistungsabfall: ›Ich schaff's nicht mehr.‹
- Dehumanisierung: ›Ich kann niemanden mehr ertragen.‹
- Überdruss: ›Ich kann mich nicht mehr überwinden.‹« (Techniker Krankenkasse 2012, S. 10)

Ohne an dieser Stelle ausführlich auf die unterschiedlichen Präventivmaßnahmen und Behandlungsangebote einzugehen, sollen folgende biopsychosozialen Aspekte der Gesunderhaltung benannt werden, die sich so oder so ähnlich durchgängig in der Fach- und Ratgeberliteratur finden. Sie sollen den Leser*innen helfen, »sich auf die Spur zu kommen«, sich mit diesen Themen zu befassen und ihren persönlichen Weg zu finden, der sie zu Wohlbefinden und Ausgeglichenheit führt. Zusammengestellt hat sie Schröder (2010) unter der Überschrift *Work-Life-Integration – Balance im Alltag:*

»Intuition und Bauchgefühl
- Lauschen Sie Ihrem Körperbewusstsein, nehmen Sie Stresssymptome ernst

Achtsamkeit
- Setzen Sie klare Erwartungen, machen Sie Pausen, achten Sie auf Ihre Balance, respektieren Sie Ihren Körper, träumen Sie ihren Traum

Präsent und authentisch sein
- Im Augenblick leben, einlassen auf den Moment, kein Pendeln zwischen Vergangenheit und Zukunft

Lernen Sie …
- ›Nein‹ zu sagen, Erwartungen zu überprüfen, sich abzugrenzen, mit Stress umzugehen, den Mut zu haben, andere zu enttäuschen, nichts zu tun, wozu Sie sich nur verpflichtet fühlen

Setzen Sie Prioritäten
- Machen Sie, was Sie am besten können und woran Sie Spaß haben, verzetteln Sie sich nicht, nehmen Sie sich wichtig, setzen Sie Ihre Ziele konkret und messbar um

Zeit für
- Beziehungen, Freunde, Partner, Familie, soziales Umfeld, Quatsch machen

Entspannung
- Progressive Muskelrelaxation, Autogenes Training, Imaginations- und Visualisierungstechniken, Yoga, Qigong, Mediation

Persönliche Weiterentwicklung
- Sinn, Werte, Spiritualität, Lebensinventur

Gesundheitsförderung
- Überdenken Sie eigene Ansprüche und Erwartungen, achten Sie auf genügend Schlaf, treiben Sie Sport, essen Sie bewusster und weniger, weniger Alkohol, Kaffee und Zigaretten/Nikotin

Umgang mit sich und anderen
- Herzlichkeit, seien Sie liebevoll zu sich selbst

Loslassen
- Alte Muster, negative Glaubenssätze, belastende Erwartungen« (Schröder 2010, S. 148 f.)

Die Förderung und Erhaltung von Gesundheit ist jedoch nicht nur »Privatsache« von Sozialarbeiter*innen. Hungerland (2017) plädiert dafür, dass Gesundheit in Institutionen »Kultur-Status« erlangen sollte, »[…] indem sie in Unternehmensleitlinien verankert und Bestandteil des Führungsverhaltens wird« (S. 40). Sie verortet gesundheitsförderliche Aktivitäten in Einrichtungen des Sozial- und Gesundheitswesens entsprechend auf drei Ebenen:
- Die Ebene der Institution: Gesundheitsrelevant sind Unternehmenskultur und Wertesystem, Führungsstil und Hierarchien, Personal- und Organisationsentwicklung sowie Partizipation.
- Die Ebene des Arbeitsplatzes: Gesundheitsrelevant sind der Arbeitsplatz und die Arbeitsumgebung, die Arbeitsaufgaben und -mittel sowie die Arbeitsorganisation.
- Die Ebene der Person: Gesundheitsrelevant sind Ressourcen, Resilienz und Bewältigungsstrategien, Selbststeuerung und Standing, Fitness und Konstitution (vgl. Hungerland 2017, S. 40).

Sozialarbeiter*innen sollten – ganz im Sinne der Förderung ihrer eigenen Teilhabe und Partizipation – auch daran mitwirken, ihre Institutionen und Arbeitsplätze gesundheitsförderlich zu gestalten.

11 Keep cool

Keep cool, so lautet die Überschrift eines Textabschnitts in der Broschüre *Wie überlebe ich in der Beratungsstelle?* (Psychosoziale Beratungsstelle 2015), die von studentischen Berater*innen in der Psychosozialen Beratungsstelle des ISG erarbeitet wurde. Die Broschüre dient als Information für Studierende, die neu in die Beratungstätigkeit einsteigen. Dort heißt es – ganz im Sinne dieses Buches:

»- Fehler sind erlaubt
- Transparenz fetzt
- Zugeben, wenn man keine Ahnung hat, und nachrecherchieren (ist besser als halbgare Infos zu geben)
- Klient*innen beißen nicht (sie sind in der Regel dankbar für Gesprächspartner*innen und erwarten keine Perfektion, nur ehrliches Interesse)
- Bleibt authentisch!« (S. 9)

Literatur

Adolph, H.; Streibelt, M.; Gödecker-Geenen, N.; Keßler, C. (2017): Zugang zum Sozialdienst in Akutkrankenhäusern, Ergebnisse der DVSG Mitgliederbefragung 2017 (Teil1). In: Forum sozialarbeit und gesundheit, Heft 4, S. 37–40

Albrecht, R. (2017): Beratungskompetenz in der Sozialen Arbeit. Auf die Haltung kommt es an! In: Kontext, Zeitschrift für Systemische Therapie und Familientherapie, Band 48, Ausgabe 1, S. 45–64

Alfier, C. M. (2017): Frau K. kommt heute nicht – ein Fallbeispiel aus der Psychosozialen Beratungsstelle des Instituts für Soziale Gesundheit der Katholischen Hochschule zum Umgang mit KlientInnen, die Beratungstermine nicht wahrnehmen, Bachelorarbeit, Katholische Hochschule für Sozialwesen Berlin

Ansen, H. (2006): Soziale Beratung bei Armut, Ernst Reinhardt Verlag, München, Basel

Antonovsky, A. (1997): Salutogenese. Zur Entmystifizierung der Gesundheit, dgvt-Verlag, Tübingen

Ausschuss für die Rechte von Menschen mit Behinderungen (2015): Abschließende Bemerkungen über den ersten Staatenbericht Deutschlands, http://www.institut-fuer-menschenrechte.de/fileadmin/user_upload/PDF-Dateien/UN-Dokumente/CRPD_Abschliessende_Bemerkungen_ueber_den_ersten_Staatenbericht_Deutschlands_ENTWURF.pdf (08.01.2018)

Autorengruppe Bildungsbericht (2016): Bildungsbericht 2016. Ein indikatorengestützter Bericht mit einer Analyse zu Bildung und Migration, https://www.bildungsbericht.de/de/bildungsberichte-seit-2006/bildungsbericht-2016/pdf-bildung (11.11.2017)

Berger, P. A.; Hradil, S. (1990): Die Modernisierung sozialer Ungleichheit – und die neuen Konturen ihrer Erforschung. In: Berger, P. A.; Hradil, S. (Hg.): Lebenslagen, Lebensläufe, Lebensstile, Soziale Welt, Sonderband 7, Otto Schwartz & Co, Göttingen, S. 3–24

Beushausen, J. (2012): Genogramm und Netzwerkanalyse. Die Visualisierung familiärer und sozialer Strukturen, Vandenhoeck & Ruprecht, Göttingen

Beushausen, J. (2016): Beratung lernen. Grundlagen Psychosozialer Beratung und Sozialtherapie für Studium und Praxis, Verlag Barbara Budrich, Opladen, Berlin, Toronto

Beushausen, J. (2017): Partizipation in der Beratung und der Sozialtherapie wagen. In: Soziale Arbeit, Jg. 66, Heft 1, S. 12–19

Blattner, T.; Ortmann, K. (2017): »Hallo Ihr alle da draußen!« – Eine qualitative Studie zu Patientenäußerungen im Internet, Katholische Hochschule für Sozialwesen Berlin, unveröffentlichtes Manuskript

Brunner, A.; Engelhardt, E.; Heider, T. (2009): Foren-Beratung. In: Kühne, S.; Hintenberger, G. (Hg.): Handbuch Online-Beratung; Vandenhoeck & Ruprecht, Göttingen

Buchinger, K. (1998): Warum die Psychosomatik kein Renner wird. Systemzwänge in der Medizin. In: Psyche, Jg. 52, Heft 6, S. 572–597

Bundesarbeitsgemeinschaft Streetwork/Mobile Jugendarbeit e. V. (2015): https://irp-cdn.multiscreensite.com/5c840bc2/files/uploaded/Fachstandards_BAG_2015.pdf (08.01.2018)

Bundesministerium der Justiz und für Verbraucherschutz (2012): Mediationsgesetz (MediationsG), https://www.gesetze-im-internet.de/mediationsg/BJNR157710012.html (08.01.2018)

Bundesministerium der Justiz und für Verbraucherschutz (2017): https://www.gesetze-im-internet.de/bgb/__1896.html (08.01.2018)
Bundesministerium der Justiz und für Verbraucherschutz (2017a): Strafgesetzbuch (StGB), https://www.gesetze-im-internet.de/stgb/ (28.12.2017)
Bundesministerium der Justiz und für Verbraucherschutz (2017b): Anlage zum BDSG, https://www.gesetze-im-internet.de/bdsg_1990/anlage.html (08.01.2018)
Bundesministerium für Arbeit und Soziales (2013): Teilhabebericht der Bundesregierung über die Lebenslagen von Menschen mit Beeinträchtigungen. Teilhabe – Beeinträchtigung – Behinderung, https://www.bmas.de/SharedDocs/Downloads/DE/PDF-Publikationen/a125-13-teilhabebericht.pdf?__blob=publicationFile (03.10.2017)
Bundesministerium für Arbeit und Soziales (2016): Zweiter Teilhabebericht der Bundesregierung über die Lebenslagen von Menschen mit Beeinträchtigungen. Teilhabe – Beeinträchtigung – Behinderung 2016, http://www.bmas.de/SharedDocs/Downloads/DE/PDF-Publikationen/a125-16-teilhabebericht.pdf?__blob=publicationFile&v=7 (02.10.2017)
Bundesteilhabegesetz: https://www.bmas.de/SharedDocs/Downloads/DE/PDF-Meldungen/2016/bundesteilhabegesetz.pdf?__blob=publicationFile&v=7 (08.01.2018)
Bundesverband der Berufsbetreuer/innen (2017): Was ist Betreuung? https://bdb-ev.de/56_Was_ist_Betreuung_.php (08.01.2018)
Bundeszentrale für gesundheitliche Aufklärung (2001): Was erhält Menschen gesund? Antonovskys Modell der Salutogenese, https://www.bzga.de/botmed_60606000.html (07.12.2017)
Bundeszentrale für politische Bildung (2015): Sozialpolitik und soziale Sicherung, http://www.bpb.de/izpb/214343/sozialpolitik-und-soziale-sicherung?p=all (16.10.2017)
Burisch, M. (2013): Das Burnout-Syndrom. Theorie der inneren Erschöpfung, 5. Aufl., Springer Medizin Verlag, Heidelberg
Buß, E. (2017): Komplexe Problemlagen in der Psychosozialen Beratung und deren Bedeutung für den weiteren Beratungsverlauf – Eine Fallanalyse, Bachelorarbeit, Katholische Hochschule für Sozialwesen Berlin
Dehmel, S.; Ortmann, K. (2006): Soziale Unterstützung (Social Support) – ein Verstehens- und Handlungskonzept für die gesundheitsbezogene Sozialarbeit, https://www.researchgate.net/publication/267854099_Soziale_Unterstutzung_Social_Support_-_ein_Verstehens-und_Handlungskonzept_fur_die_gesundheitsbezogene_Sozialarbeit (10.9.2017)
De Shazer, S.; Dolan, Y. (2016): Mehr als ein Wunder: Die Kunst der lösungsorientierten Kurzzeittherapie, 5. Aufl., Carl-Auer-Systeme-Verlag, Heidelberg
Deutsche Gesellschaft für Beratung/German Association for Counseling e. V. (o. J.): Beratungsverständnis, http://dachverband-beratung.de/dokumente/DGfB_Beratungsverstaendnis.pdf (27.12.2017)
Deutsche Gesellschaft für Care und Case Management (DGCC) (2012): Was ist CM? Offizielle Definition der DGCC, https://www.dgcc.de/case-management/ (25.07.2017)
Deutsche Gesellschaft für Mediation (2017): https://www.dgm-web.de/download/DGM-Flyer-Mediation-2017.pdf (08.01.2017)
Deutsche Gesellschaft für Supervision und Coaching (2013): Standards 2013 für die Qualifizierung zur/zum Supervisor/in der Deutschen Gesellschaft für Supervision und Coaching e. V. (DGSv), https://www.dgsv.de/wp-content/uploads/2018/04/DGSv_Standards_2013_web.pdf (29.04.2018)
Deutsche Gesellschaft für Supervision und Coaching (2018): Wichtige Fragen für ein Vorgespräch, https://www.dgsv.de/services/praktische-hinweise/wichtige-fragen-fuer-ein-vorgespraech/ (28.10.2017)
Deutsche Hauptstelle für Suchtfragen e. V. (2013): Manual für die Beratung am Telefon, 2. Aufl., http://www.dhs.de/fileadmin/user_upload/pdf/Broschueren/Manual_Sucht-und_Drogenhotline.pdf (05.08.2017)

Literatur

Deutscher Berufsverband für Soziale Arbeit e. V. (o. J.): Qualitätskriterien des DBSH. Grundraster zur Beurteilung der Qualität in den Handlungsfeldern Sozialer Arbeit, https://www.dbsh.de/fileadmin/downloads/Qualitätskriterien_DBSH.pdf (29.07.2017)
Deutscher Berufsverband für Soziale Arbeit e. V. (2002): Qualitätsbeschreibung Sozialprofessionelle Beratung, https://www.dbsh.de/fileadmin/downloads/QualitätsbeschreibungSozialprofessionelleBeratung.pdf (01.12.2017)
Deutscher Berufsverband für Soziale Arbeit e. V. (2014): Berufsethik des DBSH. Ethik und Werte. In: Forum sozial, die berufliche Soziale Arbeit, Heft 4
Deutscher Berufsverband für Soziale Arbeit e. V. (2016): Deutsche Fassung. Abgestimmte deutsche Übersetzung des DBSH mit dem Fachbereichstag Sozialer Arbeit, https://www.dbsh.de/beruf/definition-der-sozialen-arbeit/deutsche-fassung.html (27.12.2017)
Deutsches Institut für Menschenrechte (2015): Information der Monitoring-Stelle zur UN-Behindertenrechtskonvention zur Allgemeinen Bemerkung Nr. 1 des UN-Fachausschusses für die Rechte von Menschen mit Behinderungen, http://www.institut-fuer-menschenrechte.de/fileadmin/user_upload/Publikationen/Weitere_Publikationen/Informationen_zu_General_Comment_Nr_1_MSt_2015.pdf (08.01.2018)
Die Beauftragte der Bundesregierung für Migration, Flüchtlinge und Integration (2013): Soziale Teilhabe. Handlungsempfehlungen des Beirats der Integrationsbeauftragten, beschlossen bei der Beiratssitzung am 22. Februar 2013, http://www.bagiv.de/pdf/soziale-teilhabe-empfehlungen-beirat.pdf (18.06.2017)
Dorfman, R. A. (1996): Clinical Social Work. Defintion, Practice and Vision, Brunner/Mazel, New York
Deutsche Vereinigung für Soziale Arbeit im Gesundheitswesen (2008): Rahmenempfehlungen zur Einrichtung von Stellen im Krankenhaussozialdienst in Akutkrankenhäuser, http://dvsg.org/fileadmin/_migrated/content_uploads/RahmenempfehlungAkut2008_01.pdf (21.03.2017)
easyBiograph (2017): Dimensionen, http://www.easybiograph.com/index.php/zeitbalken/dimensionen (16.08.2017)
easyNWK (2018): easyNWK-Software zur Erstellung digitaler Netzwerkkarten, http://www.easynwk.com/ (08.02.2018)
Engelke, E.; Spatscheck, C.; Borrmann, S. (2009): Die Wissenschaft Soziale Arbeit. Werdegang und Grundlagen, 3. Aufl., Lambertus-Verlag, Freiburg im Breisgau
Förster, H. von (1985): Sicht und Einsicht. Versuche zu einer operativen Erkenntnistheorie, Friedrich Vieweg & Sohn, Braunschweig, Wiesbaden
Germain, C. B.; Gitterman, A. (1999): Praktische Sozialarbeit. Das »Life Model« der sozialen Arbeit. Fortschritte in Theorie und Praxis, 3. Aufl., Ferdinand Enke Verlag, Stuttgart
Gerull, S. (2014): Hausbesuche in der Sozialen Arbeit. Eine arbeitsfeldübergreifende empirische Studie, Verlag Barbara Budrich, Opladen, Berlin, Toronto
Gordon, T. (2012): Familienkonferenz. Die Lösung von Konflikten zwischen Eltern und Kind, aktualisierte Taschenbuchausgabe, Wilhelm Heyne Verlag, München
Gusy, B.; Famir, E. (2016): Streetwork/Aufsuchende Soziale Arbeit, https://www.leitbegriffe.bzga.de/alphabetisches-verzeichnis/streetwork-aufsuchende-hilfen/?uid=0e9375c-f182bde1dd4f034c68d427053 (07.08.2017)
Haid-Loh, A.; Lindemann, F.-W. (2004): Familienberatung. In: Nestmann, F.; Engel, F.; Sickendiek, U. (Hg.): Das Handbuch der Beratung Band 2, Ansätze, Methoden und Felder, dgvt-Verlag, Tübingen
Heiner, M. (1996): Reflexion und Evaluation methodischen Handelns in der Sozialen Arbeit. Basisregeln, Arbeitshilfen und Fallbeispiele. In: Heiner, M.; Meinhold, M.; von Spiegel, H.; Staub-Bernasconi, S.: Methodisches Handeln in der Sozialen Arbeit, 3. Aufl., Lambertus-Verlag, Freiburg, S. 104–183

Herriger, N. (2006): Empowerment in der Sozialen Arbeit. Eine Einführung, 3. Aufl., Kohlhammer, Stuttgart

Herriger, N. (2009): Empowerment in der Arbeit mit Menschen mit Behinderung – Eine kritische Reflexion, http://news.eformation.de/v3/client/media/193/data/19452.pdf (31.10.2017)

Herriger, N. (2014): Empowerment in der Sozialen Arbeit. Eine Einführung, 5. Aufl., Kohlhammer, Stuttgart

Herwig-Lempp, J.; Kühling, L. (2012): Sozialarbeit ist anspruchsvoller als Therapie, Zeitschrift für systemische Therapie und Beratung, Jg. 30 (2), S. 51–56

Hinsch, U.; Pfingsten R. (2015): Gruppentraining sozialer Kompetenzen GSK, 6. Aufl., Beltz Verlag, Weinheim, Basel

Hinte, W. (2017): Gemeinwesenarbeit (GWA) – Stadtteilarbeit, https://www.buergergesellschaft.de/mitentscheiden/methoden-verfahren/planungsprozesse-initiieren-und-gestaltend-begleiten/gemeinwesenarbeit-gwa-stadtteilarbeit (28.07.2017)

Hülshoff, T. (2017): Psychosoziale Intervention bei Krisen und Notfällen, Ernst Reinhardt Verlag, München Basel

Hungerland, E. (2017): Sich selbst nicht aus dem Blick verlieren. Betriebliche Gesundheitsförderung in Einrichtungen des Gesundheits- und Sozialwesens. In: Forum sozialarbeit + gesundheit, Heft 3, S. 38–40

Internationale statistische Klassifikation der Krankheiten und verwandter Gesundheitsprobleme (2017): https://www.dimdi.de/static/de/klassi/icd-10-gm/kodesuche/onlinefassungen/htmlgm2017/ (07.08.2017)

Klein, S. (2001): Trainingstools: Überblick über 18 Methoden der Psychologie – von Autogenem Training bis Transaktionsanalyse. Ein Nachschlagewerk für Trainer und Personalentwickler, GABAL Verlag GmbH, Offenburg

Lammel, U. A.; Pauls, H. (2017): Sozialtherapie, Sozialtherapeutische Interventionen als dritte Säule der Gesundheitsversorgung, verlag modernes lernen, Dortmund

Lehmann, K.-H.; Nowak, H. (2013): Datenschutz und Selbstbestimmung (Teil 2) Rechtspflicht und Umsetzung am Beispiel der Lebenshilfe Lüneburg-Harburg, Rechtsdient, Heft 4, S. 200–204

Lüssi, P. (2001): Systemische Sozialarbeit. Praktisches Lehrbuch der Sozialberatung, 5. Aufl.; Verlag Paul Haupt, Bern, Stuttgart, Wien

Miller, W. R.; Rollnick, S. (2015): Motivierende Gesprächsführung. Motivational Interviewing: 3. Aufl., Lambertus Verlag, Freiburg im Breisgau

Mühlum, A. Pauls, H. (o. J.): Klinische Kompetenzen. Eine Ortsbestimmung der Sektion Klinische Sozialarbeit, https://www.dgsa.de/fileadmin/Dokumente/Sektionen/Klinische_Sozialarbeit/klinische-kompetenzen.pdf (11.11.2017)

Müller, B. (1997): Sozialpädagogisches Können. Ein Lehrbuch zur multiperspektivischen Fallarbeit, 3. Aufl., Lambertus Verlag, Freiburg

Neuffer, M. (2009): Case Management. Soziale Arbeit mit Einzelnen und Familien, 4. Aufl., Juventa Verlag, Weinheim und München

Neumann, O. (2017): Krisenintervention. In: Bischkopf, J.; Deimel, D.; Walther, C.; Zimmermann, R.-B. (Hrsg.): Soziale Arbeit in der der Psychiatrie, Psychiatrie Verlag, Köln, S. 241–258

Noyon, A.; Heidenreich, T. (2013): Schwierige Situationen in Therapie und Beratung. 30 Probleme und Lösungsvorschläge, 2. Aufl., Beltz Verlag, Weinheim, Basel

Ortmann, K.; Röh, D. (2014): Sozialtherapie – Soziale Teilhabe ermöglichen und soziale Ressourcen erschließen, in: Zeitschrift für Klinische Sozialarbeit. Zeitschrift für psychosoziale Praxis und Forschung, 10. Jg., Heft 2, S. 10–12

Ortmann K.; Röh, D. (2017): Praxeologische Herausforderungen an die Sozialtherapie, in: Klinische Sozialarbeit. Zeitschrift für psychosoziale Praxis und Forschung, 13. Jg., Heft 1, S. 6–8

Ortmann, K.; Röh, D.; Ansen, H. (2017): Sozialtherapie als Handlungskonzept der Klinischen Sozialarbeit, in: Lammel, U. A.; Pauls, H. (Hrsg.): Sozialtherapie, Sozialtherapeutische Interventionen als dritte Säule der Gesundheitsversorgung, verlag modernes lernen, Dortmund, S. 27–45

Pantuček, P. (1998): Techniken der Gesprächsführung, http://www.Pantuček.com/seminare/200709avalon/gespraechskript.pdf (11.11.2017)

Pantuček, P. (2004): Fallbesprechungen in der Sozialarbeit. Eine kurze Übersicht. http://www.Pantuček.com/201205 lak/fallbesprechungen.pdf (28.10.2017)

Pantuček, P. (2009): Soziale Diagnostik. Verfahren für die Praxis Sozialer Arbeit, 2. Aufl., Böhlau Verlag, Wien, Köln, Weimar

Pantuček, P. (2012): Soziale Diagnostik. Verfahren für die Praxis Sozialer Arbeit, 3. aktualisierte Aufl., Böhlau Verlag, Wien, Köln, Weimar

Pantuček, P. (o. J.): Netzwerkkarte, http://www.easynwk.com/images/download/pantucek_netzwerkkarte-manual.pdf (26.04.2018)

Pantuček-Eisenbacher, P.; Grigori, E. (2016): Inklusions-Chart Version 4 (IC4), Manual, http://www.inklusionschart.eu/images/ic/IC4/IC4_Manual.pdf (16.08.2017)

Pauls, H. (2011): Klinische Sozialarbeit, Grundlagen und Methoden psycho-sozialer Behandlung, 2. Aufl., Juventa Verlag, Weinheim und München

Prchal, K.; Block, M; Ortmann, K. (2016): »12 Bezirke, 13 Lösungen!« Probleme in der Versorgung und Unterstützung von Kindern und Jugendlichen mit Behinderung am Beispiel Berlin, Blätter der Wohlfahrtspflege, Jg. 163, S. 203–205

Psychiatrienetz (2017): Psychoedukation, https://www.psychiatrie.de/behandlung/psychoedukation.html (28.07.2017)

Psychische Gesundheit in der Arbeitswelt (2015): Daten und Fakten. http://psyga.info/psychische-gesundheit/daten-und-fakten (12.11.2017)

Psychosoziale Beratungsstelle (2015): Wie überlebe ich in der Beratungsstelle? Ein Kurzratgeber, Katholische Hochschule für Sozialwesen Berlin, unveröffentlichtes Manuskript

Robert Koch-Institut (2005): Beiträge zur Gesundheitsberichterstattung des Bundes, Armut, soziale Ungleichheit und Gesundheit, Expertise des Robert Koch-Instituts zum 2. Armuts- und Reichtumsbericht der Bundesregierung, https://www.rki.de/DE/Content/Gesundheitsmonitoring/Gesundheitsberichterstattung/GBEDownloadsB/Armut.pdf?__blob=publicationFile (12.11.2017)

Robert-Koch-Institut (2015): Gesund aufwachsen. Welche Bedeutung kommt dem sozialen Status zu? In: GBE kompakt. Zahlen und Trends aus der Gesundheitsberichterstattung des Bundes, http://www.rki.de/DE/Content/Gesundheitsmonitoring/Gesundheitsberichterstattung/GBE-DownloadsK/2015_1_gesund_aufwachsen.pdf?__blob=publicationFile (12.11.2017)

Rosenfeld, J. M. (1996): Lernen vom Erfolg – Ein Schlüssel, um aus dem Schlamassel rauszukommen oder wie man Nutzer-freundliche Sozialarbeit voranbringen kann. Vortrag zum Forum »Lernen vom Erfolg«, Berlin 25.9.1996

Schön, D. A. (1983): The Reflective Practitioner. How Professionals think in Action, Basic Books, New York

Schröder, J.-P. (2010): Die Anti-Burnout-Fibel. Selbsttraining zur Work-Life-Balance, Cornelsen Verlag, Berlin

Schuntermann, M. F. (2004): Einführung in die Internationale Klassifikation der Funktionsfähigkeit, Behinderung und Gesundheit (ICF) der Weltgesundheitsorganisation (WHO) unter besonderer Berücksichtigung der sozialmedizinischen Begutachtung und Rehabilitation. Ein Grundkurs auch für das Selbststudium geeignet (Version 2.0), http://www.pulsmesser.ch/wp-content/uploads/2010/11/ICF-Grundkurs.pdf (08.01.2018)

Schuntermann, M. F. (o. J.) Die Internationale Klassifikation der Funktionsfähigkeit, Behinderung und Gesundheit (ICF) der Weltgesundheitsorganisation (WHO), Kurzeinführung, http://www.deutsche-Rentenversicherung.de/cae/servlet/contentblob/206970/publicationFile/2307/icf_kurzeinfuehrung.pdf (31.03.2017)

Schwarzer, R.; Leppin, A. (1989): Sozialer Rückhalt und Gesundheit, Hogrefe, Göttingen, Toronto, Zürich
Sickendiek, U.; Engel, F.; Nestmann, F. (2008): Beratung. Eine Einführung in sozialpädagogische und psychosoziale Beratungsansätze, 3. Aufl., Juventa Verlag, Weinheim, München
Spiegel, H. von (2013): Methodisches Handeln in der Sozialen Arbeit, 5. Aufl., Ernst Reinhardt Verlag, München, Basel
Statistisches Bundesamt (2016): 7,6 Millionen schwerbehinderte Menschen leben in Deutschland, https://www.destatis.de/DE/PresseService/Presse/Pressemitteilungen/2016/10/PD16_381_227pdf.pdf?__blob=publicationFile (12.11.2017)
Sticher-Gil, B. (1998): Menschen in prekären Situationen sollen erleben. Probleme sind lösbar. Klinische Sozialarbeit in der Ausbildung. Blätter der Wohlfahrtspflege, 9 und 10, S. 180–183
Straß, U. (2007): Hilfreiches Fragen. Praxisbuch für hilfreiche Gespräche in Lern- und Veränderungsprozessen, Books on Demand GmbH, Norderstedt
Student, J.-C.; Mühlum, A.; Student, U. (2016): Soziale Arbeit in Hospiz und Palliative Care, 3. Aufl., Ernst Reinhardt Verlag, München
Techniker Krankenkasse (Hg.) (2012): Burnout vorbeugen. Wege zu gesunder Arbeit. https://www.tk.de/centaurus/servlet/contentblob/483608/Datei/1494/TK-Broschüre Burnout vorbeugen.pdf (07.08.2017)
TelefonSeelsorge (2018): http://www.telefonseelsorge.de/?q=node/1 (26.04.2018)
Uexküll, T. von; Wesiack, W. (1996): Wissenschaftstheorie: ein bio-psycho-soziales Modell. In: Uexküll, T. von (Hg.): Psychosomatische Medizin, 5. Aufl., München, Wien, Baltimore, Urban & Schwarzenberg, S. 13–52
UNESCO (1982): Erklärung von Mexiko-City über Kulturpolitik, Weltkonferenz über Kulturpolitik, Mexiko, 26. Juli bis 6. August 1982, http://www.unesco.de/infothek/dokumente/konferenzbeschluesse/erklaerung-von-mexiko.html
WHO (1946): Verfassung der Weltgesundheitsorganisation, https://www.admin.ch/opc/de/classified-compilation/19460131/201405080000/0.810.1.pdf (07.12.2017)
WHO (1986): Ottawa Charta zur Gesundheitsförderung, http://www.euro.who.int/__data/assets/pdf_file/0006/129534/Ottawa_Charter_G.pdf (07.12.2017)
Widulle, W. (2012): Gesprächsführung in der Sozialen Arbeit. Grundlagen und Gestaltungshilfen, 2. Aufl., Springer VS, Wiesbaden
Wimmer, A.; Buchacher, W.; Kamp, G.; Wimmer, J. (2012): Das Beratungsgespräch. Skills und Tools für die Fachberatung, Linde Verlag Wien, Wien
Wissenschaftlicher Beirat Psychotherapie (2008): Gutachten zur wissenschaftlichen Anerkennung der Systemischen Therapie, http://www.wbpsychotherapie.de/downloads/GutachtenSystemischeTherapie20081214-1.pdf (04.11.2017)
Wolff, R. (1996): Worauf es ankommt – Aufgaben und Zukunftsperspektiven der Sozialarbeit. Vortrag auf der Internationalen Bundestagung des ÖBDS vom 8.–11. Oktober in Linz, unveröffentlichtes Manuskript
Wright, M. T. (2012): Partizipative Ansätze in der Stadtteilarbeit: Gesundheitsförderung partizipativ gestalten. Vortrag auf der Tagung Sport- und Bewegungsangebote im städtischen Raum. Fachdialog zur Bewegungs- und Gesundheitsförderung in Berliner Quartieren, 04. Mai 2012, Berlin
Zentrum für angewandte Erlebnispädagogik (o. J.): Methodenhandbuch system- und lösungsorientierter Interventionen, http://www.zaep.org/tl_files/erlebniswelten/downloads/Methodenhandbuch_zaep.pdf (11.11.2017)